公共治理与公共服务

Public administration and public services

——昆山市基本公共服务调研报告

周庆智 主编

社会科学文献出版社
SOCIAL SCIENCES ACADEMIC PRESS (CHINA)

前　言

昆山市是江苏省苏州市下辖的县级市，地处江苏省东南部，东面与上海毗邻，北面与常熟、太仓两市相连，南面与上海嘉定、青浦两区接壤，西与吴江、苏州交界。总面积927.68平方公里，户籍总人口68万，下辖三个国家级园区（昆山经济技术开发区、昆山综合保税区、昆山国家高新技术产业开发区）、两个省级园区（江苏省花桥经济开发区、江苏省昆山旅游度假区）和八个镇。

昆山市经济发达，2010年GDP达2100.28亿元，超过国内近一半的省会城市的GDP，是中国第一个人均国民生产总值突破4000美元的县级城市，连续多年被国家统计局评为全国百强县之首。

当今中国，城镇化迅速推进，尤其在发达地区，乡村的自给自足的生产方式和生活方式，与正在持续扩张的城市化生活方式，二者的边界变得越发模糊不清。与城镇化一起到来的是利益结构的多元化、社会治理的复杂化和不断积累起来的利益冲突和利益诉求的多样化。

与全国其他地区一样，昆山经济发展带来的不仅是财富，也带来了利益分化和社会关系的结构性变化。一个突出的问题是，政府的公共政策、公共投资、公共资源分配如何以全社会利益和整体福利为目标，同时，传统的基层社会治理方式如何应对因利益结构的分化和变化而不断积累起来的社会矛盾和社会冲突。这就要求政府必须恰当地承担起它本该承担的提供公共产品和公共服务的任务，使物质繁荣惠及全体民众的生活。为此，十多年来昆山市一直努力构建服务型政府，完善公共服务体系，大力推进基本公共服务均等化。

"十二五"时期是全面建设小康社会的关键时期，必须加快建立覆盖城乡居民的基本公共服务体系，全面提升均等化水平。那么，推进基本公共服务均等化，保障人民群众根本利益的需要，就是当下政府职能转变的本来意义。所谓基本公共服务，是由政府根据经济社会发展的不同阶段和总体水平来提供、旨在保障个人生存权和发展权所需要的最基本的公共服务。所谓基本公共服务均等化，指的是基本公共服务的价值取向和结果状态，其含义就是全体公民不论地域、民族、性别、收入及身份差异如何，都能获得与经济社会发展水平相适应的、结果大致均等的基本公共服务。

昆山市大力构建基本公共服务体系，致力于变革与创新，其发展水平已处于全国前列，表现在大幅提升公共就业服务、社会保障、保障性住房、义务教育、基本医疗卫生、公共文化体育、福利救助服务的供给和均等化水平等方面，以及切实加大财政投入和政策支持力度，优化资源配置，深化体制改革。目前，昆山已经初步建立起统筹城乡和区域、覆盖全民、方便可及、高效低廉的基本公共服务体系。

2013年5月，中国社会科学院政治学研究所"民主政治建设与政治体制改革研究"创新工程项目组赴昆山实地考察，对昆山的基本公共服务建设和发展做了比较全面的调研。本书即关于昆山基本公共服务建设和发展的调研报告。项目组希望通过这个调研报告，能够为当今中国正在进行的、建立覆盖城乡的基本公共服务体系记录一个经验、展示一个前景、提供一个范本。

昆山市基本公共服务调研报告之所以能够完成，在此特别向中国社会科学院政治学研究所史卫民研究员表示致敬。事实上，对昆山市基本公共服务的关注和研究是从史卫民研究员开始的，他的理论指导、对调研方案的设计以及他对问题的意识和洞察力，对项目组的成员起到了很好的指导和示范效应，对本调研报告的完成发挥了重要的作用。同时，项目组对苏州市民政局、昆山市民政局表达由衷的谢意，他们对调研活动的支持和配合是调研报告完成的一个非常重要的环节，尤其是那些直接参与到项目组调研活动当中的工作人员，他们是苏州市民政局陈燕颜副局长、苏州市民政局基层政权与社区建设处李中军处长、苏州市民政局基层政权与社区建设处徐大赞副处长、昆山市民政局朱叶华副局长，等等，都为本调研报告的完成做出了贡献。

目 录
CONTENTS

总报告 变革与创新：昆山市基本公共服务 / 1
  一 公共财政建设 / 3
  二 依托社区完善公共服务 / 9
  三 以社会管理创新提升公共服务水平 / 16
  四 以"政社互动"来强化基层群众自治组织的
    服务功能 / 18
  五 城乡统筹发展推动公共服务均等化 / 20
  六 提高行政服务水平 / 22

报告一 教育事业：公平性与先进性并重 / 25
  一 昆山教育概况 / 26
  二 软硬件建设 / 33
  三 加强教育管理 / 43
  四 推进教育公平 / 50
  五 教育现代化和多样化 / 57
  六 余论 / 66

报告二 保就业，促创业
    ——劳动就业公共服务体系建设的昆山经验 / 67
  一 昆山的实践："三位一体"，确保充分就业 / 68
  二 昆山的经验与思考：两手抓，两手硬 / 95

报告三 城镇化与全覆盖
　　　　——昆山市社会保险服务 / 99
　　一　昆山市社会保险服务的背景因素 / 99
　　二　昆山市社会保险服务的实施机构 / 104
　　三　昆山市社会保险的服务类型 / 108
　　四　昆山市社会保险服务的发展状况和机制设计 / 113
　　五　个案分析：昆山市"灵活就业人员"参保机制 / 122
　　六　昆山市社会保险服务的几点结论和思考 / 127

报告四 从"补缺"到"普惠"
　　　　——昆山市基本社会服务 / 130
　　一　社会救助 / 131
　　二　养老服务 / 144
　　三　社会福利 / 152
　　四　残疾人基本公共服务 / 155
　　五　结语 / 162

报告五 病有所医，医有所保
　　　　——昆山市公共医疗卫生服务 / 164
　　一　昆山市医疗卫生基本情况概述 / 164
　　二　医疗卫生服务体系建设 / 171
　　三　基本药物制度 / 182
　　四　人口和计划生育工作 / 190

报告六 居者有其屋
　　　　——昆山市基本住房保障 / 198
　　一　2010年昆山市基本住房保障的《暂行办法》及实施情况 / 201

目 录

　　二　2012年昆山市基本住房保障《暂行办法》的修订、
　　　　服务转型升级及实施情况 / 214
　　三　总结及展望 / 227

报告七　融合创新、成果普惠
　　　　——昆山市公共文化体育服务 / 234
　　一　昆山市大力开展公共文化体育服务建设的背景 / 234
　　二　昆山市公共文化体育服务的总体情况 / 237
　　三　昆山基层社区、街道公共文化体育服务的开展 / 255
　　四　昆山市公共文化体育服务建设的主要做法 / 263

总报告
变革与创新：昆山市基本公共服务[*]

当前中国正在建设"服务型政府"，而服务型政府的首要职能就是为公民服务。随着中国经济社会的发展，社会和公众对基本公共服务的需求也日益多样化、复杂化，并呈现不断增长的趋势。但由于公共财政尚未建立，政府的财力主要还是集中在经济发展领域，从而造成基本公共服务远不能满足公共需要，政府的基本公共服务供给能力远低于公众服务的需要。总体而言，我国基本公共服务供给不足、发展失衡的矛盾仍然十分突出。从供给情况看，基本公共服务的标准和范围还不明确，公益性服务领域投入长期不足。从城乡情况看，农村公共服务严重滞后，可及性差。从区域情况看，经济差距与公共服务差距同时存在，而且不同地区公共服务供给的差距比经济差距更大。从不同人群情况看，城乡低收入家庭和社会困难群体的基本公共服务权益还不能得到充分保障。这些问题都与基本公共服务方面体制机制不健全、不完善直接相关，具体包括：公共财政保障机制不健全，供给制度城乡二元分割，基层公共服务资源条块分割且布局不合理，基层政府事权与财力不匹配，以及缺乏有效的评估监督机制等。简而言之，就全国而言，政府基本公共服务的现状是"总体水平偏低、发展不平衡、效率低、水平趋同"。换句话说，改变基本公共服务不均等的现状已成为各级政府必须有所作

---

[*] 本报告由周庆智执笔。

为的努力方向。

与全国其他地区比较，江苏省昆山市的基本公共服务可以作为检视和评估中国基本公共服务的一个范例，这主要基于如下几点考虑：第一，公共财政建设。昆山市的经济发展一直处于全国百强县之首。据昆山市政府报告，2012年"经济社会发展呈现'运行平稳、转型加快、质量提升、民生改善'的良好态势，取得了率先基本实现现代化的阶段性成果，初步形成率先基本实现现代化形态。全年实现地区生产总值2725.3亿元，同比增长12%；工业总产值8520.5亿元，同比增长6.5%；公共财政预算收入220.3亿元，同比增长10%；服务业增加值1069.6亿元，同比增长18.8%；实际利用外资18亿美元，注册内资251亿元；城镇居民人均可支配收入40510元，农村居民人均纯收入23630元，同比分别增长15.1%和16.9%。实现台湾电公会公布的大陆地区'综合实力极力推荐城市''四连冠'的目标。连续4年位列福布斯公布的中国大陆最佳县级城市排行榜第一"①。昆山市连续8年获得中国中小城市综合实力百强县市第一，荣获"2012中国经济转型示范城市"等荣誉称号，公共财政建设是昆山市实现基本公共服务均等化的财政保障和物质条件。第二，比较完备的基本公共服务体系。从2003年起，昆山启动了城乡社区公共服务体系建设。通过不断完善并提升行政审批服务中心功能，同时，在各区镇建起便民服务中心，在各村建起便民服务室，统一办公用房面积，实施农村文化设施"五个一"和体育设施"三个一"工程等，构建起了富有昆山特色的覆盖城乡、惠及全民的公共服务体系。2009年始，昆山市决定，将以改造和新建一批村（社区）公共服务中心为载体，进一步发展与完善社会事业、公用设施和扩展社会福利覆盖面，建立惠及全民的公共服务体系，提高服务水平，加快城市基础设施向农村延伸，城市公共服务向农村覆盖，城市现代文明向农村传播，城市生活要素向农村辐射，"五位一体"推进城乡经济、政治、社会、文化、生态建设，最终形成新城乡经济社会

---

① 中共昆山市委员会、昆山市人民政府：《昆山市经济社会发展情况汇报》，2013年3月。

发展一体化格局。第三，基本公共服务建设的财政投入。2012年，昆山市城乡公共服务支出占财政支出的比重达72%。他们大力推进教育、医疗卫生、养老、残疾人福利等方面的建设，诸如：昆山杜克大学（筹）获批挂牌。西部高级中学等30所学校开工建设，建成5所中小学、13所幼儿园。新增省级优质幼儿园1所。校舍安全工程基本完成。组织280名教师进行校际置换式轮岗交流，开展外来民工子弟学校支教活动。新增省特级教师2名，苏州市学科带头人28名。评选首批星级教师397名。市中医医院通过三级医院复审，市第四、第六和千灯镇人民医院成为二级综合医院，康复医院成为二级专科医院，市妇女儿童医院筹建工作基本完成，公共卫生中心开工建设。建立居民电子健康档案118.6万份，建档率达81.2%。"全民健身行动"项目获世界卫生组织健康城市最佳实践奖。实现国家卫生镇全覆盖。完成公益性应急救护培训1.3万人。新建养老机构2家、日间照料中心40家，新增养老床位1706张。建成"惠民一键通"居家养老服务平台。市档案馆晋升为国家一级档案馆。开展流动人口计划生育"均等服务百日行"活动。出台残疾人代步电动轮椅车购置补助办法。获评中国公益慈善七星城市，等等。[①]

中国社会科学院政治学研究所"民主政治建设与政治体制改革研究"创新工程项目组于2013年5月对昆山基本公共服务进行了实地考察，对昆山市教育、就业、社会保障、医疗卫生、计划生育、住房保障、文化体育等方面进行了比较全面的调研。昆山市基本公共服务之所以发展到今天的较高水平，主要基于政府职能转变、制度建设和公共服务结构性调整，包括公共财政建设、行政服务水平的提高、社区建设和社会管理的创新、基层群众自治组织的良性发展、大力推进城乡统筹发展等方面。

一　公共财政建设

时至今日，作为服务型政府实现职能的理财系统，公共财政（预

[①] 2013年1月3日昆山市第十六届人民代表大会第二次会议《昆山市政府工作报告》。

算法治和民主财政)①还没有完整地建立起来。也就是说，公共财政所必然具有的"公共性"（管理职能和范围）至今还没有融入政府整个财政收支的过程中去，没有融入政府制定财政政策的过程中去，没有融入政府编制预算、控制预算中去。地方政府一直专注于经营性与竞争性领域，几乎把所有的行政力量都集中在国有资产收益上，即凭借其资产所有权取得的股息、红利、租金、资金占有费、土地批租收入、国有资产转让及处置收入等，以及政府各部门收取的各种费用和基金性收入，包括行政执法过程中收取的各种规费②和公共财产使用费，等等。简单地说，政府财政依然是"国家财政"而不是"公共财政"，政府在资源配置中仍然发挥基础性作用，而不是市场在资源配置中发挥基础性作用。没有市场经济就没有公共财政，或者说，没有公共财政的政府就不可能是服务型政府。

所谓"国家财政"，即在计划经济体制下，国家是社会资源配置的主体，财政在社会资源配置中居于主导地位，几乎覆盖了生产、投资乃至消费的各个方面。所谓"公共财政"，即在市场经济体制下，社会资源的主要配置者是市场，而不是国家政府。市场经济条件下的公共财政有三个基本特征。（1）满足社会公共需要。社会公共需要决定着公共财政的存在，决定着公共财政的活动范围和活动效果。（2）非营利性。公共财政框架下的政府部门，是一个以公共利益最大化为动力的单位和实体，它必须为社会提供物质保障，但不能直接介入市场，这样才可以避免政府部门以权谋私等腐败行为。（3）政府收支行为规范化。具体表现为：一是以法制为基础。财政收入的方式和数量以及财政支出的去向和规模的确定必须建立在法制的基础上。二是全部政府收支进预算。通过政府预算的编制、审查、执行和决算，可以使政府的收支行为自始至终处于立法机关和社会成员的监督之下。三是财政税务部门总揽政府

---

① "公共财政"导向的概念于1998年被明确提出，其后，关于建立公共财政框架的要求，写入了中共中央全会的文件和国家发展计划文件。
② 我国现阶段政府费收入主要有五类：①规费收入；②共产使用费；③特别课征；④各种摊派性费用；⑤特许金。

收支。

只有大力加强和加快构建公共财政体系，才能真正做到财税"取之于民，用之于民"，才能把财力真正用在基本公共服务体系的建设上。换言之，公共财政建设是实现公共服务均等化的前提条件，而建立财政投入长效保障机制，则是实现基本公共服务均等化的根本保证。因此，就要进一步调整和优化公共财政支出结构，逐步提高基本公共服务支出所占比重，保证基本公共服务预算支出增长幅度高于财政经常性支出增长幅度。

2012年，昆山市按照公共财政原则，结合江苏省"率先基本实现现代化"指标体系，进一步调优支出结构，使全市城乡公共服务支出占财政支出的比重超过72%。第一，支持教育现代化。全面落实教育经费投入政策，教育支出占公共财政预算支出比例达到省定指标的13.6%。设立教育基础设施建设统筹专项资金，对"十二五"教育规划中的学校基础设施建设资金进行统一补助。给予外来农民工子女学校专项扶持，支持教育事业均衡发展。第二，完善社会保障体系。提高企业退休人员基本养老金和农保基础养老金发放标准，使12.6万名企业退休人员和4.8万名老年农民受惠。第三，提高医保筹资标准和医疗费用报销比例等社会基本医疗保险待遇，减轻百姓看病负担。支持居家养老服务工作，对社区日间照料中心建设经费给予补助。第四，财政"埋单"实施民生保险工程，使72.3万昆山百姓受益。第五，推进城乡一体化建设。加大力度实施新一轮富民强村工作，及时发放各类涉农补贴7760万元，增强农业造血功能，破解农民增收难题。以"六整治、六提升"为主要内容，整合农村环境综合整治专项资金2.5亿元，整体推进农村村庄环境整治工作。安排村级社区公共服务补助资金2280万元，对165个村给予专项补助，加快了基本公共服务向农村覆盖。第六，保障重点工程实施。全力支持公交优先建设，累计拨付资金1.9亿元，实施公交刷卡优惠，取消公交空调费，降低市民出行成本。新建改建公交候车亭300个，更新购置公交车300辆，加快公共自行车二期建设，提高公交出行分担率。全力推进中环快速路、市民活动中心等一批城市功能项目建设，全力推动保障性住房、老年护理院等一批民生工程项目开工，全力保障粮食储备分库、市级蔬菜基地和肉菜追溯平台等食品安全工程建设。积极尝试发行企业债券、中期票据、短期融资券等多种直接融资方式，确保满足重大基础设施建设的资金需求。

同时，昆山市围绕健全公共财政职能的目标，积极创新财政管理体制机制，规范财政运作体系，不断提升财政管理的科学化、精细化水平。第一，加强预算管理。健全预算管理基础信息库，细化项目支出预算编报，加强结余结转资金管理，增强预算编制的准确性、科学性和完整性。第二，推进预算绩效管理。对500万元以上专项资金实行预算绩效目标管理，实现预算编制与绩效目标管理的有机衔接。第三，加强政府性债务动态跟踪管理，建立政府性债务定期统计报告制度，实施长效监控。第四，加强支出管理。加大对政府投资项目的监管力度，实行严格的概算控制、定期联席决策和动态监控，对中环快速路、昆山杜克大学等重大建设项目实行全过程跟踪管理。第五，开展对重大公共卫生服务、小农水建设等项目的绩效评价工作，进一步完善和深化"大监督"长效管理机制。第六，加强内部管理。以信息化推动财政管理规范化，确保行政综合协同办公系统、公务卡管理系统、财税库银联网财政收入综合分析系统、区镇国库远程支付系统等一批业务应用系统投入使用。在全系统深入开展"能力建设提升年"活动，全面提升财政干部服务大局的能力、行政执行能力、业务技术能力、抵御风险能力和创先争优能力。①

以公共财政为支撑，近年来，昆山市在如下方面加大了财政支持力度：第一，加大城乡一体化资金投入。为促进城乡一体化建设，昆山市不断加大对"三农"的财政投入力度，建立了稳定的财政投入增长机制。从2007年至2009年，累计投入促进城乡一体化发展资金85.85亿元，平均占一般预算支出比重达30.33%，这些资金主要用于支持现代农业生产、支持农村基础设施建设、推动村级集体经济发展、提高农村居民社会保障能力、促进城乡社区服务一体化等多方面。第二，推行

---

① "昆山市2012年财政预算执行情况"，苏州市政务信息公开网，2013.4.24。

"三集中三置换"的资源配置机制。所谓"三集中",是指引导工业企业向园区集中、农村居民向新型社区集中、农业用地向适度规模经营集中。而"三置换",是指将农村宅基地置换成城镇商品住房、土地承包经营权置换成土地股份合作社股权和城镇社会保障、分散农业经营置换成规模化经营。为推动"三集中三置换"工作的开展,市、镇两级财政投入大量资金,集中建造高标准的动迁小区,截至2009年累计建造动迁小区607.19万平方米,动迁安置农户16698户;对土地流转的农户还给予每年亩均400元的财政补助,补助金额超过8000万元,到2009年底,全市流转入股土地面积20.59万亩,占现有耕地面积的81.8%。同时,通过财政补贴,实现了"土地换保障",农保与城保无门槛对接,加快被征地农民和灵活就业人员进社保的步伐。第三,构建富民强村的长效机制。昆山市积极推行以富民合作社、社区股份合作社和土地股份合作社"三大合作"改革为主体的新型农村集体经济发展模式。通过对村组集体经济组织开展产权制度改革,将农村集体资产折股量化给农民(社员)组建社区股份合作社,通过建设标准厂房、办公楼、打工楼等载体,发展"出租经济",既壮大了集体经济,又富裕了农民;通过将农户承包经营的土地统一流转,集中组建成土地股份合作社,然后由合作社开展适度规模经营,实行民主管理和按股分红,保障了农民土地承包经营权的产出;通过组织自愿的农民组建农产品生产经营和农村服务方面的专业性合作社,以及组建投资于房屋出租、物流服务业等方面的富民合作社等多种形式,有效增加农民的资本性收入。截至2010年6月,全市共组建"三大合作"经济组织328家,其中:社区股份合作社54家,土地股份合作社124家,富民合作社150家,累计注册资本133087万元。第四,实施公共产品、服务供给体制一体化。按照城乡基本公共服务均等化和"六大服务功能"一体化的要求,中共昆山市委出台了《关于加快完善城乡公共服务体系的实施意见》,从群众实际需要出发,坚持公共服务的设施建设与产品供给并重,建设覆盖城乡、惠及全民的公共服务体系。基础设施方面,构建了覆盖城乡区域的大交通框架,市域内任何地点在15分钟内均能上高速公路,30

分钟能到上海或苏州。实现公交线路"村村通",提供城乡同质的公交服务。统一城乡供水,实现城乡饮用水同一水质。推进城乡环保设施一体化工程,实现城乡污水、垃圾统一安全处理。加快推进农村公共服务中心建设,到2009年全市已全面完成153个农村公共服务中心建设任务,使更多农村居民享受到城市化公共服务。教育方面,打破城乡教育分割,近几年投入超过26.6亿元,初步形成与片区规划相适应的教育布局,全市所有乡镇均成为省教育现代化建设先进镇,使昆山市首批通过江苏省教育现代化建设先进市评估。医疗卫生方面,近年来全市卫生事业基本建设投入超过10亿元,建成各级各类医疗卫生机构358所,其中社区卫生服务站143家,形成城区医疗、乡镇医疗、社区医疗有机结合的医疗服务体系。体育方面,全面抓好城乡社区体育设施"三个一"工程(一片篮球场、一个健身点、一个活动室)建设,推动城乡体育事业协调发展。文化方面,在乡镇重点实施"五个一"(一个多功能文体活动中心、一个文化广场、一个图书馆、一个标准文化站、一个电影放映队)达标工程。第五,实行就业、社保制度城乡初步并轨。建立了比较完善的城乡统筹机制和"市、镇、村"三级公共服务就业网络,充分吸纳农村剩余劳动力,重点安置"4050"人员和失业农民。定期举办劳动力就业专场活动,及时发布用工信息,为城乡居民提供同等的就业机会,并享受同等的就业优惠政策。2004年至2013年,每年从财政拨出2000万元专项资金,为城乡劳动力技能培训统一"埋单"。第六,实施多方面的保障政策,建立健全以低保、基本养老、基本医疗、征地补偿、拆迁补偿为主体的农村"五道保障",实现城乡居民"老有所养、病有所医"待遇公平。实现农村低保全覆盖,城乡最低保障标准统一调整为410元/月。自2003年实施的农村基本养老保险制度,缴费基数按照城镇基数的50%确定,缴费比例与企业职工一致,同时保障了全市近10万老年农民(女满55周岁、男满60周岁)可以"无门槛"入保,还为农村基本养老保险与城镇企业职工养老保险接轨预留了通道。出台了土地换保障的政策,鼓励被征地农民和灵活就业人员进入城镇社保,目前享受该政策的总人数突破10万人。2004年起率先突破农村合作医疗框架，实施农村基本医疗保险制度，农民与城镇职工一样"刷卡"看病，参保率达到99%以上。2007年，全市建立城乡统筹的居民基本医疗保险制度，实现城乡居民基本医疗保险全覆盖，大病医疗统筹实行与城镇职工并轨。①

党的十七大以来，昆山坚持"民生优先"发展战略，累计投入100多亿元，有力地推进民生事业的大发展、人民生活的新改善。昆山致力于建设城乡一体、无缝接轨的社会保障体系。在全国率先在低保政策上实行城乡统一标准，目前为每人每月590元，率先实现城乡养老保险和医疗保险并轨，取消了大病基金报销封顶线，构筑起较为完善和具有较高水平的全民医疗保障体系。在昆山，全市近10万老年农民全部"无门槛"进入农村基本养老保险。5年内在养老金补贴、缴费补贴、居民医疗保险补贴等方面累计投入达23亿元。同时，投入7亿元建设经济适用住房、廉租房等各类保障性住房18万平方米。

昆山还着力提供优质均衡、全面覆盖的公共服务。5年来，共投入各类资金160多亿元完善公共服务体系建设，完善教育、医疗、文化、体育、养老、生态等方面的建设，让昆山人都公平享受公共服务资源。构建促进民生持续改善的"内生机制"。5年来，市、镇两级财政共投入12亿元，用于农民就业创业技能培训、创业贷款财政贴息、农田生态补偿等方面。城乡居民收入差距比缩小到1.74∶1，形成了以中等收入者为主的"橄榄形"收入群体结构。②

二 依托社区完善公共服务

社区是人们所组成的社会生活共同体，是基本公共服务的重要载体，发挥着基本公共服务的重要功能作用。通过调整、强化社区自治组织和其他社区组织，依靠社区力量，利用社区资源，整合社区功能，发

---

① "财政视角下推进昆山城乡一体化若干问题的思考"，昆山市财政局网，2011.4.7。
② 江苏昆山市委书记管爱国：《公共财政要多向民生倾斜》2012.8.8。

展社区事业，改善社区经济、社会和文化环境，来提升基本公共服务的质量和均等化。昆山市社区建设具有如下特点：（1）综合性。社区建设包括社区服务、社区环境、社区秩序、社区治安、社区民主、社区法制、社区文化教育、社区体育、社区卫生和社区组织等方面的建设；社区建设的手段有经济手段、行政手段、社会手段等。（2）社会性。社区建设是各类社区主体、各种社区力量共同参与的过程。（3）地域性。社区是一种地域性的社会实体，因而具有突出的地域性特征。（4）群众性。从社区建设的对象看，不是指社区内的某一群体或几个群体，而是指社区内的所有群众。社区服务领域包括：（1）失业人员的社区就业服务，老年人、残疾人、优抚对象、贫困户的社会救助和社会福利服务，社区居民的便民利民服务和辖区单位的社会化服务网络，实现老有所养、幼有所托、孤有所抚、残有所助、贫有所济、难有所帮、需有所应。（2）兴办多种所有制形式的社区服务行业，引导医疗、金融、保险、邮政单位和大型商业、服务业企业进社区设点，辖区单位服务设施和服务项目面向社会开放，促进社区服务向网络化、产业化、社会化方向发展。（3）开展科技、文体、法律、卫生、计划生育进社区活动，建立社区居民、辖区单位干部职工与志愿者参加相结合的社区服务队伍。（4）推进社区信息化建设，建立社区信息服务平台，为社区居民群众提供更加方便、快捷、优质的服务。

　　从社区公共服务的完善程度来看，昆山市走在了全国的前列，是先行者。目前昆山市共有177个村公共服务中心，130个城市社区服务中心。主要有四种模式：农村新型社区、纯农村社区、农夹居社区和老城区社区。（1）农村新型社区。位于千灯镇东的千灯炎武社区，是该镇于2005年12月新建的一个以安置当地拆迁农民为主的农村新型社区，小区规划居住户数为7500户，人口1.5万。社区服务中心一楼为"一站式"便民服务大厅，提供各种便民服务；二楼有电子阅览室、活动室、党员活动中心、警务站、医务室，以及社区居委会。截至2012年4月底，小区居民入住已达5000余户，由于其功能较好，仍可满足需求。（2）纯农村社区。千灯大潭村是一个地处基本农田保护区内的经济薄弱村，其社

总报告
变革与创新：昆山市基本公共服务

区服务中心为村口一排呈"U"形开放式平房，建筑面积1300平方米。东侧一片空地上摆放着一些室外运动器具，还设有一个篮球场，两边房子内为功能设施，有医务室、图书室、谈心室，以及村委会等。大潭村共有村民481户1603人，因覆盖服务人群少，在功能设置上，主要针对村民最需要解决的问题。如缘于村庄距离镇区较远，医务室成为主要设施之一；因村地处基本农田保护区，农民对农技知识兴趣大，图书室也成为一个主要设施。（3）农夹居社区。泾河村位于玉山镇北，属于农民动迁小区，由于近年来玉山镇城市化进程迅速，该小区已处于城区。2003年，泾河村先后投资900万元建设了社区服务中心，占地1000平方米，既拥有党员服务站、电子阅览室、电教室、室内灯光草坪门球场、露天戏台等内容丰富的业余活动场所，又具有水电服务、城管服务、计划生育服务等公共服务功能。村委会还每天安排一名村干部在服务中心值班，以确保村民事件当天解决。该种模式的功能，重点定位于帮助农民适应城市生活方式。（4）老城区社区。玉山镇里厍社区是个老城区社区，里厍社区服务中心共计500平方米，其中，100多平方米为社区居委会行政办公用房，其余是居民文体活动区域。据悉，这四种现行版本，将成为未来两年该市新建和改建的村（社区）公共服务中心的参照。

在昆山，100%的社区创设了"一站式"服务大厅，85%的社区服务项目达20个以上。昆山市积极推行"一门式、一站式、一卡通"的服务模式和"错时工作制"，打造"15分钟社区服务圈"。探索设立有独立法人资格的民办非企业单位——社区民生综合服务中心，作为承接各项行政管理事务和公共服务的平台，落实政府面向社区居民的各项利民惠民政策。通过开展"和谐社区·精神家园"系列活动，探索外来人口融入社区新途径，逐步实现公共服务由户籍人口向常住人口全覆盖，构建公共服务均等化新格局。坚持"典型引领、带动全面、夯实基础、提升品牌"的工作思路，推行"6+X"的服务模式，发展社区志愿互助服务和特色品牌服务。形成"夕阳护春蕾"社区校外辅导站、"乐龄之家"托老所、未成年人社会观护站等特色社区服务系列品牌；做优"邻里互助会馆""12345，楼道需要我""六金工作室"等居民互助系列品牌；推广"百帮服务社""昆山社工团队成长计划""爱传万家——社区工作者培训"等关乎社区服务质量提升、社会组织培育和社工人才培养的新型工作品牌。坚持"资源共享、优势互补、互惠互利、共建共享、促进发展"的原则，落实"项目化管理"新举措，各社区与275个单位深入开展共驻共建共享活动。成立昆山市住宅区物业服务管理工作领导小组，建立物业管理联席会议制度，统筹协调全市住宅区物业服务管理工作。出台并实施《关于进一步加强住宅区物业服务管理工作的意见（试行）》，按照"属地管理，分级负责"的原则，通过政府扶持、部门联动、业主参与，逐步形成了社区居委会、业主委员会、物业服务企业合作联动的管理模式。在社区建立"三位一体工作坊"，建立社区、物业、业主委员会事务共商、矛盾共调的良性互动机制。深化物业一体化管理激励机制试点，完善考核方式，进一步扩大物业一体化激励机制的覆盖面。①

与此同时，昆山市还在全市推广建立"一支（委）一居一中心一办"的社区管理服务模式。大力推广社区党组织领导，社区居（村）委会自治、社区民生综合服务中心承接公共服务，社区"六位一体"综合治理办公室提供警务、综治、维稳、调解、信访、法律援助等服务的新型社区运行机制。实施网格化服务模式，建立社区服务责任区制度，推动社区工作由粗放型向精确型、被动型向主动型转变。坚持以社区服务项目为抓手，以开展公益创投评选为手段，大力培育扶持公益服务类社会组织。2012年，开展了首届公益创投活动，资助了35个社区的公益服务项目，培育和发展了一批公益服务类社会组织。2013年继续投入500万元举办第二届公益创投活动，同时投入300万元福利彩票公益金，探索开展昆山市首届社区公益服务项目招投标试点工作。截至2013年第二季度，昆山共注册登记社会组织689家，其中社会团体307家，民办非企业单位374家，基金会8家；另有备案的社区社会组织1336家。持续推进社工人才队伍建设，目前全市累计有持证社工316人，其中初级

---

① 苏州市民政局：《昆山市和谐社区建设工作自查分析报告》，2013年8月8日。

总报告
变革与创新：昆山市基本公共服务

262名，中级54名，持证社工中大部分都来自基层社区和农村。①

2013年，昆山市全面开展"社区减负增能专项工程"。通过理清《基层群众自治组织依法履行职责事项表》《基层群众自治组织协助政府工作事项表》"两份清单"，出台《昆山市社区减负增能专项工程实施方案》，全面推动"政社互动"工作。第一，实行工作准入。对于各部门需要进入社区的工作任务，以及各类检查、考核、评比、培训、挂牌、盖章、达标升级等事项，实行"准入制"。第二，精简社区台账。按照统一、合理、规范的标准科学设置社区台账种类。对社区台账能简化的一律简化，能合并的一律合并，能撤销的一律撤销。第三，合并社区考评。除全市性创建任务及国家、中共江苏省委、省政府要求开展的和谐社区、平安社区评比创建活动外，其他创建活动根据社区自愿原则开展。所有考核考评以社区居民反馈意见为主。第四，强化社区管理。根据社区建设"四位一体"模式，社区只悬挂社区党组织、社区居委会、社区服务中心、综合治理办公室四块牌子及"江苏社区"标志。第五，部门联合推动。明确由市纪委、市民政局、市法制办公室共抓社区工作的准入，各部门对此项工作的落实情况已正式纳入2013年电子绩效评估体系进行考核。②

社区服务体系建设是昆山基本公共服务体系构建的重要环节。完善社区公共服务、市场化便民利民服务、居民志愿互助服务的有效衔接，形成城乡社区标准化服务体系。一是全面提升社区公共服务水平。进一步完善面向全体社区居民的劳动就业、社会保险、慈善救助、社区养老、医疗卫生、计划生育、文体教育、社区安全、法制宣传、外来人口服务等服务项目，切实满足优抚对象、低收入群体、未成年人、老年人等社会群体的服务需求。加强和改进对"新昆山人"的公共服务和社会管理，打造"新昆山人"的"精神家园"。二是积极拓展市场化便民利民服务。优化社区商业结构布局，鼓励和支持各类组织、企业和个人

---

① 苏州市民政局：《昆山市和谐社区建设工作自查分析报告》，2013年8月8日。
② 苏州市民政局：《昆山夯实"政社互动"基础 全力开创现代化社会管理新局面》，2013年5月22日。

兴办居民服务业，培育新型服务业态和服务品牌。大力推行物业管理服务，推进社区管理和物业管理联动机制，提高物业服务质量。以城乡居民服务需求为导向，建立《社区居民需求目录》及《可承接服务项目的组织目录》，健全供需对接、信息咨询、服务监督等功能，打造层次分明、功能完善、资源共享、运行高效、管理规范的便民利民服务体系。三是大力发展居民志愿互助服务。根据居民构成，培育不同类型、不同层次的志愿服务组织，实现志愿服务组织、服务项目与居民服务需求的有效对接，实现志愿服务的规范化、制度化。通过政府购买服务、服务成本补偿、服务积分管理等方式，鼓励和支持社会力量广泛参与志愿服务活动。倡导、鼓励和支持驻区单位和社区居民开展邻里互助、社会捐赠、承诺服务等群众性自我互助服务活动。四是提升城乡社区综合服务中心建设水平。按照"5+1"的模式进一步提升城乡社区民生综合服务中心建设水平，试点推行设立政务受理站、卫生服务站、文体服务站、生活服务站及社会组织服务站，为社区居民提供全方位服务，同时鼓励社区专职工作人员运用社会工作专业方法为居民提供个性化、多样化服务，支持、配合各类专业社工机构在社区开展专业化服务。[①]

为确保社区建设资金落实到位，2005年以来，昆山每年投入500万元用于打造社区特色服务品牌。从2012年，昆山将社区工作经费拨付标准从原来的每百户户籍人口8000元调整为每百户常住人口1.5万元。2012年起，每年投入500万元开展公益创投活动。2013年，投入300万元开展首届社区公益服务招投标试点工作。目前全市155个社区居民委员会有社区专职人员（社区党组织、居委会成员）1558人，职业化专业化水平达86%；153个农村社区"两委会"成员1580人，职业化专业化水平达57%。

2008年以来，昆山市全面开展"社区服务中心提升工程"，市、区、镇财政先后拨付了3.4亿元资金用于新建、改扩建城乡200余个社区服务中心。通过"规划布点落实一批，加层扩建改造一批，房屋开

---

① 苏州市民政局：《昆山市和谐社区建设工作自查分析报告》，2013年8月8日。

发商提供一批，社区共建解决一批"的有效途径，城乡社区的办公、服务、活动用房标准大幅提高。155个城镇社区办公、服务、活动用房平均面积超过1315平方米，153个农村社区办公、服务、活动用房平均面积超过1274平方米。2008年起，按照"条块共享，按块采集"的原则，投入120万元资金建设"昆山市社区服务网"，该网络纵向联结市、区镇、社区，横向联结公安、民政、司法、人社、计划生育、税务等相关部门，实现及时录入、实时更新、信息共享、动态管理。2011年，全市开发建成《昆山市村级信息公开系统和"三资"信息化网上监管平台》，全面推行"网上村委会"工作。[1]

昆山还大力推动就业创业促进政策的实施，城镇登记失业率2.3%，零就业家庭保持动态清零。免费培训劳动力3.3万人次，发放创业小额贷款3.1亿元，帮助失业人员实现再就业7500人。出台促进低收入农户增收政策。深化农村"三大合作"组织改革，新组建各类专业合作社55家，推广村级联合发展模式。村均集体经济总收入579万元，比上年增加110万元。进一步提高居民养老保险和企业退休人员养老金。8.3万名并轨退休人员纳入社会化管理。低保标准提高到每人每月590元，企业最低工资标准提高到每人每月1370元。加大社保扩面力度，新增参加企业职工社会保险20万人。稳步提高残疾人康复服务水平和孤残儿童供养标准。基本社会保障综合指数达99.6%。新增农产品平价直销区4家、直销店9家。向6500户家庭发放公积金贷款19亿元，放贷户数和金额分别比上年增长61.9%和63.8%。定向销售限价商品住房650套，分配经济适用住房404套、廉租房36套，向557户低收入、低保家庭发放住房补贴254.7万元。安置农村动迁户5462户。开工建设限价商品住房2092套、经济适用住房500套、公共租赁住房2000套、农村动迁安置房373万平方米。民生保险工程全面实施，城乡居民人身和财产安全得到更好保障。[2]

---

[1] 苏州市民政局：《昆山市和谐社区建设工作自查分析报告》，2013年8月8日。
[2] 昆山市第十六届人民代表大会第二次会议：《昆山市政府工作报告》，2013年1月3日。

三　以社会管理创新提升公共服务水平

党的"十八大"将社会管理与民生并列为社会建设的重要内容。随着我国改革开放的深化，加强社会管理和公共服务已经成为科学发展、协调发展和持续发展迫切需要解决的问题。国家"十二五"规划纲要提出建立健全基本公共服务体系，加强和创新社会管理。这表明当前加强社会管理和公共服务的重要性和紧迫性。

2013年，昆山市根据江苏省委、省政府关于"建立健全以社区为平台、社会组织为载体、社会工作专业人才为支撑的'三社'联动机制"的要求，重点推进三项计划，在实践层面全面提升社会组织的服务社会能力。一是"社区社会组织助力计划"促服务能力提升。根据社区居民需求，以为每个社区打造一个完整的公共服务项目为目标，提供项目设计、项目专业化指导、项目资金、链接资源等支持，并督导项目实施，评估项目效果。提升社区组织开展社区服务的能力，促进社区公共服务项目的健康成长，推进和谐社区建设。二是"公益创投活动计划"促"三社"有效联动。在积极参加苏州市首届公益创投活动的同时，联合中共市纪委（市监察局）、市委组织部、市委宣传部、市财政局、市审计局等部门，开展了以"公益创投助成长，'三社'联动促和谐"为主题的首届公益创投活动。活动启动以来，已历经申报、初筛、面审、实地踏勘、项目优化、申报审批、项目签约等环节，目前已进入项目实施阶段。30家入选项目的实施机构在参与的过程中相继得到专家的面审指导、实地指导和结对督导，参加了项目管理、财务管理等系列培训。通过参与公益创投，昆山市的社会组织服务社会的能力、规范化运作和诚信建设水平均得到了大幅提升。同时，在公益创投项目实施过程中，社区居民的参与度、满意度，以及对社会组织的美誉度得到了提升。三是"公益创新实践园计划"促多元有效互动。计划中的公益创新实践园是一个以公益组织为主体、多元（政府、企业和社会组织）合作的公益园，具备公益组织专业孵化功能、公益行业规范引

总报告
变革与创新：昆山市基本公共服务

领功能、公益人才培育功能、公共服务平台功能，并建立供需对接机制，为政府和社会组织的项目合作提供对接平台，如通过项目推介会、公益招投标、访问接待、高效专业社工实践基地等形式促成供需对接。同时，昆山加快推动"三社"联动和跨界合作。充分发挥昆山市爱德社会组织培育中心、昆山市社会工作者协会，以及积极筹备中的昆山市社会组织促进会、昆山市社会组织联合党组织和即将启动的昆山市首届公益创投活动"五驾马车"的作用，以联合党组织促社会组织党建、以促进会促社会组织规范化建设、以培育中心促社会组织和专业社工的孵化成熟、以社工协会促社工成长壮大，再以公益创投促优质公益项目良性运行。

近年来，昆山市积极探索社区、社会组织、社工三者互联、互补、互动的"三社"联动运行新机制，为创新社会管理打下良好基础。围绕利民、惠民、便民，深化社区管理体制改革，打破街道和社区分级治理的城市基层管理模式，推进服务力量和管理资源下沉社区，压缩办事流程，提高公众参与社会管理的能力，实现"社区一站通网上办事平台"全覆盖，打造"一站式服务、一点式办结"网上办事模式。按照"一人一格、综合履职"要求，组建专业化网格队伍，做好全国和谐社区示范单位创建工作，不断提高社区标准化建设水平。重点加强社会组织管理培育，深化社会组织登记管理改革，实行工商经济类行业协会、商会、公益慈善类社会组织管理体制改革，取消业务主管单位前置审批，实行直接登记。围绕创建全国社会组织建设创新示范区，扎实推进社会组织信息网、法人数据库、网上年检系统等信息化建设。探索建立政府购买社会组织服务机制，推进转变政府职能，提高公共服务效率和质量。不断壮大社工人才队伍，依托高校建立社会工作者培训基地，全面提升社工队伍素质。

昆山市为社会组织搭建的 3 大服务平台：社会组织孵化器、公益创投、招投标购买服务、社会创新实践园。努力通过这四个层层递进的对接平台，为社会组织的发展打造一个良好的生态环境。第一，孵化器助社会组织"强身健体"。2011 年，引进专业力量成立昆山市爱德社会组织培育中心。培育中心通过为社会组织提供办公场地、能力建设、专业咨询、项目支持等综合性孵化培育服务，推动昆山市社会组织数量和专业服务水平的全面提升。第二，公益创投活动激发社会内生活力。2012年，昆山市在苏州市公益创投活动的引领下，在县级市层面安排500万元福彩公益金开展昆山市首届公益创投活动，35个项目落地社区面向社区居民群众开展公益服务。2013年，市委、市政府继续安排500万元资金举办昆山市第二届公益创投活动。第三，招投标平台试点建立购买服务机制。制订下发《昆山市社区公益服务项目招投标试点工作要点》，将首届公益创投活动中的部分可复制且效益好的项目，以及将部分职能部门提出的公益服务需求项目编制成"招标书"，供内部管理规范、服务能力强的社会组织投标，通过试点工作探索购买服务机制，引领全市各级政府职能转移和购买服务工作。第四，社会创新实践园搭建跨界合作平台。昆山规划建设社会创新实践园，园区主要设立展示推介、培育孵化、研发创新、实训提升、社会企业区五大功能区。吸引社会资本进入公共服务领域，培育孵化各类服务组织，推动服务项目研发创新，提供能力建设培训基地，引进相关企业组织开办社会企业，建立社会组织自我供血机制。

四　以"政社互动"来强化基层群众自治组织的服务功能

近年来，昆山按照中共苏州市委、市政府的统一部署，根据苏州市委办公室、苏州市政府办公室《关于在全市开展"政社互动"试点工作的指导意见》（苏办发〔2012〕45号）精神，全面推进"政社互动"工作，着力做优社区服务，做强社会公共组织，努力构建政府行政管理与基层群众自治组织、社会组织良性互动局面。

所谓"政社互动"，始于江苏省太仓市，其目标是要约束政府行政权力并发挥基层自治组织的功能和作用，把政府的公共职能转移到提供公共产品和公共服务上来。"政社互动"的内涵包括如下方面：第一，转变政府职能，规范政府行为，保障基层群众民主权利，提高服务基层、服务群众的能力和水平。第二，增强自治功能，提升基层自治能力。基层群众自治组织要发挥自治活动组织者、推动者和实践者的作用。第三，促进政社分开和民间组织的自主发展。建立以项目为导向的契约化管理模式，实现政府购买服务项目化管理。第四，强化制度保障。完善政府事项准入机制、政府行政指导机制、自治组织能动机制、双向监督机制、群众代表公决机制、双向履约评估机制、社会稳定风险评估机制。第五，废止政府部门与基层群众自治组织签订的行政责任书，代之以协助管理协议书，由市政府各部门与镇级政府协商，确定工作要求、目标任务和项目经费等，以"一揽子"契约方式解决，由区镇政府统一与基层群众自治组织签订协助管理协议。

昆山市深化"政社互动"，主要从社区着手：第一，持续完善公共服务载体。坚持城乡一体化发展，通过"规划布点落实一批、加层扩建改造一批、房屋开发商提供一批、社区共建解决一批"等途径，大幅提高城乡社区办公、服务、活动用房及配套设施标准。全市150个城镇社区、153个农村社区的服务用房平均面积都在1000平方米左右，并全部设立了"一站式"服务大厅，实现了"政社互动"办公有场所、活动有阵地、服务有专人，基层的行政管理、日常便民、文化体育、医疗保健、社会治安、社区党建六大服务能力得到显著提升。第二，不断丰富社区服务功能。以市民的工作生活需求为导向，积极整合各类便民信息和服务平台，完善社区便民服务网络，设立便民服务热线，做优"百帮服务社""邻里互助会馆""六金工作室"等服务品牌，基层服务市民的能力得到进一步提升。开发"惠民一键通"居家养老服务平台，新建一批社区日间照料中心（助餐点），为全市居家老人提供紧急救助、生活照料、医疗康复、精神慰藉等救助服务。坚持"属地管理，分级负责"原则，通过政府扶持、部门联动、业主参与，逐步推行社区居委会、业主委员会、物业服务企业合作联动的物业管理新模式，推动市场化物业管理全覆盖。第三，全力提升社工人才服务水平。出台《昆山市社区专职工作人员管理办法》，创新社区干部队伍社工化、社区工作"社工+义工"双驱动模式,不断完善社区干部队伍用人机制,稳步提高社区干部的待遇,壮大社区专职工作者、社区志愿者、专业社工人才和社区建设专家团、社情民意观察团、社区信息通信团"六支队伍"规模,全力打造高素质的社工服务专业化队伍。截至2013年5月,全市拥有持证社工318人,其中初级264人、中级54人。2013年起至2015年底,全市将积极开展"三百社工人才培育工程",该工程由社会组织百名秘书长锻造计划、百名公益领袖铸造计划和百名持证社工深造计划三大部分组成,针对公益组织核心人员进行公益团队能力建设和管理培训,针对持证社工尤其是社区社会工作者开展社会工作实际操作训练和专业社工机构体验式学习,针对社会团体秘书长开展非营利组织的内部治理和自我管理的培训。①

五 城乡统筹发展推动公共服务均等化

《国家基本公共服务"十二五"规划》把推进城乡基本公共服务均等化作为重点,并优先确定底线生存服务和基本发展服务两个方面展开具体包括公共就业服务、社会保障、保障性住房、义务教育、基本医疗卫生、公共文化体育和福利救助服务七个领域。在这些领域内,优先考虑制度覆盖城乡全体居民,满足基本需求,再随经济社会发展逐步提高统筹层次和保障水平,提高均等化程度。

昆山市以城市发展转型为支撑,坚持统筹兼顾和制度创新,着力推进城乡一体化发展。

用城乡统筹发展的理念解决"三农"新问题。从制度创新和政策设计入手,着力提升城乡发展规划、产业布局、基础设施、资源配置、公共服务、就业社保、生态建设、社会管理"八个一体化"发展水平,使城市更像城市、农村更像农村、园区更像园区。一是以科学规划优化

---

① 苏州市民政局:《昆山夯实"政社互动"基础 全力开创现代化社会管理新局面》,2013年5月22日。

城市布局。按照"大城市、现代化、可持续"的总要求，统筹城乡规划建设，确立片区发展理念，完成新一轮城市总体规划修编、"一核五城"等控制性详规和专项规划，从中心城区、城市副中心、小城市和特色镇、新型社区、自然村落五个层面加以推进，基本形成清晰合理的功能分区和空间布局，使城市化率达74%。二是以能级提升优化城市品质。顺应城市建设由高速公路时代向轨道交通时代转变的趋势，完善以"三环四轨五高"为重点的大交通框架，推进快速交通系统建设，构建纵横贯通、内畅外联、安全高效的现代城市交通体系。优先满足社会公共需求，每年实施一批路水、电、气等重点实事工程项目。完成第二饮用水源——长江引水工程建设，成为国内第一个具备"江湖并举、双源供水"和饮用水深度处理能力的城市。加大公共交通投入，实现公共交通村村通。以"四老"改造为重点，全面实施城市更新计划。三是以智慧城市建设优化城市管理。积极争创国家智慧城市建设示范点，推动信息化向城乡经济发展、社会管理和生产生活全方位渗透。同时，通过智慧城市的建设带动智慧产业的发展，集聚一批智慧产业，促进产业和城市建设融合发展。推行城市管理和服务重心下移，全面实行"数字化城管"和网格化、精细化管理。四是以绿色发展优化城市环境。坚持环保优先、集约优先，深入推进水环境治理，大力建设"绿色昆山"，工业污水处理率和城市生活污水处理率分别达100%、95%，每年新增绿化面积1000万平方米以上，每年万元GDP能耗下降4%以上，成功创建国家可持续发展试验区，并获得联合国人居奖。

昆山市以社会发展转型为目标，着力推进民生的改善，不断提升群众满意度和社会和谐度，加强以改善民生为重点的社会建设。截止2013年全市人均纯收入超过1万元的农户达80%以上，农村居民的工资性收入占比下降到40.1%，投资性、经营性、资产性收入上升到43.7%。一是统筹城乡劳动就业。建立城乡统筹就业机制和服务网络，城乡居民享受同等的就业机会和优惠政策。政府每年拨出2000万元专项资金，为城乡劳动力技能培训"埋单"。二是缩小城乡收入差距。创造性地建立创业小额贷款担保机制，鼓励全民创业，坚持以创业带动就业，不断深化产业富民、创业富民、就业富民、物业富民、投资富民、保障富民、财政转移支付富民、帮扶经济薄弱村带动富民"八项举措"，形成较为完善的持续增收机制，城乡居民收入差距缩小到1.75∶1。三是推进社保制度并轨。建立以低保、基本养老、基本医疗、征地补偿、拆迁补偿为主体的农村"五道保障"，确保社保标准随经济社会发展自然增长，在应保尽保的基础上，全方位构建城乡各项保障并轨的政策制度和运作机制。截至2013年，城乡低保为每人每月515元，农村基本养老保险为每人每月310～340元，全市社会保险综合覆盖率达99%以上。四是优质发展社会事业。持续增加教育投入，促进城乡义务教育均衡发展，创新发展职业教育。科学配置城乡医疗资源，健全市级医疗集团、专科医院、区镇医院、街道社区卫生服务中心、社区（村）卫生服务站五级医疗卫生服务网络。五是维护社会和谐稳定。以村（社区）公共服务中心为载体，进一步完善行政管理、日常便民、文化体育、医疗保健、社会安全、党建活动六大服务功能，基本实现城乡公共服务全覆盖。完善大调解、大信访机制，积极化解信访积案和各类社会矛盾，正确处理好干群关系、政商关系、劳资关系、新老昆山人之间的关系。创建"法治昆山""平安昆山"，推行综合治理、警务、调解、治保和外来人员管理"五位一体"的治安管理模式，建成覆盖全市城镇的路面监控电子系统，连续4年获得"江苏省社会治安安全市"称号。[①]

六 提高行政服务水平

县、乡、村和社区基层公共服务机构是提供基本公共服务的基础，加强基层公共服务机构的设施和能力建设，形成提供基本公共服务的平

[①] 2011年10月19日昆山市委书记管爱国在全球财经媒体看昆山媒体见面会上的部分讲话实录:《昆山市经济社会发展情况介绍》。引自新浪财经（http://www.sina.com.cn）。

台和网络。提高基层行政服务水平，就是要把更多的财力、物力投向基层，把更多的人才、技术引向基层，切实增强基层的服务能力。

近年来，中共昆山市委、市政府先后成立了村民自治工作领导小组、城乡社区建设管理指导委员会、农村社区公共服务体系建设领导小组、城乡社区公共服务体系建设工作领导小组、社区减负增能专项工程领导小组，明确各职能部门的工作职责，形成政府统一领导、民政部门牵头、有关职能部门分工负责、多方共同参与的工作格局。同时，制定落实考核细则，完善市、镇、社区（村）三级管理网络和全社会共同参与的工作机制，为城乡和谐社区建设提供了强有力的组织保障，这包括三个方面：一是行政服务更加便捷。进一步健全审批业务信息共享和部门间网上协同办理审批机制，行政审批服务再提速19.6%，网上审批率提高到50.4%。9个行政服务分中心挂牌运作。深化重大项目、重点企业领导干部挂钩联系制度，及时帮助企业解决融资、用工、用电等实际问题。二是行政行为更加规范。修订完善市政府工作规则。完成新一轮规范性文件清理。开展省直管县体制改革试点工作，顺利承接与省辖市相同的行政管理权限。推进张浦行政管理体制改革，设置"一办六局一中心"政府架构，下放665项行政处罚权和135项行政许可审批事项。深化政务公开，梳理行政职权5338项，细化34个大类134个小类信息公开事项，政府公共服务上网率达92%。完成重大事项社会稳定风险评估103项。举办140个村（居）重大事项听证会331场次，涉及金额3亿元。办理人代会议案和人大代表建议251件、政协委员提案251件，满意率分别达99.2%和98.4%。三是行政监察更加有效。在全省率先出台现代化指标体系督察和问责办法，有效落实率先基本实现现代化的各项任务和措施。建立全市经济社会发展目标考核、村级勤、廉、绩、效考评系统，实现市、镇、村三级电子绩效评价考核体系全覆盖。完善综合行政电子监察平台建设，新设置200个电子监察点，对政府采购、工程建设、土地出让等重点领域实行全过程监控。开展机关厉行节约专项治理，规范机关公务用车配备使用管理，公车购置及运行、会议、公务接待、因公出国（境）等费用保持零增长。拓宽审计覆盖面，政府资金使用效率得到进一步提高。①

2013年，推进"12345"政府公共服务平台建设，建成"苏州阳光便民·昆山网络平台"，实现与苏州"寒山闻钟"论坛的对接联动，开通"昆山发布"政务微博，每季度组织政府与社区、市民代表恳谈会，规范举办村（居）重大事项听证会，广泛听取和受理基层组织、市民群众对"政社互动"工作的意见建议和问题投诉，畅通了政府、社区、市民三者之间的互动渠道。不仅拓宽了"政社互动"渠道，也有效调动了社区、市民参与政府事务的积极性和主动性，保障了政府重大事项决策的科学性。仅2012年一年就举办140个村（居）重大事项听证会331场次，涉及金额3亿元。实施大规模审批提速，行政审批再提速19.62%，网上审批率达50.37%，不断满足社区和市民对政府服务的要求。开发运行市电子政务平台，实现网上申报、业务在线处理、办件公开和结果查询全过程办理监督，并逐步向基层服务中心延伸，确保更好地保障公共利益、满足公共需求、提供公共服务。②

---

① 2013年1月3日昆山市第十六届人民代表大会第二次会议：《昆山市政府工作报告》。
② 苏州市民政局：《昆山夯实"政社互动"基础　全力开创现代化社会管理新局面》，2013年5月22日。

报告一
教育事业：公平性与先进性并重[*]

  昆山自古为江南文教繁盛之地，向来非常崇尚教育，明清以来通过科举入仕者甚众，出过归有光、顾炎武、吴伟业等著名文人。改革开放以来，昆山凭着临近上海的地利之便，引入大量外资，经济发达，常年排在全国百强县第一位。昆山的教育也因为经济繁荣而受益，教育事业的财政投入力度很大，基础设施优越，师资水平高，学生能够享受到优质的公共教育服务，在整个江苏省都处于领先的位置。

  近年来，昆山市政府不断加强完善公共服务体系建设，加大对各个教育阶段的投入，并先后荣获全国幼儿教育先进市、江苏省义务教育均衡发展先进市、特殊教育先进市、江苏省普及高中阶段教育先进市、全国高等教育自学考试先进集体、江苏省教育工作先进市等称号。2006年，昆山市被中国教育学会确认为全国第一个教育现代化实验区；2007年，昆山市成为首批通过江苏省教育现代化建设先进市评估验收的地区；2010年，昆山市被确认为江苏省教育现代化建设先进市。

  昆山市的教育体现着公平、优质、特色、多样化和终身性的特点。在学前教育阶段坚持普惠性和公益性，在义务教育阶段重视教育的均衡发展和提高教育质量，为流动儿童提供均等的基础教育。重视教育的个性化和多样化，为中小学生提供优质的艺术、体育和科技教育，

---

[*] 本报告由李国强执笔。

从终身教育出发，发展社区教育，满足广大人民群众不断增长的对教育服务的需求。

一 昆山教育概况

昆山作为一个县级市，拥有比较齐全的教育体系，从学前教育到小学、初中、高中，再到特殊教育学校、中等职业教育等，覆盖了中等及以下的所有教育类型。学前教育以公办和民办幼儿园为主要载体，中小学教育以分立的小学、初中、高中为主，另外，还有小学与初中教育合一的九年一贯制学校，也有兼具初中和高中教育的完全中学。

根据昆山市教育局的统计，2011~2012学年，从幼儿园到中等职业教育等各类学校共152所，开设班级2872个，当年招生40974人，毕业学生30388人，毕业班学生38072人，全体在校学生132885人。各类学校的教职工达到9852人，其中专任教师8050人，占教职工总数的81.71%。

除此之外，昆山还有部分高等教育院校和项目，如正在筹办美国杜克大学的中国分校。

（一）学前教育

近年来，昆山市通过各项举措，积极推进学前教育发展，逐步建立以公益性、普惠性的公办幼儿园为主的学前教育服务体系。在办园体制上，昆山市坚持以政府投入为主、公办幼儿园为主，积极鼓励社会力量举办学前教育。

在政府和各界的大力支持下，昆山的学前教育发展很快，平均每年都会新建4~5所幼儿园。2009年，昆山有幼儿园58所，2010年增加到62所，到了2011年增加到67所。到2013年，全市共有公办幼儿园55所（含集体办园）、民办幼儿园19所，共74所。值得注意的是，新增的主要是集体办和民办幼儿园，体现出社会各界投资发展学前教育的热情。2009年，昆山市拥有地市级优质幼儿园47所，省级优质幼儿园36所；到2011年，地市级优质幼儿园增加到51所，省级优质幼儿园增加到38所（见表1-1）。

报告一
教育事业：公平性与先进性并重

表1-1 2009~2011年昆山市学前教育发展状况

	2009年	2010年	2011年
幼儿园数量(所)	58	62	67
其中:公办(所)	43	39	40
其中:集体办(所)		7	8
其中:民办(所)	15	16	19
在园幼儿数量(人)	27629	30853	35832
其中:外来工子女数量(人)	10252	12581	16941
其中:外来工子女占比(%)	37.11	40.78	47.28
教职工数(人)	1786	2052	2562
其中:专任教师(人)	1054	1238	1558
3~6岁入园率(%)	100	100	100
市优质幼儿园(所)	47	47	51
省优质幼儿园(所)	36	38	38

从在园幼儿人数来看，每年都增长很快，2009年为27629人，2010年为30853人，2011年达到35832人，两年间增加了29.69%。2009~2011年，昆山市学前三年（3~6岁）的入园率一直维持在100%，在全国率先普及学前教育（2010年，全国学前三年毛入园率达到62.3%，江苏省的学前三年入园率为96%以上）。同时，0~3岁幼儿入园（托）率也已经达到12%。伴随着幼儿园数量的增加，教职工人数增加也很快。从教职工人数来看，2009年共1786人，2010年共2052人，2011年增加到2562人；从专任教师人数来看，2009年为1054人，到2011年就猛增到1558人，两年之间增加了将近50%（见表1-1）。

根据昆山市政府《关于进一步加快学前教育改革发展的实施意见的通知》，"到2015年，学前三年幼儿入园率达100%，0~3岁婴幼儿早期教育覆盖率达80%以上，教师、保育员、保健人员等各类人员全部持证上岗，在全市建立起布局合理、充满活力、质量优良、人民满意的0~6岁幼托一体化学前教育体系"。

（二）义务教育

免费义务教育保障机制实施以来，均衡发展成为义务教育的基本使命，是保证教育公平的应有之义。昆山市义务教育的突出特点是越来越走向均衡化和优质化。

昆山市认真履行政府职责，严格落实法律要求，积极探索义务教育"以县为主，城乡一体"的管理体制和实现形式，坚持做到"三个统筹、三个确保"，即统筹教育规划布局，确保城乡义务教育一体发展；统筹教育经费安排，确保城乡义务教育同步发展；统筹师资力量配备，确保城乡义务教育同质发展。

在小学阶段，昆山市采取的措施是把小学尽量都整合到中心校及以上小学，集中力量建设中心校及以上的小学，力求提高教育水平，所以小学数量从2009年的45所减少到2010年的40所，到2011年建成37所中心校及以上小学。在校学生从2009年的43802人，增加到2011年的75600人，三年间增加了72.59%。与此同时，专任教师从2512人增加到3083人，增加了22.73%。

初中学校数量保持稳定，2009~2011年一直稳定在26所左右。在校生数量变化不大，2009年为21627人，2010年为21804人，2011年为23230人，两年中只增加了7.41%。专任教师数量同样变化不大，从2009年的1782人增加到2011年的1804人，只增加了1.23%（见表1-2）。

表1-2 2009~2011年昆山市义务教育阶段发展情况

		2009年	2010年	2011年
小学	小学数量（所）	45	40	37
	其中：中心校及以上小学（所）	34	34	37
	在校学生（人）	43802	51961	75600
	其中：外来工子女（人）	16423	22116	44092
	专任教师（人）	2512	2694	3083
	苏州教育现代化小学（所）	32	35	32
初中	初中学校数量（所）	26	27	26
	在校学生（人）	21627	21804	23230
	其中：外来工子女（人）	5960	8473	9610
	专任教师（人）	1782	1773	1804
	苏州市教育现代化初中（所）	24	25	23

昆山市为了保证乡区学校生源，严格限制择校行为。教育部门认真执行优质普通高中招生分配制度，2009~2010年，四星级普通高中招生名额分配到各初中的比例分别为70%、70%和75%。义务教育阶段择校生的比例控制在10%以内。经过多年努力，乡区义务教育发展水平得到明显提升，基本形成了"教师进得去、稳得住，学生留得住、学得好，学校有生气、有效益"的良好局面。

为了保障社会弱势群体学生接受教育的权利，对贫困学生和特殊教育儿童都有专门的政策帮扶。在全面实施免费义务教育的同时，建立健全帮困助学机制，广泛开展爱心助学活动，昆山市贫困家庭子女义务教育入学率和巩固率均达100%。在2012年上半年共有75所学校的300多名学生接受各类资助，总额为16.2万元。为了保障残障儿童少年都能接受免费教育，从2010年起，特殊教育学校在全省率先实行"零收费"。目前，全市共有接受义务教育的"三残"儿童少年455人，入学率达99.56%。

（三）高中教育

昆山市的高中教育在苏州乃至整个江苏省都名列前茅，发展态势比较平稳。从2009年到2011年，高中学校一直是6所，其中公办5所、民办1所。2009年，昆山市拥有三星级以上高中5所；到2010年，三星级高中当中有2所升格为四星级。这说明高中数量虽未增加，但基础设施、教学质量等方面都有了提高（见表1-3）。

表1-3 2009~2011年昆山市高中教育概况

	2009年	2010年	2011年
学校数量（所）	6	6	6
其中：三星级以上高中（所）	5	3	3
四星级以上高中（所）		2	2
在校学生（人）	12337	11968	11359
其中：外来工子女（人）	1308	1680	2460
教职工数（人）	1175	1170	1172
其中：专任教师（人）	1008	1033	1052
高中阶段毛入学率（%）		100	100
普通高中升学率（%）		96.98	100

高中在校学生人数呈现轻微下降的态势，2009年在校学生为12337人，2010年减少到11968人，到2011年，又进一步下降到11359人，两年间下降了7.93%。深入高中学生内部构成来看，外来工子女却呈现快速增加的态势，2009年外来工子女在昆山的高中就学的为1308人，2010年增加到1680人，而到了2011年则猛增到2460人，两年间增加了88.07%。

通过这种对比可以发现，在外地人到昆山享受较好的教育资源的同时，昆山本地人在昆山读高中的人数实际上是在快速下降，原因不外乎两个：一是计划生育政策的作用，少子化现象明显，导致适龄学生数下降；二是昆山本地人的家庭条件较好，有不少家长把孩子送到上海、南京等地就学，以便享受更加优质的教育资源。

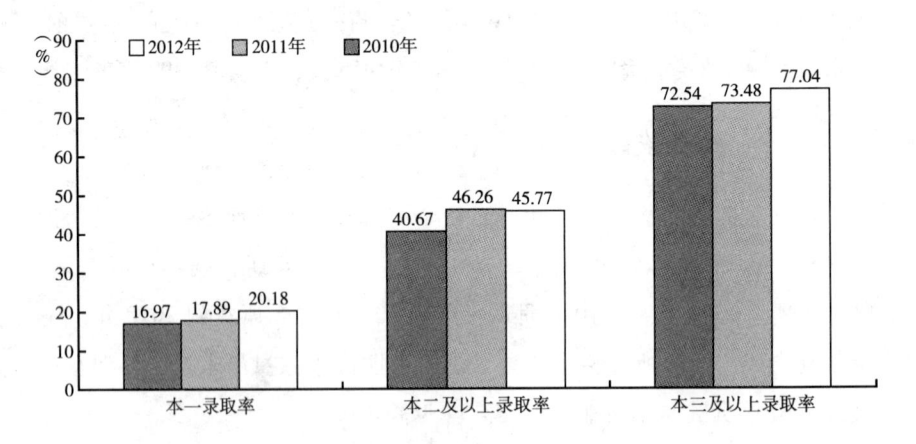

图 1-1　2010~2012年昆山市高中的高考录取率

2010~2012年，昆山市高中的高考录取率持续提高。本科第一批录取率，2010年为16.97%，2011年为17.89%，2012年迅速超过了1/5，达到了20.18%。本科第二批及以上录取率，2010年为40.67%，2011年为46.26%，2012年略有些下降，为45.77%。本科第三批及以上录取率，2010年为72.54%，2011年为73.48%，2012年增加了近4个百分点，为77.04%。总的来看，高考、高招各项指标均创历史新高（见图1-1）。

2012年，1名学生获苏州市"李政道奖学金"。中小学生在各类学科竞赛中获省级奖618人次、苏州市级奖970人次，其中1名学生获亚洲物理"奥赛"金牌。单招高考本、专科达线率均为100%，其中单招课改班本科上线率为50.23%。

（四）职业教育及高等专业教育

职业教育是经济社会发展快慢、好坏的晴雨表，是公共教育体系最直接服务地方经济的重要体现。2008年9月，国务院《关于推进长江三角洲地区改革开放和经济社会发展的指导意见》正式公布。国家对长三角区域的发展战略规划由"以制造业为主"逐步调整为"以服务业为主"，这对昆山乃至整个长三角区域，都是一次重要的战略机遇。

目前，昆山经济社会的发展已经走在全国同类城市前列，每年从外地引进各类技术人才2000多人，招收基本劳动力超过5万人，但依然无法满足经济发展的需要。职业教育对于整个昆山产业的发展和转型具有重要的意义，因而加大职业教育在昆山市成为刻不容缓的大事，抓好学生的职业技能培训已成为促进昆山经济发展的必由之路。

昆山市共有中等职业学校4所，近年来在校学生人数逐渐下降，2009年为9813人，2010年为9307人，到2011年降到了8901人，也就是说每年学生人数都减少四五百。教师人数比较稳定，教职工总数一直是600多人，专任教师大致在550人。从毕业生就业率来看，这4所职业学校的就业率都不错，一直维持在98%以上（见表1-4）。

表1-4 2009~2011年昆山市中等职业教育状况

	2009年	2010年	2011年
学校数量（所）	4	4	4
在校学生（人）	9813	9307	8901
其中:外来工子女（人）			1977
教职工数（人）	672	670	652
其中:专任教师（人）	543	544	553
毕业生就业率（%）	98.4	98.6	98.3

2008年以来，昆山市加大对学校建设的投入，对照《江苏省中等职业学校星级评估标准》，市职业第一中等专业学校、职业第二中等专业学校争创省四星级中等职业学校。市职业第三中等专业学校争创苏州市级电子技术应用示范专业，积极启动省三星级中等职业学校创建工作。到2013年，3所公办职业学校全部达到省级高水平示范性中等职业学校标准，其中第一中等专业学校和第二中等专业学校达到国家改革发展示范学校或国家中等职业教育优质特色学校标准。

职业第一中等专业学校、职业第二中等专业学校在省高水平中等职业学校的基础上力争进一步强化学校基础能力建设，不断丰富内涵，提升综合竞争力，为创建国家级高水平示范职业学校打好基础。职业三中校舍建设工程于2009年8月竣工，做到了内部建设科学规划，设施装备有序落实，努力顺应职业教育培养模式和教育模式的转变；积极落实三星级中等职业学校的创建工程，努力做到强化基础能力、优化特色品牌、亮化环境氛围、细化创建环节，确保创建工作按计划、高标准、有序落实。

2009年昆山市职业教育公共实训中心竣工，现已投入使用，提供给学生专业学习必需的技能实训条件。2011年新建昆山民办模具职业技术学校，办学规模已经达2000人以上。截至2012年，昆山市建设了一批门类齐全、资源共享的公共实训中心和紧缺人才培养实训基地，建成省级实训基地2个、国家级实训基地2个。各实训基地都紧密围绕昆山主导产业和新兴产业的发展需求，逐步实现消耗性实训基地向生产性实训基地的转变。如职业第一中等专业学校建设的国家级机电实训基地，职业第二中等专业学校创建的国家级电子技术（光电方向）实训基地。

目前，昆山市已建成苏州市精品教育专业6个、省品牌和特色教育专业4个、苏州市优秀新教育专业2个。开发一批与新兴产业相匹配的新专业，实现专业结构与产业结构有效对接。他们积极推行校企合作、工学结合、顶岗实习等人才培养模式，加快培养先进制造业、现代服务业和现代都市农业急需的技能型人才和高素质劳动者。中等专业学校毕业生的就业率和专业对口率分别达98%和70%以上。

除了中等职业教育外，昆山还有高等教育项目8个，其中公办院校3所、民办院校4所、科研机构1个。2011年，在校本专科学生19303人；在职教职工1567人，其中专任教师1024人。建有数控、汽车修理、服装、电子、物流、动漫等现代化实训基地，共有实训实验室184个、校外实训基地207个、校企合作单位495个；设有数控技术、模具设计、电子技术应用、计算机技术应用、电子商务、物流管理等本专科专业50余个。2012年，昆山杜克大学（筹）获教育部批准并举行挂牌仪式。

二 软硬件建设

对教育而言，最重要的是人力资本的投入，也就是说，教师质量是最重要的因素，要用优厚的待遇吸引教师人才。同时，教师和学生在校园中生活学习，改造校舍，美化校园环境，添置图书和教学仪器设备，对于提高教学水平也大有帮助。换言之，发展教育应当从软件、硬件两方面着手，加大投入力度，提高建设水平。

昆山市经济实力雄厚，财政收入较多，投入教育的资金也比较充裕，在软硬件建设方面卓有成效。

（一）财政投入

2009~2011年，昆山市财政经常性收入呈现持续增长的态势，从2009年的127.34亿元增加到2010年的156.65亿元，再增加到2011年的173.6亿元，两年间增加了36.33%。与此同时，财政教育经费支出也迅速增加，从2009年的11.34亿元，增加到2010年的14.35亿元，到2011年，为了实现教育公共支出占GDP的4%的目标，昆山市把教育经费大幅度增加到22.72亿元，相比2009年翻了一番。

从预算内生均事业费支出看，到2011年，小学、初中、高中分别为11910.42元、17315.32元和16634.26元。从预算内生均公用经费来看，2009年和2010年，小学、初中、高中分别为680元、850元、1100元；到2011年，迅速增加到3936.97元、4086.59元、3414.14

元,也就是说,一年之间分别增加了三四千元,增长的幅度惊人。与此同时,教师年均收入也增加得很快,2009年为8.7万元,2010年达到9万元,2011年为9.97万元,两年间增加了超过1万元(见表1-5)。

表1-5　2009~2011年昆山市教育经费情况

		2009年	2010年	2011年
全市财政经常性收入(亿元)		127.34	156.65	173.6
其中:财政教育经费支出(亿元)		11.34	14.35	22.72
预算内生均事业费支出	小学(元)			11910.42
	初中(元)			17315.32
	高中(元)			16634.26
预算内生均公用经费	小学(元)	680	680	3936.97
	初中(元)	850	850	4086.59
	高中(元)	1100	1100	3414.14
教师年均收入(万元)		8.7	9	9.97

2011年和2012年,全市财政性学前教育经费投入分别为3.4亿元和3.9亿元,在财政性教育经费总投入中分别占13.18%和13.31%。为了确保学前教育经费落到实处,昆山市建立预算单列制度,将学前教育经费列入财政预算,并明确规定,财政性学前教育经费在同级财政性教育经费中的比例要逐年增长,学前教育预算内生均公用经费要不断提高。2012年,公办幼儿园生均公用经费标准由1100元提高到1200元。

根据昆山市的规划,从2013年到2015年,按每年增加150元的标准安排,并逐步建立面向公办与民办幼儿园的生均财政补助制度。完善学前教育资助制度,对孤儿和残疾儿童实现免费学前教育,对经济困难家庭儿童学前教育进行适当补助。与此同时,昆山市还加快新建、扩建一批安全、适用的幼儿园,依托街道、社区设立一批公益性幼托机构。计划到2015年,昆山市公办幼儿园将达到幼儿园总数的80%以上,在公办幼儿园就读的幼儿将达到在园幼儿总数的80%以上。

昆山市义务教育经费在财政预算中实行单列,纳入财政保障范围,并做到"三个统一",即中小学公用经费由财政按不低于苏州市统一标准拨付，教师工资由财政统一按月发放，免费义务教育专项资金以及教师医疗保险、养老保险、住房公积金等统一纳入财政预算。建立学校建设激励机制，昆山市财政对乡区新建学校按每平方米2000元的标准予以补助。2009年以来，昆山全市按标准化要求新建、改建、扩建义务教育学校29所，其中乡区25所，占86.2%。他们积极实施中小学教育技术装备完善工程，全市中小学100%达到《江苏省中小学教育技术装备标准》Ⅱ类标准要求，其中51%达到Ⅰ类标准要求。

昆山市加大职业教育投入力度，逐年提升职业教育生均公用经费标准，及时足额由财政拨付学校；落实教育费附加用于职业教育比例不低于30%；安排职业院校教师培训经费，加强教师继续教育；安排师生大赛奖励经费，以大赛引领高素质技能型人才培养；落实公办职业学校社会培训经费，积极发挥职业学校社会服务功能。

（二）教师招聘与培训

昆山市招聘教师一般从前一年年底开始，到次年七八月份结束，和大学毕业生就业时段基本吻合。招聘的程序一般是：师资预测—制订计划—用编审批—拟订方案—公布简章—发布信息—报名审核—组织考试—供需见面。

2010年，昆山市各阶段教师招聘岗位359个，共有1151名符合条件者报考。通过笔试、面试（技能测试），高中录取14人、职中录取14人、初中录取33人、小学录取177人、幼儿园录取78人，共计316人被录取。

2011年，各阶段教师招聘岗位668个，共有1768名符合条件者报名应聘。通过笔试、面试（技能测试），高中录取15人、职中录取32人、初中录取26人、小学录取331人、幼儿园录取144人，音乐、体育录取73人，共计621人被录取。

2012年，各阶段教师招聘岗位684个，共有1700多名符合条件者报名应聘。通过笔试、面试（技能测试），高中录取16人、职中录取21人、初中录取84人、小学录取346人、幼儿园录取180人，共计647人被录取。

从被录取教师的学历状况来看，总的趋势是大专学历和研究生及以上学历的都在减少,而本科学历所占比例一直在上升。2010~2012年,被录取教师里学历为大专的分别是105人、163人、151人,分别占当年录取教师的33.23%、32.53%、23.34%;学历为研究生及以上的分别是19人、27人、11人,分别占6.01%、4.35%、1.70%;而学历为本科的分别为192人、307人、485人,分别占60.76%、63.12%、74.96%,占比居绝对多数,而且持续增加(见图1-2)。

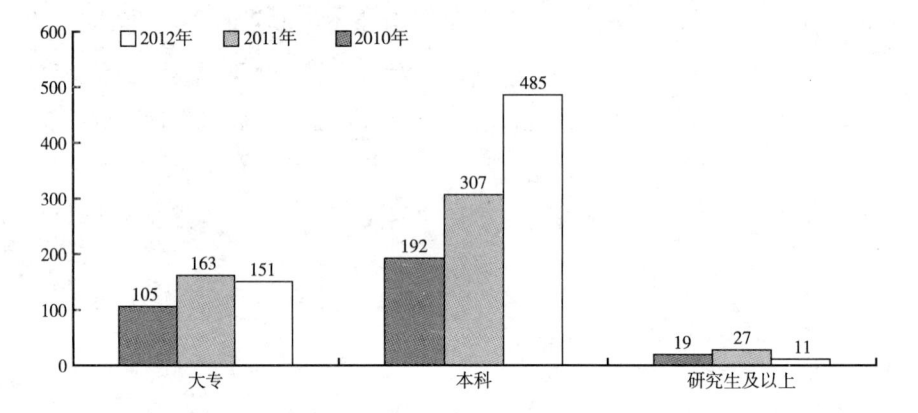

图1-2 2010~2012年昆山招聘教师的学历状况

值得注意的是,在昆山市招聘的教师中,来自外地的越来越多。2010年,招录的非昆山籍教师17人,占当年招录总数的5.38%;2011年,招录的非昆山籍教师153人,占当年招录总数的24.64%;2012年,招录的非昆山籍教师262人,占当年招录总数的40.49%,每年增加20个百分点左右。这种唯才是举的做法,平等对待来自外地的新昆山人,表明了昆山教育系统越来越开放的心态(见图1-3)。

为了提高教师的教学水平,除了直接招聘高素质人才外,昆山市还实施了一系列教师培训计划。昆山市制订了2012~2014年全市教师学历提升计划,详细规定了各年份、各个教育阶段教师学历拟达到的目标。根据这个计划,到2014年,幼儿园教师本科率达到55%,小学教师本科率达到70%,初中教师本科率达到96%(其中研究生率达到10%),普通高中教师研究生率达到18%,职业高中教师研究生率达到20%(见表1-6)。

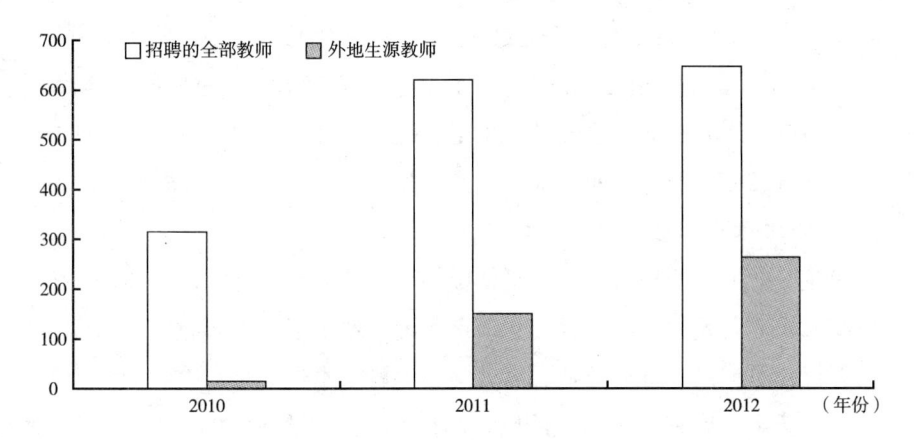

图1-3 2010~2012年昆山市招聘的来自外地的教师情况

表1-6 2012~2014年全市教师学历提升计划

单位：%

学段	2012年 本科率	2012年 研究生率	2013年 本科率	2013年 研究生率	2014年 本科率	2014年 研究生率
幼儿园	44		50		55	
小学	62		65		70	
初中	92	7（含在读）	94	8（含在读）	96	10（含在读）
普高		13		15		18
职高		16		18		20

1. 学前教育教师培训

在学前教育师资队伍的数量补充和质量提升上，昆山市不断探索新的方法。首先，是通过校际互助方式，带动薄弱校发展。昆山市教育局从市区优质幼儿园选调骨干教师给乡镇和村办幼儿园，还有统一的教科研活动，每月底下乡辅导，每年2次送课、2次评课。以"老园带新园"模式，昆山市打造出一整套完善的人才输出和管理输出模式，让新办园获得了高位起点，薄弱园获得了后发优势。

其次，加大考评力度，完善奖励制度。目前，昆山市有600名教师取得育婴师资格证书，400多名非学前教育专业的教师参加教师专业培训班，500名保育员参加岗位技能培训。还制定并实施相关奖励规定，对参加进修并取得要求学历的教师给予一次性奖励。除了这些常规举措外，从2012年起，昆山市还开评了"星级教师"，这是为师德高尚、业务精湛的优秀教师特设的荣誉称号。"星级教师"分为五星级、四星级、三星级和星级教师四个等次，有效期为一个学年。"常规动作"精用，"自选动作"创新。

最后，加大培训力度。为了使中小学、幼儿园教师常规专题培训工作能够扎实有效地开展，昆山在全市范围内选聘了近百名教师，组建了由教育教学第一线特级教师、名教师、学科学术带头人、教学能手等组成的"昆山首席辅导教师"团队。2011年共培训教师4041人次。心理健康教育教师培训、新教师培训、幼儿教师专业培训等都取得明显成效。在2012年昆山市43所公办、民办集体幼儿园的244名教师参加了该培训。通过培训提高了幼儿园教师的职业道德、专业知识、学术水平和教育教学、教育科研能力。

其中，和苏州幼儿高等师范学校合作举办的第二期育婴师中级培训班，156名幼儿园教师参加了培训和考试。培训班特聘辛宏伟博士、袁学伟主任医师、魏青主任医师、朱智红高级讲师等10余位经验丰富的教师任教，156人全部考试合格，并获得了国家人力资源和劳动保障部颁发的职业资格证书——育婴师中级证书。273名幼儿园保育员参加了幼儿园保育员岗位培训班，培训采取理论与技能培训相结合的方法，保育员既系统学习了婴幼儿卫生保健、心理发展和教育的基础知识，又掌握了幼儿园保育工作技能。所有参与培训的保育员都圆满完成了各项培训和考试任务顺利结业，并获得上岗证书。

2. 中小学教师培训

2012年，昆山市提出了大规模、高质量、高效益地培训中小学校长的目标。针对昆山市中小学校长的实际情况，结合继教网网络远程培训平台技术优势及丰富的网络课程资源，6月份完成了昆山市中小学校长预算管理及校园安全专题远程培训项目实施方案，有227名校长参加培训，全面地、大幅度地提升了中小学校长的预算管理能力、安全意识和管理水平（见图1-4）。

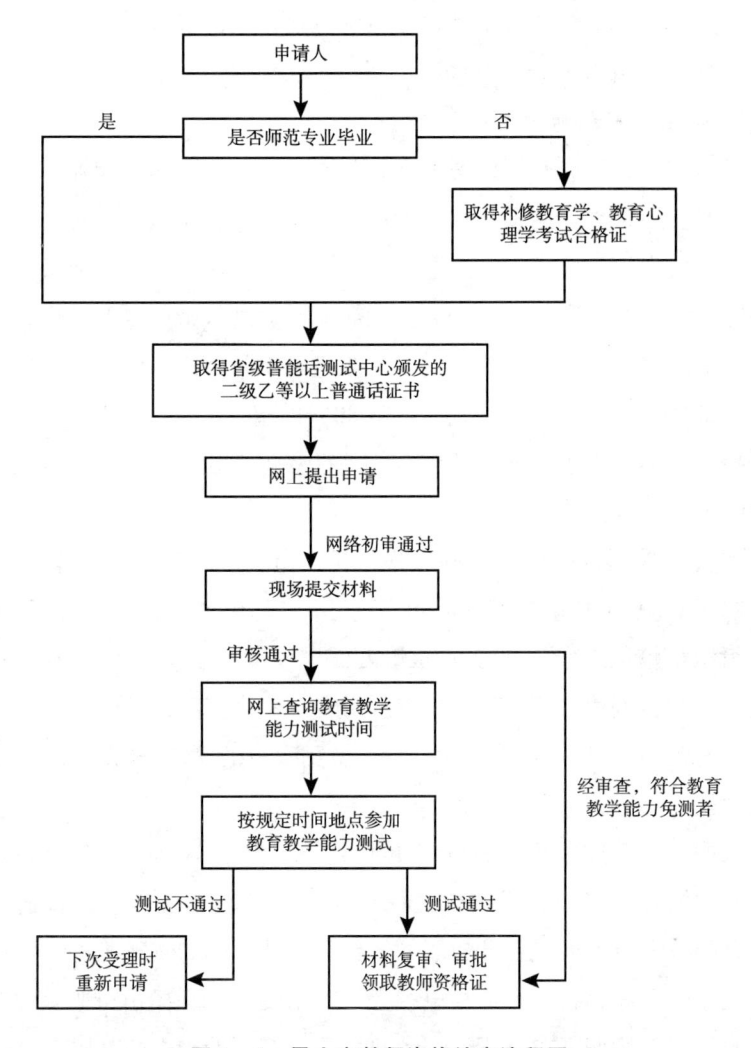

报告一
教育事业：公平性与先进性并重

图1-4 昆山市教师资格认定流程图

骨干教师是师资队伍的中坚力量，其质量的高低和数量的多寡，直接体现了师资队伍的整体水平。为构筑昆山教育人才新高地，培养一批思想素质高、理论素养好、专业水平优良、业务能力强的高水平的有影响力的骨干教师。如2012年昆山市省级小学英语教师引智培训班邀请了两名分别来自美国和加拿大的外教，他们都具有丰富的教学经验。他们通过为期三周的引智培训帮助学员们更好地学习借鉴西方先进的教育教学理念，了解国外的教学动态和教学方法，提高课堂教学能力，从而进一步提升昆山市英语教学水平。

3. 职业教育教师培训

昆山市已经陆续开展以技能大赛和专业建设为主题的职业学校骨干教师、专业教师培训活动，提升教师的专业水平；学校制订校本培训计划，确定校本培训的内容，采取专题讲座、专题研讨、案例分析、经验交流等多种形式，因地制宜开展培训活动，促进教师的专业发展；认真组织参加国家、省、苏州市、昆山市四级组织开展的各类培训。组织专业教师参加高级工或技师培训，全市80%以上专业教师达到"双师型"教师标准；继续组织专业教师到企业进行专业实践活动，提升专业教师动手能力。主要措施有：

评选优秀"双师型"教师。根据昆山市优秀"双师型"教师的评选要求，认真组织评选，同时推荐苏州市优秀"双师型"教师候选人；组织学校推荐候选人参加苏州市优秀专业负责人、优秀实训基地负责人、优秀课程改革负责人、苏州市职业教育领军人才的评选活动，坚持创造条件，提供平台，努力做到以评促教师提高、以评促教师发展。

依据《省政府办公厅转发省编办关于核定中小学教职工编制实施意见的通知》精神，昆山市合理核定职业学校教职工编制，打通职业学校之间教师流动通道，开放职业学校面向社会招聘优秀工程人才和高技能人才的渠道；在江苏广播电视大学昆山学院设立昆山市职教师资培训中心，与天津职业技术师范大学联合，有计划地对职教师资进行轮训；做到50%以上专业建有技能大师工作室和教师创新工作室，发挥名师在深化职业教育改革中的引领作用；各职业院校每年制订切实可行的师资提高培训计划，市教研室制定对职教教师考核评价标准，形成评价激励制度。

昆山市还开展系列师德教育活动。组织开展师德师风主题教育活动，树立先进典型，宣传模范执行师德规范教师的先进事迹；认真执行师德师风公开承诺制度，组织教师在爱岗敬业、关爱学生、廉洁从教等方面作出公开承诺，自觉接受学校和社会的监督；严格执行教师职业道德考核制度，引导、督促教师严格遵守师德规范，塑造师表形象。

（三）基础设施建设

在教育基础设施建设方面，昆山市按照就近入学的原则，规划和选择学校建设用地，确保学校布点科学合理。采取多种方式，盘活老城区及周边地区教育资源。

"十二五"期间，全市共计建造学校84所，其中新建61所，易地重建17所，扩建6所。新建、改建、扩建区镇幼儿园36所、小学29所、初中6所，抓紧实施西部高级中学、市青少年活动中心新建工程以及江苏电视大学昆山学院易地新建工程，建成一批与昆山城市化建设相匹配的标志性学校。

根据昆山《教育现代化建设推进情况督查汇总表》，2012~2014年全市计划新建、改扩建中小学、幼儿园73所；2012年计划开工41所，计划完成1所；2012年实际开工12所，完成1所。

昆山市还计划提高教育技术装备建设水平，力争70%以上的公办中小学达到《江苏省中小学教育技术装备标准》Ⅰ类要求。目前全市公办中小学一共64所，教育技术装备基本达到Ⅰ类标准的学校有33所，占比达到51.6%。

目前已建成高速教育专网、教育信息基础数据库、教育教学资源库、教育数据计算与存储中心、学习资源整合与共享中心、教育信息管理与服务中心，形成"一网两库三中心"格局。已完成"智慧教育"一期工程项目建设方案的细化和论证，并基本确认以服务外包的方式由昆山市信息港网络有限公司承建。其中，高速教育骨干网建设部分已于5月份完成裸光纤租赁招投标工作，目前正在按计划实施光纤组网工程，到8月底所有光纤全部接入学校中心机房。

为了适应城市发展的需要，昆山市出台了《关于进一步规范住宅区配套幼儿园、中小学规划、建设和管理的若干意见》，规定新建住宅区必须配套建设幼儿园、中小学等，并且规定了比较详尽的实施办法。

> 住宅区配套幼儿园、小学、初中设置规模按千人指标测算，近期千人指标为：幼儿园36生，小学70生，初中35生。规划用地指标为：幼儿园15平方米/生，小学20平方米/生，初中25平方米/生。建筑面积指标为：幼儿园10平方米/生，小学10平方米/生，初中12.5平方米/生。建设规模原则上为：幼儿园不低于4轨12班，小学不低于6轨36班，初中不低于8轨24班。
>
> ——昆山市《关于进一步规范住宅区配套幼儿园、中小学规划、建设和管理的若干意见》

以与人民生活息息相关的幼儿园建设为例，昆山市进一步规范住宅区配套幼儿园，做到幼儿园与小区开发"三同"——同步规划、同步建设、同步交付。2012年重新修订《住宅小区配套幼儿园规划、建设和管理规定》，进一步完善了幼儿园新建机制，规定配套幼儿园规划用地指标为15平方米/生，建筑面积指标为10平方米/生；在建设规模方面，原则上为幼儿园不低于4轨12班。与此同时，昆山市还在各区镇设立了数量适当、规模适中的学前儿童看护点，以缓解学前教育资源不足的矛盾。

2009年起，昆山市就开始了幼儿园布局调整的工作，目的在于通过整合提高幼儿园的教学和服务水平。调整的主要方式是就近合并、强弱联合，全市村办幼儿园由2009年的32所调整为2013年的18所。

与此同时，昆山市又陆续新建幼儿园。2011年以来，开工建设幼儿园31所，已交付使用24所，新增学位8640个。为了推动学前教育快速发展，从2011年起，昆山市区镇新建幼儿园由市财政按每平方米2000元的标准予以补贴。

根据规划，到2015年，100%的公办幼儿园建成苏州市级优质幼儿园，90%以上的公办幼儿园建成省级优质幼儿园，60%以上的集体办和民办幼儿园建成江苏省、苏州市级优质幼儿园。鼓励优质公办幼儿园举办分园或合作办园。

三 加强教育管理

在教育管理方面，昆山市教育局自身制订并实施了依法行政工作计划。在学校管理方面，昆山市抓住开展教育经费管理年活动、校园安全、食堂管理和编外后勤职工管理等几个方面，深入开展工作。

（一）依法行政

2012年，昆山市教育局专门下发44号文件，提出要把"依法行政"作为一项大事来抓，为教育的改革和发展提供法制保障。具体做法如下。

一是成立依法行政领导小组，定期召开依法行政领导小组工作会议，认真总结依法行政工作经验，主动查找存在的问题与不足，明确努力方向。昆山市教育局按照《江苏省规范性文件制定和备案规定》的要求，认真做好规范性文件的起草、审核和备案工作。严格执行规范性文件报备制度，做到文件自发布之日起15日内报市人民政府备案，确保备案率达100%。同时，他们加大对规范性文件的清理力度，对不符合法律、法规、规章规定，或者不适应经济社会发展要求的规范性文件及时进行清理，并向社会公布清理结果。

二是凡涉及人民群众切身利益的决策事项，采取公示或座谈会等形式，公开征求意见；对涉及专业性、技术性较强的重大决策，组织专家进行论证，提高决策的科学性和可行性；对涉及教育局内部重大决策的事项，按照民主集中制的原则，由党委会议或党政联席会议集体讨论决定。他们建立风险评估和预警机制，针对可能影响社会稳定或公共安全的决策，进行先期预测和研判，查找运行风险，构建风险防范、监控管理、应急处置体系。

三是加强领导干部学法，按照年度学法工作计划，昆山市教育局理论中心组每年学法不少于4次，集中学法培训每年不少于2次，自主学习每年不少于30课时。他们认真学习《教育法》《行政许可法》《公务员法》等相关法律法规，并要求撰写调研报告、学法心得和论文，增强领导干部带头学法、依法行政的自觉性。他们抓好机关工作人员学法，采取自主学习、分组学习、集中学习等形式，加深对法律知识的理解和认识，进一步明确执法人员的权利和义务，努力建设一支政治可靠、业务精湛、作风过硬的执法队伍。他们选拔思想素质好、工作能力强的工作人员参加执法培训，切实做到培训的计划、内容、时间、人员、效果"五落实"，确保执法人员持证率达到100%（见表1-7）。

表1-7 2012年度教育局领导干部及公职（执法）人员学法计划表

对象	时间	学习内容	学习形式
全体人员	2月	贯彻落实全国教育系统开展法制宣传教育第六个五年规划	集中学习
	3月	宪法	
	4月	行政许可法	
	5月	行政复议法	
	6月	江苏省校车管理规定（试行）、昆山市校车管理实施细则	
	7月	人民调解法	
	8月	侵权责任法	
	9月	行政监察法	
	10月	突发事件应对法	
	11月	国家赔偿法	
	12月	新颁布或修改的法律法规规章	
执法人员	2月	昆山市政府办公室关于进一步加强行政执法人员培训考核工作的意见	分组选学
	3月	教育行政处罚暂行实施办法、昆山市行政执法程序规定	
	4月	全面推进依法行政实施纲要、省教育厅关于推行行政指导工作的意见	
	5月	中小学幼儿园安全管理办法	
	6月	教育法、职业教育法、教师法、预防未成年人犯罪法	
	7月	公务员法、廉政准则	
	8月	中外合作办学条例、关于开办外籍人员子女学校的暂行管理办法	
	9月	昆山市行政复议过错责任追究办法	
	10月	苏州市行政调解办法	
	11月	苏州市中小学生人身伤害事故预防和处理条例	
	12月	上级政府出台的有关经济发展、民生改善等重要的政策文件	
全体人员	2~12月	社会保险法、新工伤保险条例	自学
		教育部关于加强依法治校工作的若干意见	
		道路交通安全法	
		行政诉讼法、行政处罚法	
		民办教育促进法及其实施条例	
		国防教育法	
		中小学德育工作规程	
		江苏省学生体质健康促进条例	
		其他（根据工作需要自由选择）	

四是加大政务公开力度，对于群众关心的招生政策、职称评聘、人事调配、收费标准等事项，做到过程公开、操作公开、结果公开。昆山市教育局通过市行政审批服务中心网、昆山教育网、政务公示栏等途径，主动向社会公开涉及教育行政审批的程序、时限、收费依据和标准，以及需要提供的材料。

五是按照"审批提速5%"的要求，进一步精简审批环节、优化审批流程、减少申报材料，不断提高行政服务效能，力争完成提速任务。昆山市教育局根据行政服务中心新一轮100%进驻和100%授权的要求，安排工作人员定期进驻审批窗口，能授权的一律由窗口审核、受理、发证，需要单位领导审核的重大项目采取现场办公的形式办理。

六是加大行政执法力度，深入推进《民办教育促进法》的实施，依法加强对民办教育机构的管理，采取定期检查和随机抽查、专项检查和全面检查相结合的方式，督促民办教育机构改善办学条件，规范办学行为，提高办学水平。昆山市教育局认真做好民办非学历教育机构的年检工作，对办学不规范的机构提出限期整改要求，对不合格的机构予以注销。

（二）教育经费管理年活动

昆山市教育局要求各学校把开展"教育经费管理年"活动作为2013年教育经费管理工作的一项重要任务，切实加强领导，根据本校实际情况和财务工作重点，制订"教育经费管理年"活动的具体实施方案，突出各阶段的工作重点，做好各项工作。

各学校负责人是该活动的第一责任人，全面负责此项工作。昆山教育局要求在活动实施方案中，制订详细的工作计划，每项工作要有明确的时间节点和负责人，抓好工作落实。各学校要通过开展"教育经费管理年"活动，及时发现教育经费管理中存在的问题和不足，并采取有效措施进行整改，通过活动形成教育经费管理长效机制。

2013年6月中旬，市教育局转发教育部和省教育厅《关于开展"教育经费管理年"活动，进一步用好管好教育经费的通知》，制定下发《昆山市"教育经费管理年"活动实施方案》，全面启动"教育经费管理年"活动（见表1-8）。

表1-8　2013年昆山市教育局"教育经费管理年"活动计划

时间安排	活动内容
6月	传达部署"教育经费管理年"活动
7月	各学校开展教育经费管理自查工作
8月	各学校开展学校财务内审工作
9月	市教育局组织开展教育经费管理调研工作
10月	指导学校开展2014年部门预算编制工作,严格落实教育经费法定"三增长"要求
11月	针对自查阶段和财务内审阶段发现的问题,开展整改工作及财经知识培训班
12月	开展"教育经费管理年"活动评比

2013年7~12月,昆山市教育局陆续开展相关工作。一是各学校开展教育经费管理自查工作,二是开展学校财务内审工作,三是开展教育经费管理调研,四是开展2014年部门预算编制工作,五是组织教育经费管理培训,六是开展"教育经费管理年"活动评比。

（三）校园安全工作

为进一步规范校园安全稳定和综合治理工作,维护正常的教育教学秩序,昆山市教育局于2012年1月印发了《昆山市2012年校园安全稳定和综合治理工作意见》,要求教育系统牢固树立"安全第一,预防为主,综合治理"的思想,以落实工作责任制为核心,以加强基础工作为重点,以创建"平安校园"为抓手,推动校园安全稳定和综治工作各项措施的落实,确保学校的安全稳定和师生员工生命财产安全,为全市教育事业创造更加"安全、和谐、稳定"的环境。文体具体要求如下。

第一,建立健全主要领导总负责、分管领导具体抓、职能部门牵头协调、相关部门密切配合及全体人员共同参与的工作机制。按照"谁主管、谁负责"的原则,严格履行校园安全稳定和综治工作领导责任制、部门责任制和岗位责任制,紧紧围绕工作目标要求,制订本单位年度工作计划,层层签订工作责任书,把工作责任分解落实到具体部门、具体岗位、具体人员,形成层层相连、环环相扣的责任机制,对因工作责任不落实、措施不到位，导致发生严重危害校园稳定重大问题的单位、人员，实施责任追究和一票否决。

第二，进一步完善校园安全稳定和综治工作管理领导组织，健全校园安稳和综治工作管理网络，严格实施动态工作定期报告和重要信息及时报告制度，建立校园安全稳定工作信息实时提醒制度。各校（园）都要着力落实好五项制度：一是日常值班制度；二是活动审批制度；三是信息报告制度；四是工作台账制度；五是考核奖惩制度。建立校园安全稳定和综治工作奖惩机制，对在校园安全稳定和综治工作中卓有成效的人员给予表彰奖励，对忽视安全工作，玩忽职守、疏于管理、造成重大责任事故的，依据相关规定严肃处理（见表1-9）。

表1-9 2012年上半学期昆山市校园安全稳定工作周活动安排

周次	内容	时间（2012年）
0	召开相关岗位人员会议,开展开学前安全自查	开学前
1	落实相关岗位任务、责任,开展全面自查	2月6日～12日
2	开展食品卫生自查	2月13日～19日
3	开展校车专项自查	2月20日～26日
4	开展校园消防自查	2月27日～3月4日
5	开展应急灾害防范宣传	3月5日～3月11日
6	开展应急演练	3月12日～3月18日
7	举办安全知识讲座	3月19日～3月25日
8	节日安全教育	3月26日～4月1日
9	—	4月2日～4月8日
10	开展法律知识教育讲座	4月9日～4月15日
11	开展交通安全教育	4月16日～4月22日
12	节日安全教育	4月23日～4月29日
13	—	4月30日～5月6日
14	意外伤害预防教育	5月7日～5月13日
15	预防违法犯罪教育	5月14日～5月20日
16	校园禁毒教育	5月21日～5月27日
17	安全用水、用电、用气教育	5月28日～6月3日
18	防偷盗、诈骗教育	6月4日～6月10日
19	防雷安全教育	6月11日～6月17日
20	节日安全教育,开展防溺水、防高温、乘车安全、外出安全等教育	6月18日～6月24日
21		6月25日～7月1日
22		7月2日～7月8日
23		7月9日～7月12日

第三，开展全市校园安全稳定和综治专项督察，建立校园风险隐患数据库，完善联络员督察反馈制度，建立校园重点监管机制。各校（园）要建立健全安全隐患、矛盾纠纷排查调处机制，坚持"预防为主、教育疏导、依法处理、防止激化"的原则，努力把矛盾和问题及时化解在基层、解决在萌芽状态。把定期检查作为管理工作的重要环节，落实"每周、每季或重大节假日前必查"的工作制度。加强对节假日、外出活动、食堂、宿舍等重要时间、群体活动和重点场所的安全检查和管理，确保不发生重大安全责任事故。加强校园周边环境的综合治理，严厉打击侵害师生人身财产安全的各类违法犯罪活动，坚决铲除校园及周边存在的黑恶势力，清理整顿违规经营的文化娱乐场所和无证经营的社会车辆。

第四，建立和完善"统一指挥、运转协调、科学有效"的维护稳定工作机制，形成"上下联动、左右协作、齐抓共管"的工作格局。坚持经常性排查与定期排查、重点排查与普遍排查、内部排查与配合有关部门排查相结合，深入排查、化解影响安全稳定的矛盾和问题。在重大节庆日、重大政治活动、重要敏感日期间及特殊时期实行专项排查。按照及时、准确、全面的要求，建立灵敏、高效的预警机制，做到早发现、早报告、早控制、早解决。对已发生的群体性事件，坚持以人为本，按照"可散不可聚、可解不可结、可顺不可激"的要求，依法、及时、妥善地加以处理。

第五，贯彻学校技术防范建设的有关要求，不断提高经费保障水平，大力推进学校"三防"建设，采取不断完善警务室建设，丰富其功能设施；设立安全保卫机构，配足配齐安全保卫人员；落实技术防范措施，重点部位要安装红外报警器和视频监控系统等技术防范设备；配齐配足消防设备，并使其始终处于良好状态等具体措施，着力夯实校园安全稳定工作的基础。要求各校（园）主动争取相关职能部门的指导和帮助，每学期开展一次防地震、防火灾、防中毒、防车祸等的应急演练，每月组织住宿生开展一次疏散演练。

（四）食堂管理

2012年5月，昆山市教育局根据江苏省教育厅、财政厅《关于加强中小学食堂财务管理的意见》（苏财教〔2010〕108号），制定了《关于进一步加强直属学校食堂管理的意见》，加强直属学校食堂的管理工作。

文件规定：第一，学校开办食堂定位为提供公益性服务，必须以服务师生为宗旨，以保本经营为原则，不以营利为目的；必须坚持学生自愿的原则，不得强行要求学生在学校食堂就餐；必须单独核算食堂成本，保证食堂日常运转的经费收支平衡，严格控制食堂成本开支范围，合理确定供餐价格，切实维护师生的合法权益。

> 食堂收入是指为学校师生提供伙食服务取得的各项收入，主要包括：伙食收入（学生伙食费收入、教职工伙食费收入、代办伙食收入等）、上级补助收入、学校补贴收入和其他收入。
> （一）学校食堂一般应以充值卡或饭菜票方式结算。
> （二）学生伙食费实行按实结算，即以学生刷卡消费或实际用餐次数结算伙食收入。
> （三）凡属非税收入及学校其他代办服务性项目收入均不得记入食堂收入，如房租收入、学校小商店承包租金收入等，不得擅自挪用、转移食堂收入，不得私设"小金库"。
> （四）使用学校统一印制的票据。学校要统一印制伙食费票据，由专人保管，建立健全缴销制度。
> ——昆山市教育局《关于进一步加强直属学校食堂管理的意见》

第二，学校食堂以自主经营为主要模式。学校可以根据实际，合理选择食堂经营服务模式。小学、初中、幼儿园的食堂原则上应由学校自主经营服务，高中阶段学校的食堂可采用公开招标的方式对外承包，引入竞争机制，优胜劣汰。尽可能提供品种多样、美味可口的饭菜供学生选择，吸引更多的学生在校就餐，减少在校外就餐的学生数量。

第三，建立健全学校食堂内部控制机制。独立开设银行账户和设置食堂账簿。完善伙食定价机制、加强对原材料等的采购管理。食堂主要原材料以公开招标方式确定定点供应商。加强学校食堂物资和有价证券的管理。规范使用食堂经营结余。加强学校膳食管理。

第四，加强食堂对外承包经营的管理。因管理力量不足或其他特殊原因，确需对外承包的食堂，应通过招投标方式确定承包商，承包期限以学年为单位，不超过3年。学校和中标单位或个人要签订承包合同，确定承包关系，明确双方的权利和责任，承包经营合同须报市教育局备案。学校要加强对承包食堂的管理，对饭菜的质量、数量、价格和财务进行监督检查。

第五，加强学校食堂会计队伍建设。学校根据食堂财务管理要求设置总账、出纳、物资保管员等岗位，且做到不相容岗位分离。食堂会计人员可由学校会计人员兼任，专（兼）职会计人员必须具有会计从业资格。

第六，加强学校食堂财务管理与监督。市教育、财政部门定期对中小学校食堂财务管理工作进行专项检查，对于伙食质次价高、食堂账目不清、收支及物资管理不规范的要限期整改；对挪用和转移食堂资金、违规列支发放钱物或私设"小金库"等违反财经纪律的行为要严肃查处，并追究当事人责任。

四 推进教育公平

昆山市关于推进教育公平的举措有很多，这里主要就三个方面进行分析：一是建立教师轮岗制度，二是推进外来工子女教育，三是中小学生免费体检制度。

（一）义务教育阶段青年教师轮岗制度

2009年以来，昆山市共招聘义务教育阶段教师1237人，其中到乡区工作763人，占61.7%。为了推进城乡师资流动，昆山市建立了校级领导轮岗制度，实施了三个工程，促进薄弱学校的发展，通过提高薄弱学校教育质量以实现全市义务教育的均衡发展。

一是建立义务教育学校校级领导轮岗交流制度，每年组织一定数量的城区学校校级领导和中层干部到乡区学校任职任教。

二是实施"置换式"师资交流工程，昆山市每年组织150名优质学校骨干教师到教学力量相对薄弱的学校开展为期一年的支教工作，接受支教的学校同时选派相应数量的青年教师到挂钩学校进行为期一年的顶岗学习。

三是实施"输血式"办学扶持工程。选派兼职督学和公办学校骨干教师进驻外来工子弟学校，督促指导外来工子弟学校规范办学行为，提高管理水平和教育质量。建立1000万元专项资金，支持外来工子弟学校改善办学条件，提高教师待遇。此外，昆山市还组建义务教育阶段学校发展"共同体"，组织优质学校与教学力量对相对薄弱的学校开展"承包式"结对帮扶活动，在办学条件、学校管理、教师培养、教育科研等方面给予全方位的支持和帮助。

决定教育水平最重要的因素是教师素质，昆山市义务教育阶段教师轮岗制度是推动教育公平的重要举措，能够比较有效地提高师资薄弱学校的教学水平。教师轮岗是为了充分发挥骨干教师的示范和引领作用，促进师资队伍均衡配置，提高师资队伍整体素质，努力建设一支素质优良、结构合理、数量充足、适应教育改革和发展的中小学教师队伍。

昆山市的教师交流以"置换式"轮岗方式进行，交流时间原则上每次不少于1学年。交流学校原则上是城乡结对、新老校结对，每学年的教师交流由教育局指定（见后附昆山市教育局《义务教育学校轮岗交流方案》）。甲方学校为城区学校和考核优秀学校，乙方学校为区镇学校和新建独立建制学校。交流学校中的甲方学校原则上参加交流工作时间为3学年。

甲方学校派出的教师要能对乙方学校进行教育教学等各方面的指导和帮助，骨干教师要有一定占比；乙方学校派出的教师以到甲方学校进行学习培训为主。甲方学校教师中凡男50周岁、女45周岁以下，在同一所学校工作期限满6年及以上的都要参加轮岗交流。每学年轮岗交流教师的比例为学校在编专任教师总数的10%左右。交流人员由学科专任教师组成，并由副校级领导或中层干部带队。

> 交流甲方学校教师工作职责。必须服从乙方学校的工作安排，担任相应学科教学，完成足额的工作量，并在学校教育教学工作中起示范作用；参与乙方学校的教研组活动，每学期承担教学公开课不少于2次，听课评课不少于20节，参与指导乙方学校课题研究不少于1个，举行专题讲座不少于1次；第一学期结束时应撰写一篇关于改进乙方学校教育教学工作的建议文章，学年结束时应撰写一篇轮岗交流工作的述职报告，交双方学校。
>
> 交流乙方学校教师工作职责。必须服从甲方学校的工作安排，担任相应学科的教学，完成足额的教育教学工作量；积极参加甲方学校的教研组活动，每学期承担教学汇报课不少于1次，听课评课不少于20节；学年结束时应撰写一篇关于交流工作的述职报告，交双方学校。
>
> ——昆山市教育局《义务教育学校轮岗交流方案》

参加交流的人员轮岗交流期间，编制、人事、工资关系不转，待遇不变。教育局根据交流情况向交流学校（个人）发放交流交通补贴。各学校在奖励性绩效工资中按交流人数每人每年提取3000～5000元，作为轮岗交流考核专项资金，经考核后发放。

根据昆山市教育局的规定，教师晋升中、高级职称、评选教坛新秀、教学能手、"双十佳"、学科（术）带头人、名教师、特级教师和优秀教育工作者等，必须有轮岗交流经历或提出过书面申请愿意参加轮岗交流。参加交流的教师如在交流期间需参加职称评聘及各类优秀、骨干教师的评选，由原所在学校负责，对认真完成交流工作的，在同等条件下予以优先考虑。

（二）支持与保障外来工子女教育

昆山市将对流动人口的子女教育作为基础教育的一部分，全面纳入教育发展总体规划。切实解决义务教育资源紧缺的矛盾，进一步加大投入力度，按照"十二五"教育发展规划确定的学校建设任务，有序推进学校建设工程。进一步提升公办学校吸纳流动人口子女入学的比例。

昆山市教育部门坚持"以流入地政府管理为主，以公办学校吸纳为主"的原则，通过组织公办学校充分挖掘潜力，放低入学门槛，尽最大可能吸纳外来工子女入学，保障他们接受均等的基础教育服务。解决好流动人口子女的教育问题，关乎教育公平与和谐社会的构建，昆山市教育局从2011年开始，该市设立了扶持外来工子女学校教育发展的专项资金，每年安排1000万元。

2008年至今，昆山市批准设立了9所外来工子弟学校，均为苏州市合格外来工子弟学校（现在，苏州全市有200多所外来工子弟学校，而合格外来工子弟学校只有74所），其中初中部2所。昆山市教育局把外来工子弟学校全部纳入教育综合考评，其中7所学校达到良好及以上等次。2009~2012年，外来工子女就学总数在昆山以平均每年1万人的速度增加，从2009年的56862人，增加到2011年的68139人，再增加到2012年的75080人，两年间增加了32.04%（见表1-3）。

表1-10 昆山市外来打工子女就学情况

	2009年	2011年	2012年
外来工子弟学校数量（所）	9	9	9
其中：初中部数量（所）	2	2	2
昆山外来工子女总数（人）	56862	68139	75080
其中：在公办幼儿园、中小学就读（人）	33943	43711	56653
在公办幼儿园、中小学就读人数所占比例（%）	59.69	64.15	75.46
其中：在外来工子弟学校就读（人）	22919	24428	18427
在外来工子弟学校就读人数所占比例（%）	40.31	35.85	24.54

这些年的总体趋势是公办学校对外来工子女的吸纳能力越来越强，在其中就学人数持续增加，相应地在外来工子弟学校就读的学生比例呈

现下降的趋势。2009年在公办幼儿园、中小学就学的打工子女有33943人，占所有打工子女就学总数的59.69%；2011年在公办幼儿园、中小学就学的打工子女有43711人，占总数的64.15%；2012年在公办幼儿园、中小学就学的打工子女有56653人，占总数的75.46%。也就是说，平均每年以超过5%的比例在增加，这个规模是很惊人的。

2009年，在外来工子弟学校就读的打工子女为22919人，占所有打工子女就学总数的40.31%；到2011年，在外来工子弟学校就读的人数虽然增加到24428人，但占总数的比例却下降到35.85%；到2012年，在外来工子弟学校就读的人数在绝对数量上也出现了大幅下滑，下降到18427人，仅占总数的24.54%。鉴于公办幼儿园、中小学的教学条件要明显好一些，这种趋势表明，打工子女的就学环境和就学条件都得到了显著改善。

值得注意的是，在昆山市学前教育财政资金投入中，约有一半都用在了外来工子女身上。2013年，在昆山市就读的非昆山籍幼儿达20460人，占在园幼儿总数的50.9%；其中在公办或公益性幼儿园就读的达10046人，占非昆山籍幼儿总数的49.1%。

全面落实市政府办公室印发的《关于进一步做好外来工子女义务教育工作的意见》，严格执行《昆山市外来工子女学校教育发展专项资金使用管理办法（试行）》，用好、管好每年1000万元专项资金。所属地区镇政府、企业家为外来工子弟学校提供低于市场租金的校舍，让办学人降低办学成本，以加大教育教学设施设备的投入。

昆山市通过组织公办学校充分挖掘潜力，放低入学门槛，尽最大可能吸纳外来工子女入学。目前，全市共有义务教育阶段在昆山就读外来工子女58443人，其中在公办中小学就读38838人，公办学校吸纳率达66.4%。其中，公办小学共有40所，其中15所学校吸纳非昆山籍学生达到学生总数的60%以上。近两年新建的千灯炎武小学、花桥花溪小学非昆山籍学生分别达到98%和92%，2012年9月建成启用的玉山镇吴淞江小学、周市永平小学中非昆山籍学生分别达到84%和72%。

昆山市采取专项检查、集中辅导、现场观摩等方式，指导民办幼儿园和外来工子弟学校规范教育教学管理。依法取缔无证幼儿园7所，分流幼儿546人。对不合格的民办学校进行执法检查，对其下发行政建议书和整改意见书，注销不合格的民办教育机构。

昆山市还按照国家的法律、法规，畅通捐赠渠道，通过税收优惠等方式，积极鼓励公民、企业法人等向民办学校尤其是流动人口子女学校捐赠财物，支持流动人口子女学校改善教育设施、提高教师待遇、优化教学管理、提升教育质量。

为了推动流动人口子女接受基础教育，昆山市还采取了以下两个做法。

第一，加强标准化建设。按照省、市有关教育现代化建设的标准建设各级各类学校。在推进学校建设工程时，既注重城乡学校标准化建设，也重视流动人口子女学校的标准化建设，以逐步缩小流动人口子女学校与公办学校之间在教育设施条件上的差距。2011年12月全面启用的千灯炎武小学，就是一所完全由镇财政投入的、专门为流动人口子女建造的公办学校，全校1182名学生，98.6%以上为外来人口子女。

实现义务教育均衡发展，在基本设施实现标准化的基础上关键是"均衡"的学校管理。昆山市教育局的做法一是组织专项督察，采取苏州市合格外来工子弟学校回头看措施，即看招生行为、看班级管理、看课堂教学、看设施设备，时刻督促外来工子弟学校依法办学、规范办学。二是继续加大考核奖励力度，完善奖励考核方案，发挥奖励方案的激励作用，对重点条款进行现场考评、指导。三是注重规范化管理。

第二，加大师资培训力度。昆山市通过全市展示、校际观摩、结对帮扶等多种形式，为外来工子弟学校教师提供学习交流机会；组织外来工学校骨干教师专题培训，通过专家集中辅导、业余时间自学、分组交流研讨、拜师跟踪实习等方式全面提高教育理论水平、教育教学能力、教学研究能力。为进一步提升民办学校教师的整体素质，更好地构建有效课堂，落实教学常规，昆山市2012年4～6月举办了第二期外来工子女学校骨干教师培训班。共有来自9所外来工子女学校的204位教师报名参加培训。通过培训，他们的教育教学理念、课堂教学技能，教育科研能力等得到全面提升。

（三）中小学生免费体检

2010年，为贯彻落实《中共中央国务院关于加强青少年体育增强青少年体质的意见》精神，根据苏州市教育局、卫生局《关于印发中小学生免费体检实施办法的通知》要求，昆山市制定《昆山市中小学生免费体检实施办法》。

办法规定：第一，所有入学新生都必须进行健康体检并建立健康档案。第二，在校学生每年进行一次常规健康体检。第三，小学生健康体检原则上由体检医疗机构到校体检，初中及以上学校原则上到体检医疗机构体检。初中升入高中、高中升入大学的入学体检应按省、市招生办公室的体检要求和项目在指定的专门医疗机构体检。

---

1. 健康体检项目。
（1）病史询问；
（2）内科常规检查：心、肺、肝、脾；
（3）眼科检查：视力、沙眼、结膜炎；
（4）口腔科检查：牙齿、牙周；
（5）外科检查：头部、颈部、胸部、脊柱、四肢、皮肤、淋巴结；
（6）形体指标检查：身高、体重；
（7）生理功能指标检查：血压。
2. 升学体检项目。
（1）项目同健康体检；
（2）实验室检查：结核菌素试验（小学、初中入学必检项目）；肝功能：谷丙转氨酶、胆红素（寄宿制学生必要时体检项目）；血化验（高中升大学体检项目）。
——昆山市教育局、卫生局、财政局《昆山市中小学生免费体检实施办法》

办法规范了体检报告的相关内容，学生健康体检机构在体检结束后，应分别向学生（家长）、学校和当地教育行政部门反馈学生个体健康体检结果与群体健康评价结果。个体报告单内容应包括学生个体体检项目的客观结果、对体检结果的综合评价以及健康指导建议；学校汇总报告单内容应包括学校不同年级男女学生生长发育、营养状况的分布、视力不良、龋齿检出率、传染病或缺陷的检出率，不同年级存在的主要健康问题以及健康指导意见；区域学校汇总报告单内容应包括所检查学校的学生生长发育、营养状况的分布、视力不良、龋齿检出率、传染病或缺陷的检出率，不同年级存在的主要健康问题以及健康指导意见。

学生健康体检机构必须经卫生、教育部门批准，是具有法人资格、持有有效的《医疗机构执业许可证》、由政府举办的公立性医疗机构。负责体检的医生应当具有与学生健康体检工作和学生常见病防治有关的知识和经验；专业技术负责人应熟悉本专业业务，技术人员的专业与学生健康检查的项目相符合；内科、外科、口腔科、眼科检查及实验室检验的人员必须具有相应的专业技术职务任职资格，各专业体检医师至少有1人具有中级以上专业技术职务任职资格。

中小学生（包括中职、中技、经教育行政部门批准的民办中小学）健康体检、升学体检的费用列入各级财政预算，学校每年在学生健康或升学体检工作结束后的15天内，根据医疗机构提供的体检名册和费用清单向当地财政部门申请体检经费，并及时将费用拨付给医疗机构。小学2~5年级以及初中、高中（含中职、中技）1~2年级每生15元。小学1年级、6年级和初中3年级每生20元；高中（含中职、中技）3年级每生25元。

五　教育现代化和多样化

昆山地处改革开放的前沿，对各项教育事业的发展也保持着开放的心态，他们注意借鉴国内、国际的先进经验，发展适合自身条件的教育模式。下面从中小学特色教育、职业教育、社区教育和终身教育等几个方面进行说明。

（一）加强中小学特色教育

昆山市在大力推进主课教育的基础上，也不放松基础教育阶段艺术、体育和科技等特色教育，并成绩显著。艺术、体育和科技教育是素质教育的重要组成部分，对于促进学生德、智、体、美全面发展，培养学生健康审美情趣，增强学生体质、活跃学生身心，培养学生的科学精神和创新能力具有不可替代的作用。

1. 艺术教育

昆山市艺术教育成绩突出。在2012年举办的全市首届中小学生艺术展演活动中，展示节目85个，其中5个节目获省级展演一、二等奖。在推进昆曲进校园的活动中，新增"小昆班"6个，26名小演员获全国奖。

在昆山市教育部门看来，丰富学生的文化生活，要在开齐课和上好音乐、美术等课程的基础上，开展具有时代特征、校园特色和学生特点的丰富多彩的艺术活动，引导学生树立正确的审美观念，提高中小学生和幼儿的艺术修养。

为了弘扬地方文化建设，大力推进昆曲进校园，昆山市决定进一步提升以第一中心小学、千灯中心校、石牌中心校、新镇中心校、淀山湖中心校为龙头的昆曲艺术特色教育，弘扬地方传统文化。根据昆山市未来3年文化建设的要求，2012年将开发区实验小学、花桥中心校、陆家中心校、锦溪中心校、周庄中心校、张浦中心校建成昆曲特色学校。实现全市所有镇（区）均有一所昆曲特色学校。为进一步推动昆曲事业的发展，将择时举行昆曲专场演出。

昆山市注重艺术教师队伍建设，关注艺术教师的业务成长，支持和鼓励艺术教师参加专业培训。2013年，昆山市教育部门与市文化部门联合举办艺术专业教师培训班，按艺术项目分别聘请省市级艺术专家开设讲座和进行指导，从内容的实用性以及实效性上强化培训工作，不断提升艺术教师的人文素养和艺术才华。

2. 体育教育

昆山市体育教育的成绩是比较突出的,2012年昆山市中小学生在苏州市各类体育竞赛中获金牌41枚、银牌28枚、铜牌36枚。

昆山市要求全市各中小学校严格执行国家课程计划,开齐开足体育课程;进一步加强体育教学常规管理,提高教师思想素质和业务能力,提高体育课教学质量;运用多元教学模式与方法,合理安排体育教学内容,采用切合学生实际、能激发学生兴趣、新颖有效的体育课堂教学模式,充分调动学生参与健身活动的积极性,使学生了解科学锻炼身体的基础知识,掌握体育基本技能。

昆山市要求落实好体育活动课,各个学校要根据广大学生的兴趣、爱好以及学校特点和季节变化,利用体育活动课开展形式多样、具有特色的群众性体育活动和竞赛。学校体育工作应当面向全体师生,立足校园,扎根班级,广泛开展形式多样、内容丰富的体育健身活动,始终把增强师生体质、提高健康水平作为学校体育工作的出发点和落脚点。要求每天30分钟左右的大课间活动从形式和内容上进行创新和充实,保证活动的质量和效率,让学生以旺盛的精力投入学习和生活中去。

昆山市还规定,要围绕"健康第一"的理念,多途径调动学生积极参加体育锻炼,认真完成平时考核工作,组织对50%的初中学校就初三毕业生进行体育平时成绩的抽测。根据苏州市教育局的统一安排,昆山市教育局进一步规范初中毕业生体育考试工作,认真做好初中毕业生体育考试的报名、测试、评分等工作,确保2012年初中升高中体育科目考试工作的顺利进行。

昆山市规定,各学校每年要召开不少于1次的体育运动会,并因地制宜地利用体育活动课,经常开展以班级或年级为单位的体育活动和竞赛,做到人人有体育项目、班班有体育活动、校校有体育特色。已被命名的体育传统项目学校,要充分发挥其对群众性体育的示范带动作用,使特色更明显。在此基础上,各校要将"使每个学生都能掌握两项以上体育运动技能"的要求落到实处。

3. 科技教育

昆山市在科技教育领域硕果累累。在2012年科技创新大赛中，30名学生获全国奖项，其中1名学生获一等奖；58名学生获省级奖项。5名学生获全国"小院士"称号。33所学校通过省健康促进学校银奖或铜奖验收。市实验小学、正仪中心校、城北中心校分别被授予"全国科技体育传统校"、"国家级规范汉字书写教育特色学校"和"省科学教育特色学校"的称号。

为了大力推进科技教育，昆山市规定各学校必须落实一位校级领导分管科技工作，落实一位科技辅导员，建立一支高素质的科技辅导员队伍。

为了加强科技老师队伍建设，提高科技老师辅导能力，昆山市教育局组织全市中小学、幼儿园科技辅导老师参加科技辅导培训。来自全市的150多位科技教育分管领导、科技辅导员参加了此次培训活动。活动中共组织了科技创新项目、建筑模型项目、航空模型项目、智力七巧板、科技吉尼斯5个项目，通过培训提高了各校科技老师的科技辅导能力，提高了科技竞赛水平。

坚持把科技活动渗透到各学科教育中，如在生物学、化学、物理学、计算机信息学、天文地理学、数学、地球空间学（航模等）、环境卫生学（环保、医药与健康）、美术（科学幻想绘画）、语文（科学论文）等学科的教学中，均有科技活动参与其中。

（二）加快发展职业教育

当前昆山正处于经济转型升级的关键阶段，职业教育必须跟着产业走，真正做到有什么样的产业就能提供什么样的人才。

1. 根据市场调整专业

为此，昆山市根据江苏省教育厅、发改委《关于开展全省职业教育专业结构与产业结构吻合度调研工作的通知》和《关于加快我市职业教育专业结构调整的意见》（苏教职社〔2009〕3号）精神，在进行市场调研，明晰本地区经济发展及产业结构情况、本区域职业学校专业结构情况的基础上，形成调研报告，制定了昆山市《关于调整优化中等职业教育专业结构的意见》，启动区域内职业学校的专业结构调整，力求实现与区域专业设置和产业结构的有效对接，使学校专业建设相对集中和错位发展，努力形成专业特色优势，另外还不断并加大新专业开发力度。

根据教育局的规划，昆山市继续推进职业学校专业建设。一是加强主干专业。根据学校专业调整方向，加大主干专业建设力度，把第一中等专业学校的机械、数控、模具、财会等专业，第二中等专业学校的电子技术、光电技术、信息技术等专业，花桥国际商务城中等专业学校的服务外包、现代物流等专业打造成富有竞争实力的主干专业。二是开发好新专业。紧贴地方产业需求进行市场调研，合理开发新专业，努力使专业设置与地方产业的发展相适应。三是建设品牌和特色专业。对照标准要求，确定建设目标，丰富专业内涵，提高专业建设核心指标的达成度，力争顺利完成建设目标。

昆山市建立专业设置动态调整机制，依据"专业建设跟着产业走"的原则，通过淘汰、改造、优化、新设等及时进行专业结构调整，形成与地方产业相吻合的专业结构。第一中等专业学校围绕先进装备产业体系，重点建设机械、数控、模具等专业，继续做强做优财会、烹饪、旅游专业。第二中等专业学校围绕电子信息产业体系和高科技新兴产业体系，重点建设电子、计算机等专业，开发光电技术应用、现代都市农业等专业，继续做强做优物流、报关专业。花桥国际商务城中等专业学校围绕总部经济、服务外包、现代物流、展示展销等产业，重点建设现代服务业专业。福纳影视艺术学校重点建设影视表演等艺术类专业。

2. 以竞赛和单招升学促进教育质量提高

昆山市以竞赛促进学生提高实践创新能力。落实技能大赛制度，努力做到技能大赛覆盖到每一所学校、每一个专业、每一名学生、每一位专业教师；加强技能大赛宣传，让社会、家长了解技能大赛，支持技能大赛，为技能大赛创造良好的环境；规范技能大赛组织，在对上届技能大赛进行认真总结并在征求专业教师意见的基础上，举办昆山市第五届职业学校师生技能大赛，力求大赛参与面广、影响力大、师生技能成绩得到提高。

昆山市教育要求，学校应当利用现有的实训设施有序组织学生进行常态化的技能实训，每年举办技能节，给学生提供展示技能的平台，也可联络其他学校进行友谊赛，切磋技艺，共同提高。要重视学生创新能力的培养，鼓励学生树立敢于创新的意识，发扬敢于创新的精神，进行敢于创新的实践，积极组织学生参加省市职业教育创新大赛，力争在江苏省和苏州市职业学校技能大赛和创新大赛中取得优异成绩。

> 积极培养现代型技能工人，毕业生"双证"获得率不低于98%，当年就业率不低于98%，专业对口就业率不低于80%，学生就业满意率不低于95%，用人单位对职业学校毕业生综合素质满意度达80%以上，3~5年内有15%毕业生成为企业管理与技术骨干。
> ——昆山市《创建江苏省职业教育创新发展实验区实施方案》

昆山市还努力提升单招高考质量。针对单招高考改革新方案，要求各职业学校、办学点积极落实应对措施。一是制订切实有效的单招高三复习方案，既要重视文化与专业综合课的复习工作，更要重视技能实践训练。二是学生实训工作做到尽早安排，各办学点与挂靠学校紧密合作，本学期安排好实训计划，实训与职业资格认定紧密结合。三是要认真研究单招高考新动向，抓好复习过程中的每一个环节，努力提高单招高考质量。

3. 开门办学

加快推进"校企合作"，培养地方产业紧缺人才，是昆山产业升级的需要，更是为昆山率先基本实现现代化提供知识贡献和人力资源的一项重要举措。

昆山市建设与完善了校企服务网，架构校企合作信息交流平台，实现"提供全方位服务,推动校企合作,培养现代技能型人才"办网宗旨。校企服务网在信息交流、校企互动、产学合作、市场动态、人才供需等方面积极发挥功能。探索人力资源机构在职业院校设立人力资源分市场,形成招聘、培养、就业一体化服务机制。

在昆山市人事与社会保障局、教育局统筹下,依托昆山第一中等专业学校建设"现代制造业实训中心"和"餐旅实训中心",依托昆山第二中等专业学校建设"汽车检测与维护实训中心",依托花桥国际商务城中等专业学校建设"现代物流实训中心",积极发挥"四大实训中心"面向社会的服务功能。积极探索实施社会培训工作新模式,确保社会培训工作的有序开展。

昆山市加强职业教育对外开放,加强现有中外合作项目的实施工作,将先进的课程教学模式引入学校教育教学改革,计划继续创造条件努力新增中外合作办学项目1~2个,积极引进国际职业资格证书认证体系。力争实施第一中等专业学校与德国思科德塑料技术服务有限公司合作办学项目;第二中等专业学校与新加坡合作办学项目在原有合作基础上,结合区域经济的转型发展,努力在合作模式和内容上加以调整和拓展。

(三)社区教育和终身教育

做强做优社区教育,是完善终身教育体系,推进教育公共服务的重要任务之一;是满足人民群众多样化教育需求,促进人的全面发展的迫切要求;是推动经济发展方式转变,加快现代化建设的必然选择;是保障和改善民生,推进和谐社会建设的重要保证。

在2000年召开的第十次党代会上昆山市就明确提出,要把昆山建成适应时代要求的学习型城市。2001年以来,先后出台了《昆山市终身教育发展规划》《关于加快推进社区教育实验工作的意见》《昆山市社区教育实验工作方案》等指导性文件,同时采取召开协调会议、进行现场考察等方式,研究部署社区教育实验工作,有力地推动了全市社区教育不断跃上新的台阶。2005年,昆山市被确认为江苏省社区教育实验区;2007年,被确定为全国社区教育实验区,并成功承办第五届长三角社区教育论坛；2009年被确定为第二批全国社区教育示范区。多年来，昆山市在社区教育方面主要做了以下几个方面的工作。

1. 注重拓展和延伸

注重由本地居民培训向外来工培训延伸、由学历教育向非学历教育延伸、由在职培训向再就业培训延伸、由技能培训向闲暇教育延伸，实现了社区教育全覆盖，促进了市民素质的全面提高。目前，全市常住人口接受社区教育的比例达75%以上，从业人员继续教育年参与率达70%以上，使常住人口主要劳动年龄人口平均受教育年限达到11.53年，居民人均受教育年限达到11.05年。

在充分发挥社区培训学院、社区教育中心和社区市民学校教育培训功能的基础上，注重推进数字化学习社区建设，建立了拥有2100门课程的"昆山市民学习在线"共享平台。目前，市民网上实名注册超过67万人，注册率达40%以上。2009年，昆山被评为全国数字化学习先行区。通过拓展社区教育途径，昆山每年举办全民终身学习活动周、昆曲艺术节、中国昆山啤酒节、昆山国际文化旅游节、中小学文化艺术节以及广场文艺"天天演"等大型文化活动，丰富了市民的文化生活。有计划地开展"文明福万家""数字化学习社区行""万户家庭网上行""千场社科讲座进基层"等社区教育系列活动，营造了全民学习的良好氛围。

2. 加强"三个建设"

加强学习型组织建设。按照制定标准、动员发动、现场指导、组织评估的工作步骤，深入开展学习型家庭和学习型组织创建工作，大力营造"人人乐学"的良好氛围。截至2012年，全市累计建成学习型家庭9061个、学习型企业（单位）807个、学习型社区269个。

加强示范区镇建设。在不断完善社区教育网络的同时，积极开展各级社区教育实验（示范）区镇创建工作。截至2012年，全市11个区镇100%建成昆山市社区教育示范区镇，其中5个区镇被确认为苏州市社区教育示范镇，2个镇被确认为江苏省社区教育示范镇，6个区镇被确认为全国社区教育示范镇。

加强全国示范区建设。自2007年成功建成全国社区教育实验区以来，昆山市按照"对照标准、整改提高、注重过程、力求实效"的工作要求，积极开展全国社区教育示范区创建工作，有效提升社区教育的整体水平。2009年，昆山被确认为全国社区教育示范区。

3. 力求"三个突破"

第一，在教育研究上求突破。2006年以来，昆山承担多项国家级和省级课题研究工作，形成课题研究论文100多篇。结集出版社区教育论文集4本，收录优秀论文近200篇。近几年，有10多篇论文在省级和国家级评比中获奖，有40多篇论文在省级和国家刊物上发表。

第二，在项目实验上求突破。2007年以来，昆山先后组织实施3轮45个社区教育项目实验工作，取得了明显成果。到2012年底，45个实验项目全部通过结题论证，其中"实施低碳教育社区行，实现生活方式低碳化转型"被评为全国社区教育优秀项目，"打造十五分钟文化教育圈"等5个项目被评为全国社区教育一般项目，"加快提升农民文明素质的研究和实践"等8个项目被评为苏州市社区教育精品项目。

第三，在课程开发上求突破。注重加强社区教育特色课程建设，按照《昆山市社区教育课程开发指南》，研究开发本土化社区教育特色课程48门，其中"昆曲学唱"等20门课程被评为全国特色课程，"七十二个城隍潭"等18门课程被评为苏州市精品课程。

4. 强化"三个服务"

第一，服务"小康昆山"建设。配合实施以"个个有工作、人人有技能、家家有物业"为主要内容的"三有工程"，广泛开展"三有工程"培训，培训城乡劳动力20余万人，受益家庭10万余户。配合实施"富民强村"工程，广泛开展农村劳动力技能培训，培训农村劳动力30余万人次。

第二，服务"文化昆山"建设。为配合"文化昆山"建设，昆山市充分发挥社区教育的优势，形成了"全民终身学习周""阅读节""市民大讲坛""百万市民学礼仪""广场文艺演出""昆曲进校园"

"科技下乡"等社区教育活动品牌系列,丰富了市民文化娱乐生活。

第三,服务"人才昆山"建设。积极鼓励支持市民参加学历进修,2012年高等教育自学考试年报名人数超过3万,先后两次被评为全国高等教育自学考试先进集体。目前,全市高等教育毛入学率达67%以上,主要劳动力受过高等教育的比例达20%以上。

六 余论

习近平曾讲道,"中国有2.6亿名在校学生和1500万名教师,发展教育任务繁重。中国将坚定实施'科教兴国'战略,始终把教育摆在优先发展的战略位置,不断扩大投入,努力发展全民教育、终身教育,建设学习型社会。努力让每个孩子享有受教育的机会,努力让13亿人民享有更好、更公平的教育,获得发展自身、奉献社会、造福人民的能力"。[①]

这段不长的讲话,包含着很丰富的含义,第一,中国面临的教育任务很繁重,不能掉以轻心;第二,中国政府非常重视教育,始终把发展教育摆在优先位置;第三,发展教育是一个全面的概念,涵盖全民、全社会,涵盖人的一生;第四,对教育的衡量标准是"更好、更公平",也就是说,要兼顾先进性与公平性。

昆山市有着良好的历史文化底蕴,现在经济发展和财政收入位居全国前列,非常有利于教育事业的发展。在这样的情况下,昆山市落实国家的各项教育政策,把大量资金投入教育事业,提高教师待遇,完善教学设施,保护学生身心健康,推动全民教育、终身教育,促进了各级各类教育事业的蓬勃发展。昆山市教育事业建设的最大特点就是兼顾了公平性与先进性,既全面、平衡,又优质、领先,走在了江苏省乃至全国教育现代化的前列。

[①] 《习近平向联大峰会发录像致辞 支持"教育第一"》,http://www.china.com.cn/news/world/2013-09/26/content_30139838.htm。

报告二
保就业，促创业[*]
——劳动就业公共服务体系建设的昆山经验

随着改革开放进程的不断深入推进，从发展型政府到公共服务型政府的转型，已经提上议事日程。[①]建立与社会主义市场经济相适应，能够确保并促进经济社会协调发展的公共服务体系，已成为我国改革和发展进程中在当前阶段迫切需要解决的一个重要问题。对于我国来说，建立这样一种公共服务体系，既是一项创造性的任务，又面临许多未知的和不确定的因素，甚至可能面对重大挑战，因而需要在实践中不断探索，并适时地对实践经验进行总结。

劳动就业服务，是国家公共服务体系中的主要组成部分。国务院2012年首次编制并印发了《国家基本公共服务体系"十二五"规划》，其中对劳动就业服务的重点任务、基本标准和主要的保障措施作出了原则性的规定。[②]一般而言，就业问题首先是民生建设的主要内容，甚至可以说是核心任务，因为就业状况直接关系居民的收入水平。因此，就业问题成为我国改革开放和经济建设新一轮发展中的关键性问题。我国当前面临经济发展方式转型的迫切任务，需要扩大内需，推动居民消费

---

[*] 本报告由韩旭执笔。
[①] 对于这个问题，学术界早已形成基本共识。例如，参见郁建兴、徐越倩《从发展型政府到公共服务型政府》，《马克思主义与现实》2004年第5期。
[②] 《国家基本公共服务体系"十二五"规划》，《人民日报》2012年7月20日，第13版。

的发展,这首先就需要提升居民收入水平。可见,就业问题对于促进我国经济社会协调发展,具有重要意义。

如何落实《国家基本公共服务体系"十二五"规划》的要求和原则性规定,还需要制定相应的具体政策和措施。需要在实践中进行探索。改革开放以来,江苏省昆山市在不断推进经济建设的同时,在扩大就业,保障居民劳动权益方面也进行了多方面的探索实践,并且取得了良好成效。昆山的实践,对于落实《国家基本公共服务体系"十二五"规划》,建立健全我国劳动就业公共服务体系,具有一定的启发和借鉴意义。

一 昆山的实践:"三位一体",确保充分就业

昆山市地处江苏省东南部,是苏州市下辖的一个县级市,位于上海市与苏州市之间。北至东北与常熟、太仓两市相连,西与吴江、苏州交界,南至东南与上海的嘉定、青浦两区接壤。[①] 户籍人口逾73万,而常住人口更高达近166万。[②] 昆山市的地理位置相对"独特",东距上海市仅50公里,距上海虹桥机场仅42公里,乘坐动车组列车至上海仅需18分钟。[③] 昆山早已被认为是上海经济圈中一个重要的工商业城市。[④] 不仅如此,昆山市的花桥镇以及花桥经济开发区(花桥商务城)目前已经处于上海外环线以内。因此,有学者认为,昆山市实际上是上海的"边缘城市",甚至从理论上可以说是上海的"一部分"。[⑤] 这

[①] 参见昆山市政府网"中国昆山",http://www.ks.gov.cn/929_ksgl.html&ID=920,访问时间:2013年7月14日0:00。
[②] 参见昆山市政府网"中国昆山",http://www.ks.gov.cn/925_ksgl.html&ID=925,http://www.ks.gov.cn/934_ksgl.html&ID=920,访问时间:2013年7月14日0:07。
[③] 参见昆山市政府网"中国昆山",http://www.ks.gov.cn/1125_ksgl.html&ID=920,访问时间:2013年7月14日0:10。
[④] 参见昆山市政府网"中国昆山",http://www.ks.gov.cn/920_ksgl.html&ID=920,访问时间:2013年7月13日23:57。
[⑤] 参见李伟、吴缚龙、〔英〕尼克·费尔普斯《中国特色的"边缘城市"发展:解析上海与北京城市区域向多中心结构的转型》,《国际城市规划》2008年第4期。

一独特的经济地理位置,对于昆山的经济结构和就业状况都具有重要影响。

昆山市在我国已属于经济发达地区。全市地区生产总值已达2725.32亿元,按常住人口计算的人均地区生产总值达16.53万元(按现行汇率折2.62万美元)。实现台湾电机电子工业同业公会"大陆综合实力极力推荐城市"四连冠,连续4年在福布斯中国大陆最佳县级城市排名中位列第一,连续8年获得中国中小城市综合实力百强县市第一。① 昆山市除下辖8个乡镇之外,目前还下设有3个国家级开发区(经济技术开发区、国家级综合保税区、国家级高新技术产业开发区)、2个省级开发区(花桥经济开发区、旅游度假区)。② 从经济结构看,昆山是以工业经济为主导,制造业发达,通用设备制造、专用设备制造、交通运输设备制造等六大装备制造产业多年来平稳发展。近年来,高新技术产业、新兴产业规模不断壮大。物联网、新能源、新材料、新医药、新型平板显示、高端装备制造等战略性新兴产业实现总产值2860.61亿元,占规模以上工业产值的比重已达到37%。此外,近年来第三产业发展也很快,服务业增加值占地区生产总值比重已经达到39.2%。③

立足于这样的经济结构和产业结构,昆山市逐步建立了与本地经济社会发展相适应的劳动就业公共服务体系。这一体系的主要特点可以概括为公共服务、技能培训、创业扶持"三位一体"。④ 也就是说,第一方面,建立健全多种劳动就业公共服务机制和平台,为本地居民,特别是为就业困难人员,提供基本的服务项目,例如政策咨询、就业指导、

---

① 参见昆山市政府网"中国昆山",http://www.ks.gov.cn/923_ksgl.html&ID=923,访问时间:2013年7月14日0:11。
② 参见昆山市政府网"中国昆山",http://www.ks.gov.cn/934_ksgl.html&ID=920,访问时间:2013年7月14日0:09。
③ 参见《2012年昆山市国民经济和社会发展统计公报》,http://www.kstj.gov.cn/page.aspx?SysID=2013416165728347896754,访问时间:2013年7月13日23:42。
④ 参见《昆山坚持三位一体,立体式推进充分就业》,昆山市人力资源和社会保障局信息第18号,2012年8月20日。

档案托管等；第二方面，逐步建立面向全体劳动者的免费技能培训体系和网络，提升当地劳动者的素质和就业竞争力；第三方面，通过多种渠道和方式，鼓励和支持有创业意愿并且具备一定创业能力的人员自主创业，并发挥创业带动就业的效应。

昆山市"三位一体"的劳动就业公共服务体系，也可以解读为在建立健全基本公共服务平台和机制的基础上，通过建立梯级的政策和公共服务措施，以确保充分就业的实现：第一方面是解决社会基本的劳动就业需求，特别是帮助和扶持就业困难人员解决就业问题；第二方面是着眼于普遍地提升劳动者的自身素质，建立健全劳动技能培训体系，以提升劳动者特别是新成长的劳动者的就业能力和就业竞争力；第三方面则是建立健全扶持创业的公共服务体系，鼓励和支持一部分能力更强的劳动者实现自主创业，并且发挥以创业带动就业的效应。

（一）基本公共服务机制和平台建设

建立健全关于劳动就业的各种基本公共服务平台和机制，既是劳动就业公共服务体系建设的重要组成部分，也是有关劳动就业的各种政策和措施得以展开和实施的基础。在这方面，昆山的实践也颇具特色，首先是建立了与昆山经济结构和产业结构相适应的政策和制度架构，并且非常注重基层公共服务平台的建设。

1. 建立颇具昆山特色的政策和制度架构

近年来，为适应江苏省提出的率先实现现代化的政策目标，进一步推进经济结构调整和产业升级，并确保充分就业，昆山市委、市政府以及有关各部门根据中央和上级政府的有关法律和政策，结合本地实际，制定了一系列的政策措施，已经搭建起比较完善的关于劳动就业的公共政策体系和制度框架。

2009年3月24日，昆山市政府印发了《关于促进创业稳定就业工作的意见》（昆政发〔2009〕13号）。应该说，这是一个纲领性的文件，为积极应对2008年席卷全球的金融危机所引发的严峻的经济形势，全力保持经济增长，并且保障民生，特别是保障就业局势的稳定，昆山市政府根据上级有关政策精神,结合昆山本地实际,该文件提出了一系列颇具特色的政策措施。

第一,鼓励和帮助企业渡过难关,减少就业岗位的流失。可以说,这是从源头上确保就业岗位稳定的一项措施。这些措施包括:

(1) 为进一步减轻企业负担,降低企业失业保险费的征缴率,并且允许一部分"困难企业"在一定期限内缓缴社会保险费;

(2) 为劳动密集型小企业提供小额担保贷款利息补贴,以支持其生产经营活动;

(3) 为"困难企业"提供"稳定岗位补贴",以鼓励其减少企业裁员;

(4) 市政府还设立了促进就业贡献奖,对录用职工较多的企业的法定代表人给予奖励。

第二,提高就业援助水平,以提供更多的就业机会。主要是帮助就业困难人员尽量实现就业,并且提高其收入水平。这些措施包括:

(1) 为就业困难人员提供社会保险费补贴;

(2) 为提供公益性工作岗位的单位提供一定的补贴,鼓励其录用就业困难人员;

(3) 通过提供社会保险费补贴等措施,鼓励"4050"人员等就业困难人员从事"灵活就业";

(4) 对零就业家庭采取一定的帮扶措施,建立健全零就业家庭动态清零长效机制;

(5) 对各类职业介绍中介机构给予一定的介绍费补贴,以鼓励其成功介绍求职者就业。

第三,采取各种扶持政策和措施,优化创业环境,以鼓励部分市民自主创业,并发挥创业带动就业的效应。这些措施包括:

(1) 由市政府建立创业引导基金,用以引导、鼓励和扶持市民创业;

(2) 充分发挥市创业指导(服务)中心、创业小额贷款担保(服务)中心、社区公共服务中心等创业服务体系的作用,为市民创业提供良好的公共服务;

(3) 通过对创业者实施一定的减免税优惠政策,给予一定的场地租金补贴和小额贷款贴息，提供初次创业补贴等措施，鼓励市民自主创业；

（4）为缺乏经验的创业者提供免费的创业培训，并且建立创业见习培训基地，搭建创业者创业前适应性训练平台，提高创业者的创业能力；

（5）对于创业成功并且能够吸纳其他劳动者就业的创业者，给予一定的带动就业补贴；

（6）专门设立高校毕业生创业资助专项资金，鼓励大学毕业生自主创业。

第四，建立健全技能培训体系，以提升劳动者的自身能力和就业竞争力。这些措施包括：

（1）鼓励企业对本企业职工进行职业技能培训，并且给予一定的职业技能培训费补贴；

（2）通过给予一定的培训费补贴，鼓励中高等院校参与技能培训活动；

（3）建立颇具特色的青年见习制度，为缺乏经验和技能的年轻人提供在工作实践中学习技能的机会，以增强其就业竞争力。

最后，该文件还规定，由市政府分管领导牵头，由市发改委、市人事局、市劳动保障局等多家单位参与，成立促进创业稳定就业工作领导小组，① 以督促、落实上述有关政策措施。文件还明确规定，上述有关各项补贴的经费支出由市级财政予以安排。

2009年的13号文件为昆山市搭建起了关于劳动就业公共服务体系的基本制度框架，市政府有关部门主要是以该文件为依据，制定了一系列政策措施，包括就业困难人员的认定办法、对就业困难人员实施社会保险费补贴的实施办法、受全球金融危机影响的困难企业的认定办法以及具体的扶持措施、为劳动密集型小企业提供贷款贴息的实施办法、建

---

① 为与上级政府有关机构相衔接，实际成立的机构称为"昆山市就业促进工作领导小组"，并下设办公室。

立青年就业见习制度的实施方案、建立创业孵化基地为居民提供创业小额贷款的办法等，初步建立了比较完善的劳动就业公共服务体系的制度框架。

值得注意的是，2009年的13号文件比较强调通过支持和鼓励创业以带动就业。这与昆山市经济发展水平较高，工商业比较发达直接有关。这一颇具昆山特色的促进劳动就业的政策思路，在其后的政策措施中一直得以延续。

2012年4月27日，昆山市政府印发了《关于进一步促进社会充分就业的实施意见》（昆政规〔2012〕10号）。这个文件实际上是对2009年13号文件的衔接和延续。根据2009年13号文件的规定，其中大部分政策措施执行的截止期限为2011年12月31日。因此，进入2012年之后需要一个新的纲领性文件，对以往的政策措施作出总结，或作出新的规定。

2012年10号文件从篇幅上看，较2009年13号文件相对简短，但在理念上承袭了13号文件关于促进创业带动就业的基本精神，从内容上也延续了13号文件"三位一体"的基本思路。

第一，强调通过技能培训，提升劳动者的就业能力。10号文件将技能培训进一步整理细化为三类：一是针对新成长劳动力的就业前技能培训；二是针对失业人员的再就业技能培训；三是针对在职职工的岗位技能培训。

第二，重申了鼓励和扶持创业的多项措施，包括：为创业市民提供创业培训补贴以及创业补贴；开放和征集创业项目，并且对创业项目的提供者给予奖励；继续推进创业孵化基地的建设；采取措施，鼓励和支持就业困难人员自主创业。

第三，继续对就业困难人员给予就业援助。10号文件较13号文件，对所谓就业困难人员的认定尺度有所放宽。所采取的措施基本相同，包括提供公益性岗位补贴，通过提供社会保险费补贴鼓励用人单位录用就业困难人员，继续对从事"灵活就业"的劳动者实行社会保险费补贴等。

第四，10号文件最后特别明确规定了针对大学毕业生的就业创业帮扶政策，包括：提供技能培训补贴，以鼓励大学毕业生参加各种技能培训；建立高校毕业生就业见习制度，帮助大学毕业生积累工作技能和经验；建立健全各种帮扶大学毕业生创业的公共服务平台和机制等。其中多项措施，实际上也是对2009年13号文件规定的政策措施的延续和进一步完善。

此外，2011年底，昆山市政府办公室印发了《昆山市劳动和社会保障事业发展"十二五"规划》（昆政办发〔2011〕125号）（以下简称《规划》）。这个文件是昆山市"十二五"期间人力资源开放和社会保障建设方面的纲领性文件，其指导思想、基本原则当然也适用于劳动就业领域，而且对劳动就业也提出了发展目标和比较具体的工作任务要求。

《规划》明确提出了如下指导思想，即"千方百计促进创业就业，进一步完善社会保障体系，全力推进和谐劳动关系建设，促进经济发展和改善民生的良性互动，为昆山率先基本实现现代化提供有力支持"。从这里可以看出，促进创业带动就业仍然是"十二五"期间昆山市在劳动就业问题上的基本工作思路。

《规划》还提出了如下基本原则，对于劳动就业问题也具有指导意义。首先是要坚持更好地服务经济社会发展的工作理念，特别是围绕转型升级，加大技能型人才开发力度，增强人力资源要素支撑作用。其次是更加注重以人为本。对于劳动就业问题而言，主要就是体现为关心和帮助困难群体生活，切实维护劳动者合法权益。再次是要更加注重统筹兼顾，主要是要协调推进就业、社会保障和劳动关系调整等劳动保障各项事业的发展。最后，《规划》一方面是要注重依法行政，另一方面也要用改革的思路、创新的办法解决劳动和社会保障工作中存在的问题。

《规划》提出，"十二五"期间昆山市人力资源开放和社会保障建设的总体目标是：努力构建与昆山经济社会发展相适应的劳动保障工作新机制，实现就业更加充分、职业能力更加提高、社会保障更加完善、劳动关系更加和谐、管理服务更加规范高效，让人民群众更加满意。

具体就劳动就业问题而言，《规划》提出的发展目标是：在创业就业方面，扶持5000名本市人员成功创业，创业带动就业人数达到1∶5；促进3万名城镇失业人员实现就业、再就业，帮助2.5万名城乡就业困难人员实现较为稳定的就业；城镇登记失业率控制在3%以内，新成长劳动力就业率达90%以上，动态消除零就业（转移）家庭。

在职业培训方面，《规划》要求加快培育和引进一批知识型、复合型、匠工型高技能人才，建设一支数量众多、门类齐全、结构合理的高、中、初级技能劳动者队伍；高级技工水平以上的高技能人才占技能劳动者的比例达到31%以上，高技能人才总量达9万人；使新进入人力资源市场的劳动者都有机会接受相应的职业培训，使企业技能岗位的职工得到至少一次技能提升培训，使每个有培训愿望的创业者都参加一次创业培训，使高技能人才培训满足产业结构优化升级和企业发展需求。

在促进劳动关系和谐方面，《规划》要求继续推动各类企业与劳动者依法签订劳动合同，实现全市劳动合同签订率不低于99%，集体合同签订率不低于已建工会企业数的92%；实现劳动保障监察、劳动争议案件每年结案率96%以上，80%以上的劳动争议在基层就能够解决；人民群众来信、来访案件每年结案率达98%以上。

为上述目标的实现，《规划》提出了如下主要工作任务。

在进一步完善创业就业服务工作机制方面，第一，是要强化政府促进就业责任，继续实施积极的就业促进政策，并且要确保就业资金的投入。

第二，是要加大创业扶持力度。《规划》要求围绕提高创业意识、增强创业能力、优化创业环境三个工作环节，建立健全创业工作协调机制。围绕政策咨询、创业培训、专家评析、项目推介、创业孵化、融资服务、开业指导和后续服务八个方面，进一步完善"八位一体"的创业服务机制，全力推进创业型城市建设。

第三，是要强化重点群体的就业保障措施。《规划》明确提出，所谓"重点群体"一是指就业困难人员，二是指本市户籍的大中专毕业生。

第四，是要健全劳动就业公共就业服务体系建设。《规划》要求建立健全统一、规范的公共就业服务流程和标准，强化失业预防和调控，加强公共就业服务网的日常运作等。

在进一步完善职业技能培训工作体系方面，《规划》要求首先是要建立健全以企业行业为主导、职业院校为基础、政府推动和社会支持相结合的高技能人才培养体系。以市职业培训指导中心为依托，整合现有行业、企业、学校、培训机构的教学资源，加快与昆山市支柱产业紧密相关专业领域的技能人才培养培训示范基地、公共实训基地和技能大师工作室的建设。

其次是要大力推行就业导向的培训模式，大规模开展就业技能培训、岗位技能提升培训和创业培训，提高城乡劳动者的就业能力、工作能力、职业转换能力以及创业能力。并且大力开展职业技能竞赛，建立健全以赛促训的长效机制。

在促进劳动关系和谐发展方面，《规划》要求首先是要加强宣传引导，指导企业根据本单位实际依法制定和完善内部规章制度，并且继续深入开展和谐劳动关系创建活动，探索用工管理达标升级的办法，加强劳动保障A级诚信企业的培育工作。其次是要健全企业工资收入分配制度，推进工资集体协商工作等。最后是要完善劳动关系协调机制，强化劳动保障执法监察，加强劳动争议调处工作，并且做好劳动保障信访工作。

《规划》还特别专门提出，要进一步加强基层基础工作，以提升劳动保障公共服务能力。包括以基层为重点整合公共服务体系，进一步推进社区（村）劳动保障工作平台标准化、协理员专业化和服务规范化建设，为群众提供更多的"零距离"劳动保障公共服务。并且要推进信息化建设，按照"信息共享、规范便捷"的要求，全面整合劳动保障信息资源，优化业务流程，做到各项业务处理电子化、自动化、网络化。

上述文件及有关内容，构成了昆山市劳动就业公共服务体系制度框架的主干部分。除此之外，昆山市政府以及就业促进领导小组办公室、市人事局、市劳动和社会保障局[①]等有关部门还制定了大量政策措施，

[①] 2010年起，昆山市人事局、市人力资源和社会保障局合并成为昆山市人力资源和社会保障局。

将以上内容进一步细化。

2. 健全基层劳动就业公共服务平台

所谓公共服务平台，实际上就是指能够使上述劳动就业政策措施得以落实的各种工作机制、流程、载体以及相应的人员等。也就是说，只有建立起相对完善的劳动就业公共服务平台，上述各项劳动就业政策措施才有可能在社会生活中得以实现。

也正因为如此，如上所述，在昆山市劳动和社会保障事业发展"十二五"规划中，特别提到了"加强基层基础工作"，完善公共服务体系的任务。昆山市作为一个县级市，加强乡镇以及社区（村级）的基层公共服务体系，显得尤为重要。

2011年10月12日，昆山市政府办公室转发了市人力资源和社会保障局制定的《关于加强全市基层劳动就业社会保障公共服务平台建设的意见》（昆政办发〔2011〕78号）（以下简称《意见》）。该《意见》对于在昆山市建立健全区镇和社区（村）两级劳动就业公共服务体系，提出了总体要求和目标任务，并且明确了区镇和社区（村）两级劳动就业公共服务机构的基本职责和工作要求，为昆山市基层劳动就业公共服务体系建设，提供了基本的制度保障。

根据该《意见》，昆山市基层劳动就业公共服务体系建设的总体要求是，按照统筹城乡经济社会发展的要求，切实加强全市基层劳动就业社会保障公共服务平台建设，不断巩固完善城乡一体、功能完备的公共就业管理服务体系，使广大群众就地就近享受到优质、高效、便捷的人力资源和社会保障公共服务。

就近、便捷，是这一基层公共服务体系的一个重要特征。为此，昆山市人力资源和社会保障部门更进一步明确提出了打造"15分钟公共就业服务网"的目标。[①]

该《意见》对区镇和社区（村）两级劳动就业公共服务体系建设

[①] 参见江苏人力资源和社会保障网，http://www.jshrss.gov.cn/xwzx/gddt/201112/t20111202_91132.htm，访问时间：2013年8月2日11：30。

还提出了比较具体的目标任务。就区镇劳动就业社会保障公共服务平台建设而言，其基本目标是全部实现机构、人员、经费、场地、制度、工作"六到位"，并且实现"一站式"服务。对于社区（村）级劳动就业社会保障公共服务平台建设而言，其基本目标是专职人员配备率和专职人员持有国家职业资格证书的比例均达到100%，其中国家职业资格三级证书的比例还要达到10%以上。此外，《意见》还要求昆山全市的市、区镇、社区（村）三级劳动就业公共服务网络要实现实时信息全覆盖和资源共享。这一点应该说是比昆山市劳动和社会保障事业发展"十二五"规划中的有关部分提出了更具体也更高的要求。

该《意见》对区镇和社区（村）两级劳动就业公共服务机构的工作职责作出了比较明确和具体的规定。根据《意见》，区镇劳动就业公共服务机构的主要职责包括：

（1）负责辖区内劳动就业社会保障法律法规及政策的宣传、咨询和贯彻落实；

（2）负责对所属社区（村）级劳动就业社会保障服务站的队伍建设、业务指导和管理；

（3）负责辖区内劳动就业社会保障基础工作，包括电脑信息网络维护保养、业务统计分析及上报、人力资源调查统计及动态管理等活动；

（4）负责辖区内劳动就业业务，包括就业失业登记、失业保险事宜、青年见习、就业困难人员认定、就业援助和就业扶持政策贯彻落实工作，开发管理公益性岗位、采集就业岗位和发布就业信息、职业指导及职业介绍等；

（5）负责创业工作及培训活动，包括组织相关人员参加创业培训、参与建立创业孵化基地、协助落实相关创业政策、提供创业服务，组织辖区人员参加职业培训和职业技能鉴定等；

（6）承办辖区内社会保险经办工作，指导协调所辖社区（村）做好居民医疗保险、养老补贴的相关工作；

（7）协助实施辖区内企业退休人员社会化管理服务工作，并指导各社区（村）开展此项工作；

（8）配合做好辖区内劳资矛盾排查和劳动关系协调工作；

（9）配合做好仲裁分庭的建设、运行和劳动争议调处工作；

（10）其他工作任务。

该《意见》规定的社区（村级）公共服务平台的基本工作职责，从内容上看，与上述区镇劳动就业公共服务机构的主要职责大体一致，只是在相关的条款中不包括关于对下级单位有关工作的指导这一项。

为使上述工作职责能够实现，《意见》对于基层两级劳动就业公共服务机构的工作，还提出了具体要求。

其一是要求建立健全基层台账。建立台账实际上只是一种形式，就其内容来说是要求基层服务平台掌握辖区内人力资源和用工底数，了解辖区内城乡居民及外来人员的就业创业、社会保障状况和用人单位用工需求情况。台账只是记录这些情况的一个载体。

其二是要建立健全就业创业服务、社会保障经办、劳动监察投诉处理、劳动争议调解、退休人员社会化管理服务等各项制度，并做到统一制度、统一流程。

其三是要推进信息化建设，加快人力资源社会保障公共业务网络平台的建设。《意见》明确提出，这方面工作的重点是完善社区（村）级平台的信息网络，以实现信息资源共享和业务操作同步。

其四是要加强人员培训。要积极组织基层工作人员参加劳动就业社会保障类的职业资格培训，以实现100%持证上岗。

《意见》对于昆山市两级劳动就业社会保障公共服务平台的人员配备，也作出了明确规定。对区镇劳动就业社会保障公共服务机构而言，需要综合考虑辖区内就业人口、产业特点、辖区面积、经济社会发展水平等因素合理配备，并且做到定岗定责。对于社区（村）级服务机构而言，《意见》提出了更为具体的要求，规定至少要配备1名工作人员，即劳动就业社会保障协理员，在此基础上，可按照所履行职能及工作量适当增加人数。

根据《意见》的规定，昆山市社区（村）级劳动就业社会保障基层服务平台统一使用"××社区（村）劳动就业社会保障服务站"名称，并且作为社区（村）的一个办事机构。社区（村）服务站享受市级公益性岗位相关补贴，协理员由区镇劳动就业社会保障公共服务机构负责管理，同时接受社区（村）的领导。

《意见》提出，鼓励并且推荐高校毕业生、大学生村干部及其他社会工作者应聘协理员岗位。同时规定，在社区（村）领导班子中，应当有班子成员兼任劳动就业社会保障服务工作的负责人。

《意见》最后还对基层劳动就业公共服务平台建设的经费保障问题作出了明确规定，要求将其经费纳入财政预算，区镇劳动就业社会保障公共服务机构的人员经费、工作经费和项目经费，由区镇财政承担。社区（村）服务站人员经费由区镇财政承担，工作考核经费及再就业项目经费由市财政给予补助。

3. 完善就业和失业登记管理制度

在落实有关促进就业和创业的各项政策过程中，需要及时掌握居民的有关就业以及失业状况的信息，以确保符合条件的市民能够享受到相关的优惠和扶持政策。因此，建立更加规范的就业和失业登记制度尤为重要。

2009年6月17日，昆山市人力资源和社会保障局根据《中华人民共和国就业促进法》及《江苏省实施〈中华人民共和国就业促进法〉办法》等法律法规的有关规定，以及江苏省人力资源和社会保障厅、苏州市人力资源和社会保障局的有关文件，结合昆山本地实际，制定并且下发了《昆山市就业和失业登记管理暂行办法》（以下简称《暂行办法》），为进一步规范昆山市就业和失业登记管理提供了政策和制度依据。

根据《暂行办法》，用人单位，包括企业、个体经济组织、民办非企业单位、国家机关、事业单位、社会团体等，在招用劳动者，或与劳动者解除、终止劳动关系时，以及劳动者从事个体经营或灵活就业的，都应当到经营单位所在地就业管理服务机构办理就业登记手续。用人单位在招用劳动者时需要办理用工登记，在与劳动者解除或终止劳动关系时需要办理退工登记，劳动者从事个体经营或灵活就业的需要自行申报就业登记。

根据《暂行办法》，各区（镇）劳动保障所以及社区（村）劳动保障工作站具体经办就业和失业登记工作。市劳动就业管理处受市劳动和社会保障局委托，负责组织实施全市就业和失业登记工作。此外，市残疾人联合会所属的残疾人就业管理服务机构受市劳动保障局委托，负责本市残疾劳动者的就业和失业登记工作。

根据《暂行办法》，用人单位招用劳动者，应当签订劳动合同，并于录用之日起 30 日内办理用工登记手续；用人单位与劳动者解除或终止劳动关系，应当于解除或终止劳动关系之日起 15 日内，到受理其用工登记手续的就业管理服务机构办理退工登记手续；劳动者从事个体经营或灵活就业的，由本人在就业后 30 日内，到户籍所在地的社区（村）就业管理服务机构申报就业登记。

根据《暂行办法》，在法定劳动年龄内，有劳动能力和就业要求，处于无业状态的本地户籍人员，应到户籍所在地的就业管理服务机构进行失业登记。此外，在常住地稳定就业满 6 个月的非本地户籍失业人员[①]，也可到常住地就业管理服务机构办理失业登记。

《暂行办法》还具体列举了需要办理失业登记的各类人员，具体包括：

（1）年满 16 周岁，从各类学校毕业、肄业的；

（2）从企业、国家机关、事业单位等各类用人单位失业的；

（3）个体工商户业主、私营企业和民办非企业业主停产、破产停止经营的；

（4）灵活就业人员中断就业的；

（5）承包土地被征用，符合规定条件的；

（6）有劳动能力有就业愿望的本地农村富余劳动力；

（7）军人退出现役且未纳入国家统一安置的，以及随军家属未安置就业的；

[①] 根据《暂行办法》，所谓稳定就业满 6 个月的非本地户籍人员，是指在昆山市居住，失业前在昆山市被用人单位招用满 6 个月以上且参加社会保险的非本地户籍人员。

（8）刑满释放、假释、监外执行或解除劳动教养的；

（9）非本地户籍人员在本市常住地稳定就业满 6 个月后失业的；

（10）其他符合失业登记的情况。

《暂行办法》还特别作出规定，要求各级就业管理服务机构应当定期开展劳动力资源调查，健全和完善就业、失业统计制度，逐步建立失业调查、失业调控、失业预警和全社会登记失业率制度。并且要求各级就业管理服务机构要做好辖区内失业人员登记工作，完善台账管理，定期进行跟踪服务，掌握登记失业人员的基本情况、就业意愿、就业状况等情况，实现劳动力资源管理数据库和统计报表数据同步、准确、及时上报各类统计报表。

关于失业情况的统计问题，《暂行办法》特别规定，对农村登记失业人员和非本地户籍登记失业人员，以补充资料的方式随城镇登记失业人员统计报表上报，暂不纳入现行城镇登记失业人员统计。被征地农民失业登记按有关规定实行专项统计。

根据《暂行办法》，就业失业登记证以及此前核发的就业登记证（劳动手册）是劳动者就业和失业登记的载体，是记载劳动者就业和失业状况、享受公共就业服务和就业扶持政策、享受失业保险待遇等的合法凭证。因此，该"暂行办法"还就就业失业登记证件的管理作出了专章规定。

根据《暂行办法》，昆山全市实行城乡统一的就业失业登记证就业登记证制度。就业失业登记证实行全省统一的编号制度。就业失业登记证的编号是劳动者在全省就业失业登记管理的唯一号码。

根据《暂行办法》，就业失业登记证以及此前核发的就业登记证（劳动手册）需要记录如下几个方面的内容。

（1）个人基本情况；

（2）就业和失业登记情况；

（3）享受失业保险待遇情况；

（4）享受公共就业服务情况；

（5）享受就业扶持政策情况；

（6）推荐就业情况；

（7）年度检验记录；

（8）其他需要记载的事项。

从以上内容可知，无论对于劳动者本人来说还是对于政府有关管理部门来说，市民的就业失业登记证件所记载的，都是非常重要的信息。一方面，登记失业人员凭登记证件享受免费公共就业服务和规定的失业保险待遇；就业困难人员就业后凭就业失业登记证享受规定的就业扶持政策；用人单位和劳动者个人享受就业服务和就业扶持政策时，应当出具享受人本人的就业失业登记证件。对此，《暂行办法》均作出了明确规定。

另一方面，《暂行办法》同时要求，各级就业管理服务机构应及时将劳动者就业和失业登记的相关信息录入计算机信息系统，同时要建立就业失业登记证件发放台账，准确记录和及时更新劳动者就业失业登记和享受政策情况的数据，确保台账记录与计算机数据库数据一致，从而使政府以及有关部门能够及时的、准确的掌握关于居民就业情况的信息。

（二）关于就业援助的政策措施

如上所述，建立健全劳动就业公共服务平台，是开展并落实有关劳动就业各项政策措施的制度基础。在此基础上，昆山市逐步建立了"三位一体"的确保充分就业的公共政策体系。其中第一个方面的政策，就是要满足社会的基本就业需要，特别是要帮助和扶持就业困难人员解决就业问题。在这方面，昆山市建立了比较完善的就业援助体系。

1. 就业困难人员的认定

由于就业援助政策的大部分内容都是针对就业困难人员实施的，因此，首先需要对哪些人群属于就业困难人员进行认定。前述昆山市2009年13号文件对于就业困难人员给出了界定，随后，昆山市就业促进工作领导小组办公室还专门印发了《昆山市就业困难人员认定管理办法》（昆就促办〔2009〕6号）（以下简称《认定办法》）。《认定办法》实际上对13号文件的界定又作了一定的解释和细化。根据《认定办法》，"就业困难人员"是指在法定劳动年龄内、有劳动能力和就业愿望并已进行失业登记的昆山市户籍人员，同时还需符合以下条件。

（1）持有有效期内的昆山市城乡居民最低生活保障金领取证人员。

（2）认定时女年满40周岁、男年满48周岁及以上且非因本人意愿中断就业的人员。非因本人意愿中断就业是指下列情形。

①终止劳动合同的；

②被用人单位解除劳动合同的；

③被用人单位开除、除名和辞退的；

④根据《中华人民共和国劳动合同法》第三十八条与用人单位解除劳动合同的；

⑤无就业经历且无社会保险单位缴费记录的；

⑥法律、行政法规另有规定的。

（3）认定时女年满35周岁、男年满45周岁及以上，原国有企业、集体企业（含小集体企业）的城镇失业人员。

（4）持有有效期内的昆山市特困职工救助证的特困职工家庭人员。

（5）均处于失业状态且无经营性、投资性收入的城镇零就业家庭成员，以及均未实现转移就业且享受农村居民最低生活保障救济金的农村零转移贫困家庭人员。

（6）持有中华人民共和国残疾人证的残疾人员。

（7）经市、镇（区）征地补偿领导小组办公室确认，女年满35周岁、男年满45周岁及以上的全失地农民。

（8）认定时女年满35周岁、男年满45周岁及以上失业登记后连续失业1年以上且无劳动用工备案及社会保险缴费记录的人员。

如上所述，2012年昆山市政府制定10号文件时，对就业困难人员的认定标准有所放宽，主要是增加了一条，即毕业两年内未实现初次就业并进行失业登记满6个月及以上的昆山市全日制普通高校毕业生。这一条显然是针对高校毕业生的就业紧张局势而补充的。

2. 就业困难人员社会保险费补贴政策

这项政策是针对用人单位制定的，主要是鼓励各种用人单位招用就业困难人员，从而间接地增加了就业困难人员的就业机会。

根据2009年13号文件以及随后由昆山市就业促进工作领导小组办公室专门制定的《昆山市就业困难人员社会保险补贴实施细则》（昆就促办〔2009〕7号），对当年新招用就业困难人员，与其签订一年以上期限劳动合同并为其缴纳社会保险费的各类用人单位，按实际招用人数，在相应期限内按昆山市人力资源和社会保障局公布的社会保险费最低缴费基数的单位缴纳部分，给予用人单位全额补贴。这项补贴，对于女性年满45周岁、男性年满55周岁的就业困难人员，可一直享受至退休年龄。

2012年昆山市政府印发的10号文件以及昆山市就业促进工作领导小组办公室随后制定的《昆山市就业困难人员社会保险补贴实施细则》（昆就促办〔2012〕6号）重申了这一政策。但在细节上有所变化，2012年的文件更加明确地规定，对用人单位缴纳的基本养老保险、基本医疗保险和失业保险，给予全额补贴。相比较，2012年文件规定的补贴范围似有缩小。

但昆就促办〔2012〕6号文件也增加了一条，即经过认定的就业困难人员自主创业并且领取工商执照且已缴纳社会保险费的，参照被用人单位吸纳或者实现灵活就业享受社会保险补贴的办法办理。这一条显然是鼓励就业困难人员自主创业。

3. 公益性岗位就业补贴

根据2009年13号文件以及2012年10号文件，对昆山市人力资源和社会保障局确认并公布的公益性岗位安排就业困难对象就业的，对用人单位实行公益性岗位补贴，补贴标准为每录用一名就业困难人员，给予该用人单位每月400元的补贴。

2012年10号文件还规定，这项补贴享受期最多不超过3年。但年满45周岁的女性和年满55周岁的男性，可一直享受到退休年龄。

这项政策同样是针对用人单位的，目的也是鼓励用人单位招用就业困难人员。

4. 灵活就业人员的社会保险费补贴

为鼓励和支持一部分就业困难人员通过灵活就业方式解决自身的就业问题，2009年13号文件以及随后由昆山市就业促进工作领导小组办公室专门制定的《昆山市就业困难人员社会保险补贴实施细则》（昆就促办〔2009〕7号）规定，凡昆山本市女35周岁、男45周岁以上的原国有企业、集体企业（含小集体企业）人员以及全失地（失地80%以上）农民，实现灵活就业并办理参保手续的，按照当年社会保险最低缴费基数的50%给予补贴。对享受农村养老保险市、区镇两级财政补贴的全失地（80%以上失地）农民则实行差额补贴。

2012年昆山市政府印发的10号文件以及昆山市就业促进工作领导小组办公室随后制定的《昆山市就业困难人员社会保险补贴实施细则》（昆就促办〔2012〕6号）重申了这一政策。同时进一步明确，这项优惠政策除了年满45周岁的女性和年满55周岁的男性可一直享受至退休之外，通常享受的期限不能超过3年。

5. "131"就业援助服务

除了上述优惠和扶持政策之外，昆山市针对就业困难人员还推出了颇具特色的"131"就业援助服务，即为就业困难人员免费提供"一次职业指导、三组有效岗位（项目）信息、一次职业（创业）培训"服务，使就业困难人员不出社区（村）就能得到优质高效的"一条龙"就业服务。[1] 这项服务主要是针对全市所有失业（失地无业）人员，特别是"零就业""双失业""单亲"等就业困难家庭及大龄和长期失业等就业困难对象而展开的。[2]

这项服务的具体做法是，由各街道社区（村）劳动保障工作站对辖区内就业困难对象进行全数摸底，对经过认定的就业困难对象实行

---

[1] 参见昆山创业就业在线，http://cyjy.kshrss.gov.cn/0506/168.htm，访问时间：2013年8月2日10：25。

[2] 参见昆山创业就业在线，http://cyjy.kshrss.gov.cn/0506/169.htm，访问时间：2013年8月2日10：26。

"131"跟踪服务卡制度，全程记录服务过程，摸清其家庭情况、就业要求、个人技能、就业去向、培训愿望、身体状况等。在此基础上落实帮扶责任制，确保每名援助对象都有街道、社区工作人员挂钩帮扶。确定的帮扶责任人要制订切实可行的帮扶计划，至少为就业困难人员免费提供"一次职业指导、三组有效岗位（项目）信息、一次职业（创业）培训"服务，并以跟踪服务卡的形式，将每一次就业服务的落实情况记录在卡，便于检查调控、监督落实。①

（三）关于稳定就业岗位的政策措施

针对部分企业受 2008 年以来席卷全球的金融危机的影响，生产经营活动中发生困难而可能不得不进行裁员时，昆山市出台了一系列颇具特色的政策措施，帮助企业渡过难关，并且鼓励和支持企业不裁员，或者是尽量减少裁员，从而确保能够提供足够数量的就业机会。从比较宽泛的意义来看，这些政策措施也可以看作一种"就业援助"。

既然这些政策措施主要是针对生产经营发生困难的企业，那么，首先也需要认定什么样的企业属于"困难企业"。2009 年 13 号文件以及其后由昆山市就业促进工作领导小组办公室印发的《关于受金融危机影响困难企业认定办法及申请相关政策扶持的通知》（昆就促办〔2009〕1 号），都对"困难企业"作出了界定，即同时满足如下条件的企业。

（1）企业在 2007 年有利润，2008 年 7 月后受金融危机影响连续 6 个月出现亏损的；

（2）生产经营虽发生困难但恢复有望，暂时难以支付职工工资和缴纳社会保险费的；

（3）已采取稳定就业岗位措施且承诺当年度社会保险参保减少人数不超过 2008 年末参保人数 5% 的；

---

① 参见昆山创业就业在线，http://cyjy.kshrss.gov.cn/0506/170.htm，访问时间：2013 年 8 月 2 日 10：27。

（4）已依法参加社会保险并按规定履行缴费义务的；

（5）2008年末实际参加社会保险在100人以上的；

（6）生产经营活动符合各级产业和环保政策（国家限制的行业除外）的；

（7）获得劳动保障A级诚信单位称号的。

2009年6月24日，昆山市政府办公室又印发了《关于促进创业稳定就业工作的补充意见》（昆政办抄〔2009〕字第22号），专门对"困难企业"的认定标准重新做了规定，实际上是将认定标准有所放宽。

（1）将上述第1项标准改为"累计3个月出现亏损"；

（2）在上述第3项规定的基础上，增加"年末参保在100人以下不超过10%的"；

（3）将上述第5项规定的"100人"修改为"50人"。

根据《困难企业认定办法》，申请认定为"困难企业"的企业，需要提交《不批量裁员承诺书》、已经采取稳定就业岗位措施的书面材料以及不批量裁员承诺书向全体员工公示情况的材料。

根据2009年13号文件以及"困难企业认定办法"，经过认定的困难企业主要可以享受到如下两项优惠政策：一是在一定期限内缓缴社会保险费，即由企业提出缓缴申请，经市人力资源和社会保障局、财政局、地税局审核报市政府批准后，由企业与市地税局签订缓缴及补缴社会保险费协议。二是可以获得稳定岗位补贴，补贴的标准为按照实际参保人数每人每月补贴480元。补贴期限最长不超过6个月。

不过，根据"困难企业认定办法"，企业享受上述优惠政策有一定限度，同一企业不能同时享受这两项政策，而且，企业在享受缓缴社会保险费或者稳定岗位补贴政策期间，也不能同时享受录用就业困难人员的社会保险费补贴政策。

除了上述针对"困难企业"的"援助"措施之外，根据2009年13号文件，昆山市还采取了如下稳定就业岗位的措施。

一是报经省政府同意，普遍调低了失业保险单位征缴费率，一次性由原来的2%降至1%，以进一步减轻了企业负担。

二是针对劳动密集型小企业，提供小额担保贷款利息补贴，鼓励其录用就业困难人员。根据2009年13号文件，当年度新录用就业困难人员与其签订一年以上期限劳动合同并缴纳社会保险费的劳动密集型小企业，可申请小额担保贷款利息贴补，贴补标准按录用就业困难人员每人每年3000元，利息贴补额度最高不超过10万元。

三是由市政府设立促进就业贡献奖，凡各类用人单位当年度新录用昆山市户籍职工30人以上且签订一年以上期限劳动合同并缴纳社会保险费的，可参与评比活动，市政府对获奖企业的法定代表人给予5万元奖励。

（四）关于加强技能培训的政策措施

技能培训的直接意义在于提升劳动者自身的素质和技能，从而增强其在就业市场上的竞争力。2009年13号文件将技能培训提上了重要日程，2012年10号文件更是将技能培训作为促进社会充分就业的首要措施。在劳动就业公共服务体系建设中，将加强技能培训摆在重要位置，应该说是昆山劳动就业公共服务体系的一大特色。

1. 关于青年见习制度

由13号文件提出的青年见习制度尤为值得关注。根据13号文件以及由昆山市就业促进工作领导小组办公室随后印发的《关于青年见习制度的实施方案》（昆就促办〔2009〕2号）（以下简称《实施方案》），所谓青年见习制度，就是针对缺乏社会实践以及职业经验的青年开展的专项就业援助行动，主要做法是依托企业提供技术、管理、通用等类预备就业岗位，接纳本地失业青年和未就业的大学毕业生，在实际工作岗位上进行3~6个月的职业见习，在完成一定生产或者工作任务过程中提升职业能力和积累工作经验的制度。凡年龄在16~25周岁符合见习职业（工种）要求的昆山本市户籍失业青年或者尚未就业的高校毕业生，通过双向选择，均可进入青年见习基地，参加全日制职业（创业）见习活动。

在这一制度中，见习基地的建设非常重要。根据《实施方案》，凡属《昆山市产业发展导向目录》中鼓励类和允许类的行业或产业，并且经验管理机制完善的各类单位，只要同时符合如下条件，均可申报成为见习基地。

（1）所提供的岗位具有一定知识技术含量，或者可以引导青年创业。

（2）所提供的岗位属于人力资源市场上比较紧缺的工种或者具有就业潜力。

（3）具备一定的带教师资力量。技术性岗位原则上是 3 名学员配备 1 名带教老师，其他岗位原则上是 5 名学员配备 1 名带教老师。

（4）见习结束后申报单位能够录用见习人员的比例不低于 20%，或者能够提升见习人员的职业技能等级的比例不低于 60%。

（5）能够联系提供 5 人以上见习岗位。

原则上，机关事业单位、人才中介、职业中介、劳务派遣公司、行业协会等，不能申请成为见习基地，此外，岗位知识技术含量比较低、劳动环境过于恶劣，以及近年来发生过重大违法违规的单位，不能申请成为见习基地。

为鼓励见习活动的开展，根据 13 号文件以及《实施方案》，政府还为见习活动提供了如下补贴：一是见习学员生活费补贴，主要用于学员在见习期内的基本生活保障，标准为每人每月 450 元。二是带教老师带教费。根据见习基地吸纳学员的人数，按照每人每月 150 元计算。三是见习学员综合保险费补贴，主要用于学员在见习期间因意外伤害等所发生的费用，标准为每人每月 50 元。

根据以上文件的规定，昆山市相继建立了三批青年见习基地。2009 年 5 月首批共 30 家见习基地成立，包括著名的捷安特（中国）有限公司、富士康（昆山）电脑接插件有限公司、波特农场有限公司等。不久之后，2009 年 11 月，第二批共 31 家见习基地成立。其中不仅有传统的工商企业，还包括昆山保信会计师事务所有限公司，以及卫生局下辖的昆山市第一人民医院、昆山市中医医院、昆山市疾病预防控制中心。第三批成立于 2010 年 10 月，共 14 家，包括了中国人民财产保险股份有限公司昆山分公司、中国人寿保险股份公司昆山分公司等企业。

2. 关于人才培养的政策措施

近年来，昆山市劳动就业公共服务体系的一个重要变化，就是"人才工作"的大发展。以促进就业、促进转型为目标，以职业能力建设为核心，昆山市正在逐步建立健全引进、培养、激励人才的政策体系和工作体系，从而营造全社会尊重人才的良好氛围，带动劳动者队伍整体素质的提升。

为配合昆山市近年来重点发展装备制造、电子信息、新能源、新材料等先进制造业以及服务外包、商贸流通、文化创意等现代服务业的需要，中共昆山市委、市政府以及有关部门先后出台了《关于加快优秀人才引进与培养的若干政策》《昆山市高技能人才振兴工程实施办法》等一系列政策措施，并且提出了到2015年全市高技能人才占技能劳动者的比例力争达到31%以上的发展目标。[①]

为此，昆山市政府以及有关部门一方面加强高端人才的引进工作，另一方面不断加大高技能人才的培育力度。根据《昆山市高技能人才振兴工程实施办法》，计划每年资助昆山本市户籍或在昆山就业并且缴纳社会保险费满一年的企业员工参加高技能人才培训，凡经过紧缺型职业或工种培训，并且取得高级工、技师、高级技师国家职业资格证书的人员，将分别给予最高1500元、2000元、2500元的一次性培训资助。

《实施办法》还大力鼓励多种形式的技能培训活动的开展。首先，鼓励经昆山市人力资源和社会保障局认定的具备高技能人才培训条件的职业院校、技师学院、机工学校，与昆山市重点企业采取校企合作模式，培养高技能人才，经审核按照每人2000元给予院校奖励。其次，鼓励昆山本市企业集团利用自身资源优势，开展紧缺职业或者工种的人才培训。企业培训机构参照上述标准享受培训费补贴。最后，鼓励企业

---

① 参见中共昆山市委人才工作领导小组办公室等印发的《昆山市高技能人才振兴实施办法（试行）》（昆人社技〔2011〕6号）。

内部实施高技能人才培养评价制度。引导企业采用"大师工作室""师傅带徒弟结对学艺"等多种方式，开展人才培养和评价工作。对通过人力资源和社会保障局牵头组织评估的企业根据企业技能人才培养绩效，给予不超过10万元的奖励。

此外，市人力资源和社会保障局、市总工会等部门还通过多种形式，营造培养和激励人才的氛围。例如，通过每年举办一系列技能大赛，对获奖者并且符合相关条件的，可直接晋升职业资格，对成绩特别优秀者授予"昆山市技术能手"荣誉称号，并给予适当奖励。

（五）关于优化创业环境的政策措施

如上所述，鼓励创业，发挥创业带动就业的效应，一直是昆山劳动就业公共服务体系的重要特色之一。不仅是2009年13号文件和2012年10号文件将加大对创业扶持力度摆在劳动就业公共服务体系建设的突出位置，而且昆山市政府以及昆山市就业促进工作领导小组办公室等有关部门还为优化创业环境制定了一系列政策措施，为鼓励和扶持创业提供了制度保障。

1. 关于创业孵化基地建设

在关于鼓励和扶持创业的政策措施方面，创业孵化基地建设是一项重要内容。2009年13号文件提出，为降低创业成本，减少创业风险，提高创业成功率，政府建立创业孵化基地，为创业者创业初期提供孵化平台。随后，昆山市政府于2009年相继建立了两批创业孵化基地。首批共5家，包括著名的周庄镇画家村以及昆山高新技术创业服务中心等。第二批建于2009年底，共3家，包括昆山女人新世界商厦有限公司、昆山软件园发展有限公司、昆山市张浦镇商秧梨业专业合作社。

2010年4月8日，昆山市就业促进工作领导小组办公室印发了《昆山市创业孵化基地建设管理办法》（昆就促办〔2010〕4号）（以下简称《管理办法》）。该《管理办法》对创业孵化基地建设实践进行了比较系统的总结。根据《管理办法》，创业孵化基地是指安排具有昆山本市户籍并且在劳动年龄段内创业人员达到40%以上，并且与入住基地创业人员签订书面协议,经过确认的可以为创业者提供经营管理场所以及免费提供相关创业后续服务的实体。

根据《管理办法》,创业孵化基地建设要坚持政府扶持、市场化运作的原则,充分挖掘社会资源,有效利用各类较大规模的旧房屋、厂房、楼宇等,改造辟建适合小企业聚集创业的场所。

《管理办法》将创业孵化基地主要分为四类,即加工型、楼宇型、门面型、市场型。这四类分别适合于不同类型的企业开展创业活动。加工型基地是指新建或者利用较大规模旧房屋改造辟建的,以培养年营业收入100万元以下的小企业为主,入住企业10家以上,吸纳本地户籍就业不少于100人。楼宇型基地要求是多层写字楼,总面积不少于500平方米,有独立办公室,有10个以上具有独立营业执照的创业者入住。主要用于代理、经销、广告等创业项目。门面型基地要求地理位置适宜,以方便消费者,至少有10个独立门面集中组成,每个门面不少于6平方米,主要用于经营、销售、服务类项目。市场型基地要求面积不少于1000平方米,经营项目相对专业化,有专门的市场管理小组和管理制度,主要用于对外经营、商品买卖等项目。

根据《管理办法》,进入创业孵化基地的企业或者个体户需要具备如下条件。

(1) 注册地址以及办公经营场所须在孵化基地内,企业产权清晰,自主经营,自负盈亏;

(2) 属于新注册的企业,或者申请进入时企业成立不足2年;

(3) 在孵化基地内孵化的时间一般不超过3年;

(4) 入住基地的企业主需要参加创业培训,并且取得《创业培训合格证书》。

根据《管理办法》,对于孵化基地的扶持政策主要是,给予昆山市级孵化基地不超过10万元的资金补贴,给予苏州市级孵化基地不超过20万元的补贴,给予省级孵化基地不超过30万元的补贴。对于被认定为苏州市级"一镇一品"创业示范基地的,给予不超过50万元的补贴。

如果孵化成功率低于60%，将被取消孵化基地资格。

《管理办法》颁布之后，又认定了7家创业孵化基地。

2. 关于市民创业补贴政策

为鼓励和扶持劳动者自主创业以及进驻创业孵化基地，昆山市就业促进工作领导小组办公室于2010年4月还制定了《昆山市市民创业补贴实施细则》（以下简称《实施细则》）。

根据该细则，市民创业补贴分为两类，即自主创业补贴和创业租金补贴。自主创业补贴要求申请人同时具备如下条件。

（1）昆山本市户籍，在法定劳动年龄以内，首次自主创业，正常缴纳社会保险；

（2）已经正式领取营业执照或民办非企业单位登记证，有固定经营场所，稳定经营并且正常纳税已经3个月以上；

（3）参加过人力资源和社会保障部门组织的创业培训，并且取得了合格证书；

（4）已经到社区申报就业。

自主创业的补贴标准为一次性给予5000元，一年中分上半年、下半年两次兑付。

创业租金补贴的申请条件与上述自主创业补贴的申请条件大致相同，主要不同之处在于，一是要求申请人进驻经过认定的创业孵化基地，二是需要稳定经营并且正常纳税一年以上才可申请。

创业租金补贴的标准为每年5000元，补贴期限为3年，每年年底兑付一次。

上述两项补贴可以重复享受。也就是说，自主创业并且进驻创业孵化基地的市民，正常经营3个月后即可申请自主创业补贴，一年后还可再申请创业租金补贴。

3. 关于居民创业小额贷款的政策

为解决创业者融资难的老问题，昆山市还创造性出台了居民创业小额贷款政策。市政府办公室于2009年和2011年相继出台了《昆山市城乡居民创业小额贷款实施办法》《关于进一步扩大城乡居民创业小额贷款范围和规模的意见》（以下简称《意见》）。

昆山市将居民创业小额贷款分为三类情况，一是针对"初创型"创业者的贷款，二是针对"成长型"创业者的贷款，三是针对种植养殖业户的贷款。

根据2011年《意见》，"初创型"贷款对象是指个体工商户和工商企业，一般是指小企业。贷款条件：本地户籍居民；诚实经营讲信誉；项目符合政策法规和相关规划要求；经营运作比较正常，有经济效益。对"4050"大龄人员、失地农民、实施帮扶的困难户、有劳动能力的"四残"人员、已领取再就业优惠证的人员以及女性创业者，在申请小额贷款时优先考虑。

"初创型"贷款的额度，对初次贷款的创业者，贷款额度一般控制在5万元以内，生产型企业最高额度10万元。

"成长型"贷款对象主要是指经营规模逐年发展的工商企业，也就是规模比较大的企业。贷款条件：本地户籍居民；企业注册资本不低于50万元且年销售额达200万元以上；正常经营、发展健康、有经济效益；已经得到创业小额贷款扶持，社会信誉良好，无不良信用记录。

对"成长型"贷款对象的贷款额度一般控制在20万~30万元，最高额度可放宽到60万元（视企业经营情况）。

种养业贷款对象，需具有本地户籍，且必须与村签订并履行种植养殖业承包合同或协议。

二 昆山的经验与思考：两手抓，两手硬

从上述昆山市劳动就业公共服务体系建设的实践可以看出，昆山市在推进劳动就业公共服务体系建设，确保社会充分就业方面，具有比较鲜明的特色，这个特色可以概括为"两手抓，两手硬"。这种"两手抓，两手硬"的政策和工作思路，可以从多个角度来解析。

首先，如上所述，昆山市劳动就业公共服务体系的一个主要特征，就是非常强调对创业的鼓励和扶持，并且注重发挥创业带动就业的效

应。无论是从2009年13号文件，还是从2012年10号文件，都可以看出，鼓励和扶持创业的政策措施在劳动就业公共服务体系中占据着重要位置。

13号文件比较系统地提出了一系列鼓励创业的措施，包括由政府建立创业引导基金，用以引导、鼓励和扶持市民创业；建立相对完善的创业服务体系，帮助自主创业人员规避经营风险，改善经营状况，提高创业成功率和稳定创业率；通过提供创业补贴，鼓励劳动者自主创业；并且给予创业者一定程度的减免税优惠；为创业者提供创业孵化基地，并且对入住基地的创业者提供租金补贴；为创业者提供小额贷款利息补贴；实行创业见习制度，帮助创业者提高创业成功率；等等。

以13号文件为纲领，昆山市政府以及有关部门又制定了一系列鼓励和支持创业的政策措施，包括进一步细化了市民创业小额贷款制度和创业补贴制度，不断完善创业孵化基地制度等。在全社会营造出一种支持、鼓励、帮扶创业的氛围。

而且，昆山市在注重鼓励和扶持创业活动的同时，并没有忽视社会对于就业的基本需求，特别是解决就业困难人员的就业问题。在这方面，昆山市同样出台了一系列政策措施，为就业困难人员提供了大量的就业援助。包括通过为用人单位提供社会保险费补贴、公益性岗位补贴等，为就业困难人员提供了大量就业机会。

从这里可以看出，昆山市在建设劳动就业公共服务体系过程中，一手抓创业，以推进本地经济发展，从而创造出更多的就业机会；一手抓就业，特别是为就业困难人员解决就业问题创造条件，比较有效地满足了社会的基本就业需求。这可以说是昆山市劳动就业公共服务体系的最大亮点。

其次，从昆山市的实践中还可以看到，在建设劳动就业公共服务体系过程中，昆山市一方面出台多种措施，为劳动者提供大量就业机会，另一方面积极开展多层级多形式的技能培训，以提高劳动者的素质和能力，从而使劳动者在未来的就业市场上具备更大的竞争力。

如上所述，强调技能培训的重要性，这是昆山市劳动就业公共服务体系的一个重要特点。2012年10号文件更是将加强技能培训作为实现社会充分就业的首要措施。

在加强技能培训方面，昆山市建立的青年就业见习制度颇为引人关注。这一制度已经比较完善，从见习基地的建立，到日常管理，再到见习活动的组织实施，已经建立了一套比较完整的制度。应该说，这套青年见习制度，为创业培训以及大学毕业生创业就业培训制度的完善，都提供了很好的样板。

近年来，为适应昆山市经济结构转型和产业升级，昆山市人力资源和社会保障部门非常注重人才工作，一方面引进高端人才，另一方面注重培养本地的高技能人才，从而提升整个劳动者队伍的素质。

简言之，昆山市在培养劳动者自身素质和能力方面下了功夫，并且取得了良好成效。同时，昆山市在建设劳动就业公共服务体系过程中，也非常注意采取多种形式，提供多种渠道，不断扩大劳动者的就业机会，为实现充分就业创造良好的客观条件。

例如，2009年13号文件就针对2008年席卷全球的金融危机，昆山市首创性地提出了一系列稳定就业岗位的政策措施，包括为进一步减轻企业负担而调低社会保险缴费率，允许"困难企业"在一定期限内缓缴社会保险费。这一做法对于拓展就业机会，具有很大启发意义。

总之，昆山市的劳动就业公共服务体系建设实践，体现了"两手抓，两手硬"的特色，即一手抓提高劳动者自身素质和能力，以增强劳动者的就业竞争力；一手抓扩大就业机会，为劳动者提供更多的就业可能性。

最后，昆山市的实践还可以从这样的角度来看，即一方面通过扶持企业的发展，推动当地经济发展，从而最终创造出更多的就业机会；另一方面注重帮扶劳动者，体现了以人为本的原则和精神。

从昆山市的实践看，一方面非常关注劳动者的权益，以及劳动者素质和能力等问题。如上所述，昆山市出台了一系列措施，解决就业困难人员的就业问题。同时，大力推进劳动者的技能培训，包括为尚无就业经验的新成长劳动者提供就业见习机会，以尽快提升其就业技能和积累经验；为失业者提供再就业培训，以帮助他们尽快获得新的技能，从而重新获得在就业市场上的竞争力；为在职人员提供在职岗位技能培训，帮助他们不断更新知识和技能，以保持其就业竞争力。

另一方面，昆山市在劳动就业公共服务体系建设过程中同样注重服务企业，为企业的发展创造良好的政策条件。如上所述，在发生全球金融危机之后，采取一系列措施，帮助陷入经营困难的企业渡过难关。通过不断优化创业环境，也为很多企业的发展创造了良好的外部条件。

总之，由此可以看出昆山市劳动就业公共服务体系建设"两手抓，两手硬"的基本思路，即一手抓改善劳动者的自身条件，维护劳动者的权益；一手抓服务企业，推动当地经济发展。正是这种"两手抓，两手硬"使得昆山市在经济发展和以就业为核心的民生建设方面达到了一种相对和谐的状态。

报告三
城镇化与全覆盖
——昆山市社会保险服务[*]

本报告将介绍与昆山市社会保险相关的基本公共服务的发展状况。根据 2010 年 10 月出台的《中华人民共和国社会保险法》（以下简称《社会保险法》）中的规定，社会保险是为了确保公民在"年老、疾病、工伤、失业、生育"五种情况下，能够依法从国家和社会获得物质帮助的权利。[①] 根据这一法律所规定的内容，同时参照国家基本公共服务体系"十二五"规划中的相关内容，本章的分析范围包含了昆山市的基本养老保险、基本医疗保险、工伤保险、失业保险以及生育保险这五项社会保险类的基本公共服务。其中，基本养老保险和基本医疗保险是整个社会保险服务的支柱，也将是本报告分析的重点。

一 昆山市社会保险服务的背景因素

社会保险服务的基本形式是国家通过立法形式建立起一套社会保险制度，以确保公民在特定情况下依法获得物质帮助的权利。在具体的实现方式上，社会保险制度是向全社会筹资，从而建立起养老、医疗、失业等不同类型的社会保险基金，然后通过社会保险基金进行资金支付来

---

[*] 本报告由涂锋执笔。
[①] 参见《社会保险法》第二条。

向公民提供所需要的物质帮助。而根据我国《社会保险法》的相关规定，各类社会保险基金的筹措是多渠道的。其中既包含参保个人、用人单位的缴纳，也涉及县级以上各级政府的财政经费支持。① 因此，一个地方的社会保险制度能否有效建立乃至健康发展，既涉及这个区域内的"人"的问题，也涉及"钱"的问题。对于一个特定的地区及其政府而言，其人口总量和人口结构、就业状况、经济发展程度以及政府财政状况等因素，均会给其社会保险制度的建设发展带来一定的影响。

为此，本节有必要首先依据昆山市的实际经济社会发展数据，对这些相关背景因素做一个简要的介绍。本节内容中所涉及的相关数据，除特别说明外，均出自 2010 年至 2012 年度的《昆山市国民经济和社会发展统计公报》。②

第一，人口方面。至 2012 年末，昆山市全市户籍总人口达到 737565 人，比上年末增加 13921 人。当年的人口自然增长率为 6.7‰。其中，外来暂住人口达到 121.76 万人。相比而言，上一年度（2011年）的全市户籍总人口为 723644 人，人口自然增长率为 5.38‰，而外来暂住人口达 128.37 万人。外来人口占总人口的比例大致为 62%。这两个年度的数据及其比较参见表 3-1。昆山市是江苏省重要的制造业基地之一，同时紧邻上海，区域内有着大量的工厂企业。因此，昆山市的外来人口中也以打工者为主。他们也是当地各项社会保险制度的重要参与主体。多年来，昆山市的外来人口一直是持续增长，在 2000 年，其外来人口比重为 18%，到 2005 年首次超过户籍人口，达到 51.3%。③ 但是从近两年的数据看，昆山的外来人口比重出现一定的下降趋势。这也反映了自 2008 年以来的经济形势变化，以及由此所导致的外来人口回流和"用工荒"等问题。这一变化自然也会给当地

---

① 《社会保险法》第五条规定，县级以上人民政府将"社会保险事业纳入国民经济和社会发展规划"，同时还要"对社会保险事业给予必要的经费支持"。
② 参见 2010 年、2011 年和 2012 年度的《昆山市国民经济和社会发展统计公报》，昆山市统计局提供。
③ 李浩昇：《善待与接纳：对昆山市农民工市民化经验的解读》，《人口研究》2008 年第 6 期，第 59~68 页。

的社会保险制度带来不利影响，尤其是在参保意愿、覆盖范围等方面形成挑战。

表3-1 昆山市人口数据：2011年和2012年度的比较

	2011年度	2012年度	增减
户籍总人口（人）	723644	737565	13921
自然出生率（‰）	5.38	6.7	1.32
外来人口（万人）	128.37	121.76	-6.61
外来人口所占比重（%）	63.95	62.28	-1.67

第二，劳动就业方面。由于长期以来打下的制造业基础，昆山市的就业形势还比较稳定。但是，近年来的经济形势变化也带来一定压力。2011年，全年新增初次来昆山就业人员达36.7万人。当地政府则通过建立各类人力资源合作基地、创业孵化基地等，积极推进以"高校毕业生、失业人员和就业困难人员"为主的就业援助工作。最终在该年度完成再就业培训6630人，帮助9160名城镇登记失业人员实现再就业，并实现年末城镇登记失业率仅为2.25%。到2012年，新增初次来昆山的就业人员人数略有下降，为35.46万人。年末的全市的城镇登记失业率也小幅增加到2.29%。对于社会保险制度的建设来说，促进创业和就业意义重大。只有就业率提升，参保企业和职工才能增加，而且失业保险支出也才能减少。

第三，居民收入方面。虽然经济形势存在一定波动，但是昆山市近年来的城乡家庭收入仍然实现了一定幅度的增长。2010年，全市在岗职工平均工资为41669元，比上年增长11.4%；农村居民人均纯收入为17645元，增长12.2%。到2012年度，全市在岗职工的平均工资为53461元，比上一年增长了14.4%；农村居民2012年度全年人均纯收入达到23186元，比上一年增长了14.7%。与此同时，昆山市的企业职工最低工资标准也在稳步提升。在2010年、2011年和2012年度，最低工资标准分别为每月960元、1140元和1370元，2011年和2012年两年的增幅分别为18.8%和20%。自2012年6月，昆山市的小时最低工资由原来9.2元/小时调整到11.5元/小时，同比增长25%。同时，昆山市在2012年还通过提高退休人员基本养老金（增幅15.5%）和失业保险金最低发放标准（增幅14.5%）等方法，进一步地推动转移性收入增长。根据计算，昆山市2012年度转移性收入拉动家庭总收入增长的比重占23%，高于经营净收入和财产性收入，仅次于工资性收入。① 由此可见，在经济增长和就业状况有所不利的前提下，昆山市近年来的居民收入仍然实现了稳步增长。而在这方面，除了最低工资标准的提升外，养老、失业等社会保险制度所发挥的基础性作用也功不可没。相应地，支付标准的提升自然也会给社会保险基金带来一定的压力。

第四，经济发展和财政状况。上文中已经说明，我国的社会保险制度是按照多渠道筹措资金。其中，财政资金始终是一项重要来源。相应的，一个地区的经济发展总水平以及财政收入的多少对于社会保险制度的健康发展至关重要。就昆山市而言，近年来仍然保持了相对较快的经济增长速度。其中2010年、2011年和2012年的地区生产总值增长率分别为14.2%、12%和12%。在2012年度，全市地区生产总值达到2725.32亿元。按当地常住人口计算，昆山市2012年度的人均地区生产总值达到16.53万元。经济增长必然反映在当地政府的财政收入方面。昆山市近年来的财政收入实现了总量增长和质量提升。2010年度，实现全口径财政收入480.42亿元，比上年增长46.3%，地方一般预算收入163.13亿元，增长22.5%。2011年度，全市实现全口径财政收入602.20亿元，比上年增长25.3%，地方一般预算收入200.22亿元，增长22.7%。到2012年度，实现全口径财政收入572.70亿元，其中公共财政预算收入220.28亿元，比上年增长10.0%，税收占比达86.2%。其中，全市11个区镇中，有8个区镇的公共财政预算收入超10亿元。全市财政收入总量、增量、质量在全

---

① 参见《2012年昆山市城镇居民收支现状分析与对策》，昆山市统计局工作报告，载昆山统计信息公众网，http：//www.kstj.gov.cn/page.aspx?SysID=20132115173249961489 3。

省县级市中继续位居前列。表3-2列出了2010~2012年度几项经济和财政数据的增长率比较。由表中数据可以看出，2010年的各项指标增长都较高，但随后开始回落。尤其是到2012年度，公共预算收入增长率下滑到10%，低于当年的经济增长率，而全口径财政收入甚至为负增长。下降的原因除了土地出让等基金收入减少外，还与社会保险支出增加有关。前文已经介绍，由于当年养老、失业等社会保险金有一定幅度的提升，相关的财政支出必然会有增加，这也是影响全口径财政收入的因素之一。

表3-2 昆山市经济发展和财政数据：2010~2012年增长率比较

单位：%

	2010年度	2011年度	2012年度
地区经济总量增长率	14.2	12	12
全口径财政收入增长率	46.3	25.3	-4.9
公共预算收入增长率	22.5	22.7	10

由以上四个方面的背景因素和相关数据可以看出，昆山市在经济、社会等各项发展指标上都比较优异。实际上，根据相关统计，昆山市已经连续4年在福布斯中国大陆最佳县级城市排名中位列第一，更连续8年获得中国中小城市综合实力百强县市第一。综合其人口、经济和财政等情况，可以认为，昆山市在建立社会保险制度方面拥有相对较好的条件和基础。同时，近年来的经济形势波动仍然带来了一定的负面影响。尤其是经济总量的增加所引发的就业率和地方财政收入的变动等因素，可能会给社会保险制度的健康持续发展带来一定的挑战。如何兼顾经济增长和居民生活水平，又如何平衡财政收入和企业负担之间的关系？这些都是当地政府所要回答的问题。在这方面，社会保险制度都可以发挥其积极作用。尤其是在城乡一体化建设的大背景下，需要促进来自外地和农村地区的"新昆山人"更好地融入城市。为此，也更加需要进一步扩大社会保险制度的范围，进而提升质量，才能实现经济增长和社会保障的并行发展。

公共治理与公共服务

二 昆山市社会保险服务的实施机构

公共服务的对象是社会公众，其实施主体则是特定的服务提供和实施机构。就中国的社会保险服务而言，由于是按照城乡户籍和群体划分，导致其类型多样。由此，也造成了服务提供机构政出多头的局面。目前在大部分地区，城乡养老保险都是由人力资源和社会保障部门管理。但是在医疗保险方面，其中涉及农村居民的是新型农村合作医疗制度（以下简称"新农合"），仍然大多由卫生部门管理。在很多地区，新农合和城镇医疗保险都是两套机构、人员和系统在并行，形成一定的资源浪费。甚至在卫生和人社部门之间，还形成了对医保管理权的归属争议。[①] 更严重的是，对于人口在城乡大量流动的今天，这还带来重复参保的问题。相对而言，昆山市从2007年开始逐步实现养老保险和医疗保险的"城乡并轨"。相应地，其社会保险的管理机构也实现了统一设置，从而能提供城乡一体化的社会保险服务。本节的内容是介绍昆山市的社会保险服务机构，并对其服务的基本方式予以说明。

（一）昆山市人力资源和社会保障局

昆山市社会保险服务的实施机构是该市的人力资源和社会保障局（以下简称人保局）。昆山市人保局成立于2010年1月，是由原昆山市人事局以及市劳动和社会保障局合并组建而成。

昆山市人保局的工作职责涉及促进就业、人力资源市场、人才管理以及社会保险等多个方面。具体到社会保险服务，人保局的主要职责被界定为"统筹建立覆盖全市城乡的社会保障和医疗救助体系；统筹拟订并组织实施城乡社会保险及其补充保险有关政策和标准；统筹

---

① 参见马晓华《三大医保整合箭在弦上，管理权归属之争尚无定论》，《医院领导决策参考》2013年第9期，第9~11页。

拟订全市机关企事业单位基本养老保险政策；拟订全市社会医疗保险和工伤保险定点单位管理和结算办法；会同有关部门拟订全市社会保险及其补充保险基金的管理和监督办法；编制全市社会保险基金预决算草案；负责全市社会保险基金预测预警和信息引导，完善应对预案，保持社会保险基金总体收支平衡"。[①] 通过这一职责清单可以看出，人保局的工作职责覆盖了养老、医疗、失业、工伤、生育等项社会保险制度，并承担与之相关的制度建设、政策拟定和实施、预算编制等相关事务。

此外，为了有效地提供社会保险服务，人保局还需要依照相关法规行使一定的行政权力。在该局的"政务服务事项内容目录"中，列明了一共53项，分为行政许可、行政征收、行政审批、行政确认、代理事项等形式。其中，涉及社会保险的内容有23项，按照不同的社会保险类型划分，如下一些行政职权。

第一，养老保险方面。这方面的行政职权包括5项：企业职工在职转退休办理；职工养老保险养老金核定；农村养老保险费征收；养老保险关系的异地转移。此外，还有针对灵活就业人员劳动保障事务代理服务。

第二，医疗保险方面。这方面的行政职权包括6项：职工基本医疗保险人员参保、续保手续的办理；城镇居民医疗保险参保、续保手续的办理；居民基本医疗保险费的征收；医疗保险定点医疗机构和药店的审批以及监督稽查；对参保人员门诊特殊病种的审核；对参保人员办理居外医疗、异地结算的审核。

第三，工伤、失业和生育保险方面。这方面的行政职权包括6项：用人单位工伤保险缴费费率审定；工伤保险待遇核定；工伤认定；就业登记和失业登记；失业保险待遇核定；生育保险待遇核定。

第四，各项社会保险服务的一般性事项方面。这方面的行政职权

[①] 《昆山市人力资源和社会保障局机构概况》，其中"主要职责"的第七项，参见昆山市人保局网站，http://www.kshrss.gov.cn/nry.jsp?id=2485。

包括6项：社会保险登记；社会保险费征收；社会保险缴费基数核定；社会保障卡办理；境外人员参加社会保险资格审核；社会保险争议行政复议。①

对于每一项社会保险服务事项，人保局都明确列明了其"类别"、"权力编码"、"办理主体"、"行使依据"、"法定期限"以及"收费依据和标准"。这使得相关行政职权都有章可循，也极大地方便了社会保险的服务对象。

（二）昆山市社会保险基金管理中心

昆山市人保局是行政管理机构，而相关服务的具体操作则由其下设的昆山市社会保险基金管理中心（以下简称社保中心）来完成。从性质上说，社保中心是全民事业单位，由市财政全额拨款。社保中心主要负责具体开展各项社会保险业务。其工作内容主要包括市民卡管理、支付社保费用、管理社保基金、规范参保行为等。实际上，昆山市人保局将与社会保险服务相关的许多具体职权都委托给市社保中心来办理。比如，社保中心下设的社会保险业务科就负责办理社会保险登记开户、变更、暂停和注销手续等。又比如，其下设的养老待遇审核科的职责包括审批企业参保职工正常退休后的社保待遇，复核机关事业单位参保职工社会保险费用等事项。②

实际上，市社保中心也是和社会保险服务对象直接对接的机构，因此是社会保险相关政策的执行机构。以居民社会养老保险金给付为例，该项社会保险服务的基本业务流程是：第一，确认参保人的资格。这是由区镇劳动和社会保障所进行初审，市社保中心居民养老科再进行核准。第二，社保中心确认领取对象和领取标准，投保单位填制领取养老金明细表和养老证，区镇劳保所填制领取养老金汇总表送市社保中心居民养老科办理。第三，依据市社保中心居民养老科提供的应付数

---

① 关于昆山市人保局职权方面的相关内容，具体参见《昆山市人社局政务服务事项内容目录梳理表》，昆山市人保局网站，http：//www.kshrss.gov.cn/nry.jsp？id=2564。
② 参见昆山市社保中心网站，http：//www.kssbzx.net.cn/。

额，中心的基金财务科每月 28 日向市财政局申领并发放养老金；第四，财政局拨付的养老金在次月 5 日之前，由基金财务科拨入各区镇，再由各区镇在 8 日之前直接通过相关银行卡系统发放。此前，参保人和单位参保时需要提交的材料包括参保人员申领养老金审批表，领取养老金明细表以及相关身份证明等。① 图 3-1 是这一工作流程的示意图。从图中可以看出社保中心内设相关科室、区镇社保所、市财政局等机构之间，以及相关工作机构和社保服务对象之间的基本互动关系。

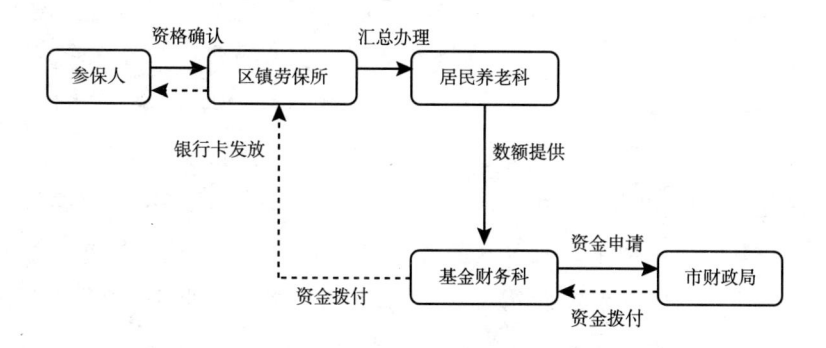

图 3-1 "居民社会养老保险金给付"工作流程

（三）电子申报系统

除了通过区镇等逐级办理的程序之外，昆山市社保中心还建立了一套电子申报系统，从而实现了相关业务的网上办理。这一电子申报系统是整个江苏省电子认证授权（CA）系统的一个分支，其服务对象是各参保单位，也就是雇主企业。② 这些参保单位与市人保局签订协议，获得 CA 服务的社会保险功能，其实现服务的平台则是社保中心的网站。

---

① 《居民社会养老保险金给付》，昆山市社保中心网站，http：//www.kssbzx.net.cn/webPages/nry.aspx? id=156。
② 这一电子认证授权系统的服务内容涉及税务、海关、安监、药监、建设等领域。用户利用这一系统可以通过数字证书更加方便地办理各项业务，以及享受相关公共服务。

具体来说，这一网上服务的主要内容包括三类信息的查询，即个人查询、单位查询和公共服务查询。其中，参保个人可以通过输入其社保编号和身份证号查询相关信息，参保单位可以通过输入社保编号等信息进行查询。而公共查询的内容则包括了医保药品目录、诊疗项目以及定点医疗机构和药店的信息等。[①] 除此之外，网上服务功能中还有一项"网上申报"的内容。简而言之，参保单位可以通过"社会保险网上申报系统"直接在线进行相关业务的操作。这些网上业务的范围包括了用工备案（录用、续用、退工）、社会保险增减员、社会保险费申请结算、企业劳动保障调查等业务操作。同时，参保单位还可以通过这一网络系统在线获得本单位和所聘职工的用工、参保缴费等具体信息。[②] 可以说，在提供公共服务方面，这一电子申报系统体现的是效率和便利原则。而且，它还是基本公共服务的一项扩展性功能。从性质上说，CA系统是一项付费功能，并且是由省内一家电子商务服务公司承担。因此，这其实是采取了一种公共服务外包的做法。通过这一扩展服务形式，社会保险服务引入了市场参与主体和参与规则，进而实现了产业链条的形成，同时也实现了公共服务的增值，这对于市场经济发达的昆山，也是其重要特点之一。

三 昆山市社会保险的服务类型

目前，我国社会保险制度主要实施地区统筹的机制。同样地，大部分地方也仍然实行职工和居民、城镇和农村分设的社会保险制度。因此，在基本公共服务"十二五"规划中，对于养老保险、医疗保险也是按照不同群体类型来分别列举的。但同时，有一些地区已经开始逐步尝试城乡养老保险和医疗保险的并轨。尤其是对于昆山市这样的富裕地区，社会保险制度的并轨和全覆盖已经走在了全国的前列。实际上，城

---

① 网上业务、公共服务查询，参见昆山市社会保险服务网，http://www.kssbzx.net.cn/webPages/zlxmcx.aspx。
② 参见《昆山市就业社会保险网上申报业务办事规则》，昆山市社保中心文件。

乡一体化的社会保险制度也是昆山社会保险服务的一个突出特征。总体来说，目前昆山市的社会保险主要包括了以下几种类型。

（一）养老保险

在养老保险方面，主要包括职工养老保险和居民养老保险两个类别。其中，前者主要适用于各类企业工作人员，后者则包括城乡居民。二者的主要差别在于参保人是否有工作，以及由此牵涉的雇主缴纳。[①]

1. 企业职工基本养老保险

根据国家政策层面的相关规定，企业职工基本养老保险的适用范围包括了"城镇各类企业职工、个体工商户和灵活就业人员"。[②] 参照这一国家政策，江苏省也制定了职工养老保险方面的相应规定，即《江苏省企业职工基本养老保险规定》（省人民政府令〔2007〕第36号）。昆山市的企业职工基本养老保险制度也是按照以上政策来建立的。其职工基本养老保险基金分为社会统筹和个人账户两个部分，其资金来源也分别由用人单位和职工来缴纳。在职工退休后，其基本养老金的待遇也由基础养老金和个人账户养老金这两部分组成。在缴纳和待遇方面，其具体计算方式和数据会在下文中另行介绍。

2. 居民社会养老保险

在国家层面，企业职工基本养老保险从1997年就开始建立并逐步完善，但是对城乡非从业居民的养老保险则起步较晚。其中，适用于农村居民的"新型农村社会养老保险"从2009年开始试点。而适用于城镇非从业居民的"城镇居民社会养老保险"是直到2011年才开始试点。相比较而言，昆山市的居民养老保险的建设进度更快。早在2002年，昆山市就开始试行建立农村基本养老保险和征地养老制度。当时，昆山市的城镇化建设已经取得突出成绩，但是相应的农村老龄化现象已

[①] 因此，试行中的城镇养老保险也被称为"没工作也有养老保障"，参见白天亮《城镇居民社会养老保险试点：没工作也有养老保障》，《人民日报》2011年6月14日。

[②] 《国务院关于完善企业职工基本养老保险制度的决定》（国发〔2005〕38号）。

经显现。特别是大量青壮年劳动力向城市转移，以及大量失地农民的出现，使得农村养老问题更加严峻。因此，当时昆山市建立农村养老制度是为了适应城镇化发展的需要，其基本特征是"低水平、全覆盖、有保障"，其主要目的也是解除农民的后顾之忧。①

经过多年的不断完善，到目前为止，昆山市已经实现了居民社会养老保险的城乡统筹。总的来说，这一过程是分两个阶段实现的。第一个阶段是在2010年4月，昆山市扩大了原有的农村基本养老保险制度的参保范围，规定"具有本市户籍，年满16周岁，未参加城镇职工养老保险的各类人员，均可参加农村基本养老保险"。② 这样一项改变，实际上就将农村基本养老保险的覆盖范围扩展到城市居民。相应的缴费档次也有所增设，以适应城镇居民的需要。在这项居民社会养老保险制度中，也包括个人账户基金和社会统筹基金两部分，分别由个人缴纳和财政资金承担。与此同时，财政资金还向个人账户基金提供一定的补贴，对于民政部门认定的几类困难群体，比如低保户、"三无对象"等，再由财政提供额外补贴。第二个阶段是在2012年8月，随着城乡一体化的步骤不断加快，昆山市决定将农村基本养老保险正式更名为居民社会养老保险。③ 与此同时，相应的参保范围、资金筹集、待遇项目和标准等均不作调整。此时，国家的居民养老保险试点刚推出一年。而昆山市已经顺利实现了从农村基本养老保险向居民养老保险的完全过渡。至此，昆山市建立起一个统一的城乡居民社会养老保险制度。

（二）医疗保险

在医疗保险方面，其类型与养老保险类似，也是包括城镇职工基本

---

① 当时确定的保费是1050元/年，其中农民个人负担420元，养老金待遇则包括个人账户养老金加上每月100元的基础养老金。参见张树成《低水平、全覆盖、有保障——昆山市退休农民基本养老保险制度》，《上海农村经济》2003年第3期，第42～44页。
② 《昆山市人民政府办公室抄告单》（昆政办抄〔2010〕9号）。
③ 《关于昆山市农村基本养老保险更名为昆山市居民社会养老保险的通知》（昆政办抄〔2012〕36号）。

医疗保险和居民基本医疗保险两大类。前者建立的制度较早，后者也是针对非从业居民。

1. 城镇职工基本医疗保险

国家层面的城镇职工基本医疗保险制度是在 1998 年建立，当时的政策要求是以地级市或者县为统筹单位。昆山市的城镇职工医疗保险制度也是基于国家及省市的相关规定建立的。这一医保服务的覆盖范围包括了其行政区域内按照属地管理的所有用人单位，即"国有（集体）企业、股份制企业、外商投资企业、私营企业和其他企业、国家机关、事业单位、民办非企业单位、社会团体、部省直属单位等"。① 在保险基金方面，职工基本养老保险主要包括了城镇职工基本医疗保险基金和城镇职工大病补充医疗保险基金这两类。前者由用人单位和职工个人共同缴纳，后者则由参保职工个人缴纳。除此之外，根据国家政策要求，各类灵活就业人员，包括个体经济组织业主及其从业人员、自谋职业人员、自由职业者等，也参加了基本医疗保险，但是其保险费是由个人缴纳。

2. 居民基本医疗保险

对于非从业居民的医疗保险，与养老保险类似，国家层面的现有制度仍然是按照城乡来划分的。其中对于农村居民，国家在 2003 年建立起"新型农村合作医疗制度"，并且在 2008 年实现了全国覆盖。在城镇居民方面，国家在 2007 年对城镇居民基本医疗保险进行试点，并且明确中央确定基本原则，地方试点城市确定筹资水平、缴费和支付标准等。昆山市的居民医疗保险也是按照城乡统筹的思路在发展。从 20 世纪 90 年代开始，昆山市就逐步将住院医疗、大病救助等纳入农村合作医疗。到 2004 年，昆山市又建立起全市统筹的"农村居民基本医疗保险制度"，其覆盖范围涉及所有农村常住人口。在 2007 年国家推行城镇居民医保试点后，昆山市开始实施城乡统一的"居民基本医疗保险制度"，从而实现了新农合与居民医保的无缝衔接。

---

① 参见《昆山市城镇职工基本医疗保险管理办法》（昆政发〔2005〕13 号）第八条。

目前，这一居民基本医疗保险制度主要包括居民基本医疗保险制度、居民大病补充医疗保险制度以及特困医疗救助制度三个方面。首先，建立起全市统筹的居民基本医疗保险基金，该基金由个人账户资金和社会统筹医疗基金组成。在资金筹措方面，居民基本医疗保险费由市镇两级财政、村级集体经济组织和参保居民共同负担。在资金使用方面，一方面建立起居民个人账户，专项用于门诊医疗费用的支付；另一方面建立起社会统筹医疗基金，专项用于参保居民住院医疗费用的支付。其次，建立起全市统一的大病补充医疗保险基金，将城镇职工和居民的大病补充医保合并。与此同时，建立起居民医疗保险费补助制度，对低保户和五保户，其个人应缴的医疗保险费由特困医疗救助基金支付。

（三）工伤、失业和生育保险

相比养老保险和医疗保险，工伤、失业和生育保险服务则处于一种补充地位。而且，这三种社会保险制度仅针对职工参保人，其制度设计和运行方面也相对简单。相应地，各地的相关制度设计也主要参照国家基本政策。

1. 工伤保险

国务院在2010年修订并发布了新的《工伤保险条例》。根据该条例，工伤保险是"为了保障因工作遭受事故伤害或者患职业病的职工获得医疗救治和经济补偿，促进工伤预防和职业康复，分散用人单位的工伤风险"。工伤保险费由用人单位缴纳，并有国家财政资金的补充。此外，国家确定不同行业的差别费率以及行业内费率档次。

2. 失业保险

根据国务院1999年发布的《失业保险条例》，失业保险是为了"保障失业人员失业期间的基本生活，促进其再就业"。失业保险基金由用人单位和职工共同缴纳，国家再提供财政资金补贴。此外，领取失业保险金的前提是失业人员办理失业登记并有求职要求。

3. 生育保险

生育保险的基本依据是国务院在 2012 年新发布的《女职工劳动保护特别规定》。其中规定了女职工的生育产假。对于产假期间的生育津贴，由生育保险基金支付。根据昆山市的相关规定，生育保险费由用人单位支付。

四 昆山市社会保险服务的发展状况和机制设计

社会保险有其不同的类型，但是基本运作形式都涉及相关保险基金的筹集、收缴和给付。对于参保人和参保机构而言，最关心的也是其缴纳的保险费和待遇标准问题。这些问题都涉及相关社会保险服务的具体机制设计，包括各类测算公式等。对昆山市的社保发展状况侧重介绍总体性数据，首先介绍昆山市社会保险服务的总体发展状况，然后展开分析各类社会保险服务的机制设计。

（一）社会保险的总体发展状况

在总体发展状况方面，主要介绍昆山市社会保险 2010 年至 2012 年的总体数据。

（1）2010 年，昆山市城镇职工基本养老当期收缴基金 35.13 亿元，当期支出基金 16.03 亿元，结余率为 54.37%，累计结余 135.05 亿元，备付 101 个月；医疗保险均净增参保 10 万人，当期到账基金 14.88 亿元，当期支出 14.52 亿元（含计提风险基金），结余率 2.4%，累计结余 18.85 亿元。养老与医疗参保人数累计突破 100 万人，工伤、生育保险参保人数各 65 万人，失业保险参保人数 48 万人。综合覆盖率保持在 99% 以上。

（2）2011 年，昆山市城镇企业职工养老保险参保为 120.36 万人，全市城镇职工基本医疗保险、工伤保险、生育保险、失业保险参保人数分别为 100.15 万人、77.00 万人、76.94 万人、53.42 万人。城镇企业职工养老保险基金当期收缴 47.93 亿元，同比增长 15.64 亿元，增幅 48.44%；城镇职工基本医疗保险基金当期到账 19.75 亿元，比 2010 年同期增长4.87亿元，增幅32.73%；企业工伤保险基金当期到账15788万元；企业生育保险基金当期到账15701万元；城镇职工基本养老保险基金当期支出19.44亿元，收支相抵当期结余28.49亿元，滚存结余163.54亿元，备付101个月；至12月底参保人员基本医疗保险基金总支出16.69亿元，收支相抵当期结余3.06亿元，平均结余率15.5%。至12月底，昆山市基本医疗保险基金滚存结余21.91亿元。

（3）2012年，城镇企业职工养老保险累计参保125.45万人，基金当期收缴57.35亿元，支出23.24亿元，收支相抵当期结余34.11亿元，累计结余197.65亿元，备付能力102个月；全市城镇职工基本医疗保险累计参保105.7万人，基金当期到账22.51亿元，支出19.59亿元，收支相抵当期结余2.92亿元，累计结余24.83亿元；企业生育保险参保79.77万人，基金当期到账17191万元，当期支出12359万元，滚存结余26963万元；企业工伤保险参保79.78万人，基金当期到账26579万元（含财政拨款8750万元），当期支出26457万元，收支相抵当期结余122万元，滚存结余757万元；失业保险参保61.64万人。

（二）养老保险的机制设计

养老保险部分主要包括企业职工基本养老保险和居民社会养老保险，机制设计的重点是围绕基金构成、保险费征缴和保险待遇等核心内容。

1. 企业职工基本养老保险

（1）基金构成方面。企业职工的养老基金由社会统筹账户和个人账户两部分组成。其中，参保人员的个人缴纳部分，即上述的8%部分，形成其个人账户。个人账户的储存额按照一年期银行定期存款利率计息，并且定期向参保人员本人出示个人账户储存清单。剩余由用人单位缴纳的部分形成社会统筹账户。

（2）在保险费征缴方面。首先，根据江苏省的统一规定，以参保人员的工资收入为缴费工资。此外，其基准数由全省在岗职工平均工资来确定，其上下限分别为基准数的300%和60%。其次，个人按照本人缴费工资的 8% 缴费,由用人单位代扣代缴。用人单位方面,昆山市从 2011 年 12 月起将缴费比例确定为 20%。此外,对于个体工商户及其雇工,以及灵活就业人员,江苏省的规定是,按照全省上一年在岗职工月平均工资的 20% 缴费。其中,对于雇工,个人缴纳 8%,个体工商户主为其缴纳 12%。①

(3) 保险待遇方面。参保人员在达到退休年龄,并且足额缴费 15 年以上的,可以享受养老保险待遇。退休人员的基本养老金由市社保中心委托银行按月发放。根据江苏省的规定,职工的基本养老金包括两个部分:基础养老金和个人账户养老金。具体来说,养老金待遇涉及以下几个方面的内容。

第一,基础养老金。基础养老金以本人退休时江苏省上年度在岗职工月平均工资和本人指数化月平均缴费工资的平均值为基数,缴费每满 1 年发给 1%。具体公式如下:②

 a. 基础养老金 =(参保人员退休时全省上年在岗职工月平均工资 ×
      最低缴费系数 + 本人指数化月平均缴费工资)÷
      2 × 个人实际缴费年限 × 1%

 b. 最低缴费系数为参保人员从参加工作或参保至退休时各年的缴费系数的平均值。其中:2006 年 6 月 30 日前各年的缴费系数均按 1.0 确定;2006 年 7 月 1 日后,某年的实际缴费工资(当年缴费月数未满 12 个月的,换算成年缴费工资)高于同期省公布的缴费基准数 60% 的,该年的最低缴费系数按 1.0 确定,低于江苏省公布的缴费基准数 60% 的,则按该年其缴费工资与缴费基准数 60% 的比值确定。

 c. 本人指数化月平均缴费工资 = 参保人员退休时全省上年在岗职工月平均工资 ×
             本人平均缴费工资指数。
 本人平均缴费工资指数 = ($a1/A1 + a2/A2 + \cdots + an - 1/An - 1 + an/An$) ÷ N

公式中:$a1$、$a2\cdots an-1$、an 为参保人员 1992 年至退休上一年各年的缴费工资;$A1$、$A2\cdots An-1$、An 为 1992 年至参保人员退休上一年各年的全省职工年平均工资(2001 年起为全省在岗职工年平均工资);

---

① 参见《江苏省企业职工基本养老保险规定》,以及《关于明确企业职工基本养老和工伤保险缴费比例的通知》(昆人社险〔2011〕36 号)。
② 具体计算方式,参见《企业职工养老保险待遇》,昆山市社保中心网站,http://www.kssbzx.net.cn/webPages/nry.aspx?id=202。

N 为参保人员 1992 年 1 月 1 日至退休上一年年底的实际缴费年限与视同缴费年限合计数。

第二,个人账户养老金。个人账户养老金按照个人账户的累计储存额除以计发月数确定。计发月数标准,根据其退休年龄,按照国家规定执行,如表 3-3 所示。比如,职工在 60 岁退休,则其个人账户中的基金总额分成 139 个月发放。

表 3-3 职工个人账户养老金发放标准

退休年龄(岁)	40	41	42	43	44	45	46	47	48	49	50
计发月数(个)	233	230	226	223	220	216	212	208	204	199	195
退休年龄(岁)	51	52	53	54	55	56	57	58	59	60	61
计发月数(个)	190	185	180	175	170	164	158	152	145	139	132
退休年龄(岁)	62	63	64	65	66	67	68	69	70		
计发月数(个)	125	117	109	101	93	84	75	65	56		

第三,定期调整。除了以上两项之外,地方政府还会定期对养老金标准进行上调。比如说,昆山市在 2013 年就发布了《调整企业退休人员基本养老金办法》。[①] 根据该办法,对 2012 年 12 月 31 日前办理了退休的参保人员,实行基本养老金调整。调整标准分为两个部分。第一部分是普遍调整,按调整对象本人本次调整前的月基本养老金的 10% 增加基本养老金。此外,对于基本养老金低于 2200 元,或者年满 70 周岁以上的退休职工,也分别予以不同标准的增发。第二部分是对特定对象进行适当增发。其对象主要包括新中国成立前参加革命工作的老工人,以及具有高级职称的科技人员。

2. 居民社会养老保险[②]

(1) 保险费征缴方面。缴费分为个人缴纳和财政补贴两部分。其

[①] 昆山市《2013 年调整企业退休人员基本养老金办法》,昆山市人保局网站,http://www.kshrss.gov.cn/nry.jsp?id=2100。

[②] 居民养老保险方面的相关数据,参见《关于明确 2013 年度居民社会养老保险有关政策的通知》(昆人社险〔2013〕33 号),以及《居民社会养老金待遇申请及核定》,昆山人保局网站,http://www.kssbzx.net.cn/webPages/nry.aspx?id=230。

中，个人是按年度缴纳。2013年度个人缴费标准为840元/年。对于低保、三无、低保边缘、五保户、特困职工、残疾人员六类困难人群，其缴费标准为210元/年。在财政补贴方面，对参保人员正常缴费给予政府补贴，补贴标准为84元/年。相应地，对于上述六类困难人群的补贴标准为714元/年。对参保人员正常缴费给予政府补贴，补贴标准为84元/年，上述六类困难人群补贴标准为714元/年。在补贴的来源上，市、区镇两级财政各负担50%。此外还有一条补充，即户籍迁入不满10周年的缴费人员，统筹基金中相对应的市、区镇两级财政补贴需由个人负担。

（2）保险待遇方面。居民社会养老金由基础性养老金、个人账户养老金和缴费年限养老金组成。第一，基础性养老金。该部分每年由市政府公布确定。昆山市户籍累计年限不满10年的、年满60周岁的老年居民可享受基础性养老金。基础养老金的标准定期调整，2010年为每人60元/月，到2013年已经上调到每人120元/月。第二，个人账户养老金。该部分为个人缴纳的全部储存额。其发放方式是：2010年1月之前缴费的个人账户累计储存额除以120，之后缴费的个人账户累计储存额除以139，两者之和按月计发。第三，昆山市户籍满10周年及以上，其本人和直系亲属都按规定缴纳养老保险费的人员，可享受缴费年限养老金。根据2013年的标准，缴费年限养老金为70周岁以下每人310元/月，70周岁及以上每人340元/月。

（三）医疗保险的机制设计

1. 城镇职工基本医疗保险[①]

（1）基金构成方面。企业职工的医疗保险基金主要包括基本医疗保险基金和城镇职工大病补充医疗保险基金。其中，基本医疗保险基金分为个人账户和社会统筹账户。前者由个人缴费形成，并主要用于门诊小额医疗费用的支出。后者由用人单位和参保人员缴纳的基本医疗保险

---

① 相关数据，参见《昆山市城镇职工基本医疗保险管理办法》（昆政发〔2005〕13号）。

费扣除记入个人账户以外的部分组成，并由医保经办机构统一管理，统筹使用。

（2）保险费征缴方面。保险费的征缴包括基本医疗保险基金和大病补充医疗保险基金两类来介绍。第一，基本医疗保险基金的筹资率为10%，以在职职工工资总额为缴费基数。其中用人单位按职工工资总额的8%缴纳，从职工福利费中列支，职工个人按本人工资总额的2%，由用人单位从职工工资中代扣代缴。此外，各类自谋职业人员的基本医疗保险费由医保经办机构直接筹集，按年缴纳。每年的1月为缴费期，缴费比例为10%，缴费基数为上年城镇职工平均工资总额的80%，由自谋职业人员个人缴纳。第二，大病补充医疗保险基金方面，所有基本医疗保险参保人员都必须同时参加大病补充医疗保险。大病基金的筹资标准为：在职参保人员每人每年50元，退休人员每人每年30元。大病基金实行年缴费制度，由参保人员个人缴纳。除此之外，有条件的企业在参加基本医疗保险的基础上，可以建立企业补充医疗保险，提取比例在职工工资总额4%以内的，直接从成本中列支。企业补充医疗保险资金由企业自建自管，用于该企业个人负担较重的职工和退休人员的医药费补助。

（3）保险待遇方面。基本医疗保险基金分为个人账户和统筹基金。第一，医保经办机构为所有参保人员建立基本医疗保险个人账户，并按年度一次性分配记入，预支使用。具体金额按在职职工（包括自谋职业人员）以本人缴费工资总额的一定比例记入，其中：45周岁以下的职工（含45周岁）按本人缴费工资总额的4%记入，45周岁以上的职工按本人缴费工资总额的4.5%记入。退休退职人员按本人上年度养老金总额的6.5%记入，当年度记入金额低于500元的，按500元记入。此外，对于劳模、老工人等特定人群也另行增加记入。个人账户主要用于参保人员门诊小额医疗费用的支出以及在定点零售药店的配药费用支出。如本人愿意，也可以用个人账户历年结余资金冲抵本人住院医疗费用中起付线费用和统筹自负部分的医疗费用，凭住院医疗费用发票直接到医保经办机构办理。当年度个人账户有结余的可结转下年度继续使用。

第二，基本医疗保险统筹基金，由医保经办机构统一管理和统筹使用。统筹基金的使用范围包括参保人员个人账户用完后继续发生的门诊医疗费用中应由统筹基金负担的部分；参保人员在住院治疗期间发生的医疗费用中应由统筹基金负担的部分；经核定符合门诊特殊病种照顾范围的参保人员在门诊治疗期间发生的医疗费用中应由统筹基金负担的部分；经核定开设的家庭病床，根据《昆山市城镇职工基本医疗保险家庭病床管理暂行办法》，其符合规定的费用，纳入统筹基金支付范围。

具体来说，医保经办机构为每个参保人员制发医疗保险证和医疗保险卡（IC卡），参保人员持有效证、卡到定点医疗机构和定点零售药店（以下简称定点单位）就诊配药。参保人员在定点单位发生的门诊医疗费用及定点药店配药费用，按以下程序支付：首先，用个人账户资金划卡支付。其次，个人账户用完后进入门诊自负段，其中在职职工600元，退休人员300元。最后，超过自负段以上的门诊医疗费用由统筹基金补充支付，医疗费用封顶为3000元（含自负段），其中在职职工601～3000元，统筹基金支付80%，个人自负20%；退休人员301～3000元，统筹基金支付90%，个人自负10%。超过3000元以上的门诊医疗费用，统筹基金不再支付，由参保人员个人自付。但经批准享受门诊特殊病种照顾范围的参保人员，可继续享受门诊照顾待遇，医疗费用由统筹基金继续补充支付。

住院医疗的费用，实行确定起付标准，超过起付标准部分分段支付以及按基本医疗费用封顶的办法。住院起付标准按不同等级医院分别设定，比如说，一级定点医院，起付标准为在职300元、退休200元；三级医院及转外地上级医院，起付标准为在职1000元、退休800元。超过住院起付标准到5万元以下的住院医疗费用，符合医疗保险结付规定的由统筹基金分段按比例支付，参保人员个人适当自负，比如说，起付标准以上1万元（含）以下的，在职自负12%、退休自负6%；4万元以上5万元（含）以下的，在职自负5%、退休自负2.5%。对于超过5万元的住院费用，由大病补充医疗基金结报，比例一般都在90%以上。

2. 居民基本医疗保险[①]

（1）基金构成方面。居民基本医疗保险分为三个部分，即个人账户、社会统筹医疗基金以及大病补充医疗保险基金。其中，个人账户每年固定记入，其本金和利息归居民个人所有，并主要用于居民门诊医疗费用的支付。而社会统筹医疗基金和大病补充医疗保险基金则由市社保中心统一管理，统筹使用。

（2）保险费征缴方面。居民基本医疗保险基金按照政府、集体和个人多渠道筹集，筹资标准为每人每年260元。其中，参保个人按每人每年60元的标准缴纳医疗保险费。市财政按照每人每年90元对全市参保居民进行专项补贴。此外，各乡镇或开发区财政所提供的补贴也是每人每年90元，村级集体经济组织所提供的补助为每人每年20元。如果参保居民没有村级集体经济组织归属，则该补贴由乡镇统筹解决。最后，对于五保户、低保户等参保居民，其个人需要缴纳的医疗保险费予以免除，由特困医疗救助基金列支。

（3）保险待遇方面。居民基本医疗保险基金分为个人账户和统筹账户。第一，对于参保居民的个人医疗账户，每年按照一定标准记入。60周岁以下的，每人每年记入50元，60周岁以上的标准则为每人每年150元。此外，对于获得相应劳动模范称号的参保居民，由市财政向其个人账户增记补助。比如，国家级劳模可以获得的补助为400元每年。第二，对于统筹基金，主要用于常规门诊之外的支出，包括参保居民在个人账户用完后继续发生的相关门诊费用、住院费用，经核定开设的家庭病床医疗费用，以及经核定的特殊病种照顾范围的门诊费用。

此外，对于统筹账户所涉及的每种支付类型，也有其支付额度的要求。第一，门诊费用采取个人自负段和最高封顶的设计。60周岁以下的自负段为800元，超过部分才由统筹基金支付。60周岁以上的自负段为400元。而门诊支付的封顶标准为3000元。对于超过封顶线的门

[①] 相关数据，参见《昆山市居民基本医疗保险暂行办法》（昆政发〔2006〕81号）。

诊医疗费用,除明确列出的一些特殊病种之外,均由居民个人自理。第二,住院费用也是采取起付标准和封顶额度相结合的机制。一级、二级、三级医疗的起付标准分别为 300 元、600 元和 1000 元。在此之内的费用由参保居民自理。同时,对住院费用支付的封顶标准为 5 万元,统筹基金按照一定比例支付。对于 5 万元至 20 万元以内的住院费用,由大病基金补充照顾。

(四)工伤、失业和生育保险

1. 工伤保险[①]

从 2011 年 12 月,昆山市实行的工伤保险基准费率为 1%,此外还实行工伤保险浮动费率,对上一年度工伤保险基金支出达到按基准费率 1% 计算缴费额的 100%~200% 以及 200% 以上的用人单位,分别上浮工伤保险费率至 1.2% 和 1.5%。待遇方面,主要包括:第一,工伤医疗待遇。第二,工伤辅助器具费用。以上两者由工伤保险基金支付。第三,生活护理费,按照完全不能自理、大部分不能自理、部分不能自理三个等级,分别为上年全市职工月平均工资的 50%、40%、30%。第四,因公致残的,按照伤残等级所确定的标准,发给一次性补助金。比如说,一级为伤残职工本人 27 个月,标准为职工本人工资的 90%。第五,因公死亡的,其家属享受丧葬补助金,标准为 6 个月的上年全市职工月平均工资;以及一次性因工死亡补助金,标准为上年全国城镇居民人均可支配收入的 20 倍。

2. 失业保险

根据《失业保险条例》,在失业保险基金中,城镇企业事业单位按照本单位工资总额的 2% 缴纳失业保险费,城镇企业事业单位职工按照本人工资的 1% 缴纳失业保险费。支出方面,失业保险基金主要用于失业保险金,领取失业保险金期间的医疗补助金,领取失业保险金期间死

[①] 《工伤保险待遇》,昆山市社保中心网站,http://www.kssbzx.net.cn/webPages/nry.aspx?id=215。

亡的失业人员的丧葬补助金及其供养的配偶和直系亲属的抚恤金，领取失业保险金期间接受职业培训和职业介绍的补贴等。2012年，昆山市将失业保险金的最低发放标准确定为767元，最高标准为1370元。[①]

3. 生育保险

根据昆山市的规定，对于职工生育保险费，由用人单位按职工工资的1%缴纳，其支出范围包括生育医疗费、生育营养补贴和津贴等。女职工的生育相关费用由生育保险基金结付。此外，女职工还可以享受300元的生育营养补贴，相关检查费的补贴为200~900元。产假期间，其工资由用人单位发放，生育保险基金以生育津贴的形式对单位予以补偿。[②]

居民的生育保险待遇则从居民基本医疗保险基金支出，符合条件的居民可以申领一次性的生育补贴1200~2000元。[③]

五 个案分析：昆山市"灵活就业人员"参保机制

在城镇化发展的过程中，昆山本地的经济得以快速增长，也形成了大量的进城务工农民，以及来自外地的打工者。由于当地民营经济的用工特点还导致了许多"灵活就业人员"，比如，临时工、非全日制就业等形式。按照经济社会发展自身的规律，这种灵活就业人员的产生有其必然性，但同时，却对现有的社会保险制度提出了挑战。虽然就法律规定而言，相关制度都要求将灵活就业者纳入社会保险覆盖范围，但是，现存的政策机制是围绕用人单位，其监管机制的主要对象也是用人单位。比如，登记参保和缴纳保险费等行为实际上都是由用人单位来负责实施。因此，缺乏稳定的劳动用人关系往往也造成相关社会保险服务的"空白"。这也就是灵活就业者往往难以享受社会保险服务的基本原因。

---

① 参见《昆山市人民政府办公室抄告单》（昆政办抄〔2012〕39号）。
② 《昆山市职工生育保险管理办法》（昆政发〔2008〕56号）。
③ 《昆山市居民生育保险办法》（昆政办发〔2009〕103号）。

在灵活就业人员参保这个问题上，昆山市作出了一些有益的尝试。下文将对其做法加以介绍。

总体而言，灵活就业人员参保的难点在于劳动用人关系的不固定。举例来说，务工者从事诸如餐馆打工、家政服务、保安保洁等工作，可能只做一年甚至几个月就离开。很多时候，这种工作也缺乏劳动合同或协议。在这种情况下，无论是用人单位还是务工者，都没有参保的有效激励。因此，为了服务于这类频繁"跳槽"的灵活就业者，最重要的突破口是让他们在社会保险方面有一个相对固定的"靠山"。这样，其基本逻辑就是：打工者虽然在实际务工上的雇主经常变化，但在参保方面的"雇主"却是基本稳定的。

为了实现这一点，昆山市为当地灵活就业者所提供的是一种社保服务的代理协议机制。具体来说，就是灵活就业人员与昆山市人保局下设的昆山市职业介绍服务中心签订"劳动保障事务代理协议"，从而委托后者保存个人人事档案，并接续参加各项社会保险服务。大致上，这一机制包括了以下几个环节。

首先，灵活就业人员要进行登记。登记的目的是了解灵活就业人员的总体数据和结构分布，这也是该项机制的运行基础。一般来说，该项登记都是在社区范围内进行。登记方式有两种：一种是当事人到各社区服务中心的劳动保障工作站进行前台登记，另一种则是由社区的劳动保障协理员上门走访完成。这两种登记方式都是为了确保社区内的全覆盖。表3-4是对"昆山市非正规就业人员登记表"的示意。

从表3-4中的内容可以看出，具体的登记内容包括当事人的多项信息，涉及个人基本信息、户口性质、失地类型、非正规就业类型、灵活就业类型等。同时，也要从社会经济维度了解当事人的状况，包括其就业产业、就业地区、从事行业和月收入等方面。比如说，对于外出务工方式，甚至要区分是公共职介机构还是民办职介机构所介绍。通过这些信息的登记，在社区层面就可以基本了解辖区内灵活就业者的基本状况，同时也为整个区域内的相关产业发展和公共服务状况积累了第一手数据。

表3-4 昆山市非正规就业人员登记表

____镇____街道____社区(村)　　　　　　　填表日期:____年____月____日

姓名		身份证号			
民族		文化程度		政治面貌	婚姻状况
身高	cm	体重	kg	视力	左　　右
联系电话		专业技能		职业资格等级	□初级 □中级工 □高级工 □技师 □高级技师
户口性质	□城镇 □农村	失地类型		□全失地 □半失地 □部分失地 □非失地	
居住地址				实现非正规就业日期	
非正规就业类型	□灵活就业 □自谋职业 □自由职业 □外出务工			灵活就业类型	□临时工 □家政服务 □非全日制就业 □公益性岗位
公益性岗位类型	□保洁 □保安 □保绿 □其他		是否签订劳动合同	□是 □否	推荐就业部门	□本人自找 □公共职介 □本社区 □其他
就业产业	□第一产业 □第二产业 □第三产业			就业地区	□镇内 □镇外县内 □县外市内 □市外省内 □省外境内 □境外
是否属返乡创业	□是 □否	外出务工方式		□亲戚朋友介绍 □公共职介机构介绍 □民办职介机构介绍 □企业直接来招 □自发组织 □其他	
从事行业					
月收入	□750元以下 □750~1300元 □1300元以上				
就业去向详细说明					

填表说明(略)　　　　　　　　　　　　昆山市人力资源和社会保障局制

资料来源:昆山市千灯镇政府提供。

其次,对灵活就业人员参保进行代理审批。这里的审批,主要是针对灵活就业人员的参保险种、缴费档次等具体社保业务的事项。具体的审批内容参见表3-5。

从表3-5中的内容可以看出,对于灵活就业人员参加相关社保代理,其审批流程涉及了包括社区(村)、区镇、昆山市三级的劳动保障机构。此外,当事人还应具有两个特定条件:一个是昆山本地户籍,另一个则是未达退休年龄的相关灵活就业群体。因此,相关要求还是比较严格的。在具体的缴费标准方面,由于根据国家和江苏省的政策规定,灵活就业人员的社会保险费只能自己承担,由此也造成其参保意愿不足。

表 3-5　灵活就业人员参加劳动保障事务代理审批表

姓名		社会保障号	
身份证号码			
通信地址			
参加险种	□城镇职工养老保险　□城镇职工医疗保险(含大病补充医疗)		
缴费档次	□一档(最低档)　□二档(社会平均工资档)		
档案情况(市级填写)			
社区(村)劳动保障工作站意见(章) 经办人：　　　　　年　月　日		区、镇劳动保障所意见(章) 经办人：　　　　　年　月　日	
昆山市职业介绍服务中心意见(章) 经办人：　　　　　　　　　　　　　　　　　　　　　　　　　年　月　日			
本人签字日期：　　　　　　　　　　　　　　　　　　　　　　　　　　　　　　　年　月　日			

灵活就业人员参加劳动保障事务代理条件：
1. 具有昆山市户口
2. 未达到国家和省规定的退休年龄的自谋职业者、自由职业者，以及从事非全日制、临时性和弹性工作的自主就业或非正规就业人员、无雇工的个体工商户(无稳定工作、无稳定收入来源)

资料来源：昆山市千灯镇政府提供。

为此，如表3-5中所示，昆山市为参保者提供了两个档次的选择，以适当减轻参保者的经济压力。具体来说，根据2013年的缴费标准，一档(最低档)的缴费基数为1370元，二档的缴费基数为3832元。其中，前者为昆山市上一年度失业保险金的最高标准额，后者为昆山市上一年度社会平均工资额。按照这样的基数计算，参保一档的灵活就业人员每月需缴养老保险费274元（费率20%），医疗保险费137元（费率10%），以及大病补充基金每年60元，合计年度缴费4992元。按照同样的计算方式，参保二档的灵活就业人员的年度缴费额则为10900.8元。[①]

最后，灵活就业人员与昆山市职业介绍服务中心签署协议书，建立社会保险代理关系。这是最后一个环节，在当事人通过登记、审批之后，就能够正式委托昆山市职业介绍服务中心来代理相关社会保险事务。其中，最重要的事项包括两点：一个是由服务中心保存灵活就业者的人事档案，另一个则是由服务中心来接续参加各项社会保险。具体的方式是，灵活就业者在指定银行结算户每月存入足够金额，而服务中心则每月帮助扣缴相应的养老、医疗保险费。同时，服务中心还为灵活就业者提供相关的代管个人档案、代办退休手续等服务事项。对于相关协议的具体形式，参见表3-6。

表3-6 灵活就业人员委托劳动保障事务代理协议书

甲方：昆山市职业介绍服务中心		乙方：灵活就业人员	
灵活就业人员基本信息			
姓名		社会保障号	
身份证号码		邮编	
通信地址			
联系电话		固定电话：	手机：
社会保险费银行结算户帐号	开户行：农行	账号：	
参保险种： （ ）城镇职工养老保险 （ ）城镇职工医疗保险 （含大病补充医疗）		缴费档次 （ ）一档（最低档） （ ）二档（社会平均工资档）	
档案情况	退工编号：_____ 有个人档案（ ）		领取失业金编号：_____ 无个人档案（ ）

资料来源：昆山市千灯镇政府提供。

[①] 数据来源：《关于2013年度灵活就业参保人员缴纳社保费的公告》，昆山市千灯镇政府提供。

总体而言，昆山市为灵活就业人员参加相关社会保险服务提供了针对性的政策机制。从相关流程来看，这一机制的主要特征是基于双向协议，由服务代理机构来提供社会保险相关服务。基于以上的分析，这一代理协议机制是比较完善的，也为灵活就业人员提供了较为适合的参保选择。从转变政府职能的角度来说，这一社会保险服务代理机制既符合"社会就能够管理好的社会事务，交由社会自行管理"的基本原则，同时也通过相应的政策扶持，引导和帮助社会机构来从事相关服务的供给。就此而言，昆山市的这一尝试符合现代化公共服务的发展方向，因此是非常值得肯定的。

六 昆山市社会保险服务的几点结论和思考

在发展社会主义市场经济的背景下，政府提供一套完善、有效的社会保险服务是确保经济增长与社会进步的制度保障。尤其伴随着可持续发展战略的提出，经济的增长应当与人民生活水平、社会和谐度的提升相适应。在这方面，社会保险服务作为一项基础性的公共服务，发挥着越来越重要的作用。从目前的发展状况来看，全国范围内社会保险服务的整体机制仍然在建设过程中，相关的制度建设也存在不完善之处。诸如养老保险问题、医疗保险问题等，始终是公共议程的热点。同样地，每一项涉及这些问题的改革措施，也都会引发社会公众的持续讨论。比如说，近来围绕"延迟退休"和"以房养老"等问题的激烈辩论，就表明这类问题所受到的关注程度。

在很大程度上，作为一项基本公共服务制度，公众对社会保险服务的基本诉求是注重公平性，尤其是城乡之间、群体之间各类保险制度之间的"并轨"。实际上，这也是中国共产党自十七大以来提出"基本公共服务均等化"的主要原因。与此同时，从现实来看，当前中国的社会保险制度的统筹发展仍然存有缺陷。无论是养老保险还是医疗保险制度，之前的制度建设都过于分散化，也有大量的"旧账"要补。相应地，也有规模不小的社会群体仍然处于社会保险的保障范围之外。因此，当前中国社会保险服务的现实目标仍然是实现全覆盖，力争将所有社会成员纳入制度体系中来。这一点，正如国家发改委在2012年7月的国家新闻办公室发布会上所表示的，我国推进基本公共服务均等化是一项长期艰巨的任务，难以一蹴而就。而且，首要目标恰恰是实现"县域内的基本公共服务能够均等化"。① 对于社会保险服务而言，以县域范围内的服务均等化为基础，再逐步推进到市、省的范围，更加是一条必由之路。在城镇化的过程中，县域经济的发展必然引发大量的农民进城。同时，这种县域经济的特点又会导致大量的非正规就业状况。在这一背景下，从社会身份的角度说，过去处于相互隔离状态下的职工、市民和农民之间的界限就越发模糊了。相应地，过去那种分别对应这三种群体的社会保险服务也越发难以适用了。此时，对实现社会保险制度的城乡统筹和全覆盖，群众无疑会对此提出强烈的要求。这一点，也恰恰被昆山市这些年来的发展现状所证实。

  总体来看，作为一个县级市，昆山市近年来在社会保险制度方面的探索是值得肯定的。在其县域范围内，昆山市的社会保险服务基本实现了城乡统筹发展与针对所有群体的全面覆盖，其发展水平目前处于全国的前列。得益于其经济发展和财政收入能力，当地政府包括区镇、村级组织等都拥有较为充实的财力对相关社会保险基金提供补助。这就使得做实个人账户、补强社会统筹账户等其他地区的难点问题昆山市能够获得解决。尤其是在社会保险服务的城乡一体化建设方面，昆山市很早就开始着手相关工作，并在近年来实现了居民基本养老保险和居民基本医疗保险的城乡统筹。就此而言，昆山市所取得成绩是值得肯定的。

  但与此同时，面临新的经济社会发展形势，昆山市社会保险服务也存在一些需要重视的问题。从外因上说，近年来国际经济不振，这也对

---

① 《发改委：实现基本公共服务均等化的目标任重道远》，新华网，2012年7月19日，http://news.xinhuanet.com/fortune/2012-07/19/c_112482093.htm。

以外资和出口为导向的昆山经济造成不利影响。从内因上说，城镇化的进一步发展使得市民参保意愿提升，也使得相关社会保险支出大幅增长。在劳动力流入速度和财政增收都呈现一定下降的趋势下，如何确保社会保险基金的收支平衡以及长期的可持续发展？这必然是接下来当地政府需要认真面对的问题。

报告四
从"补缺"到"普惠"[*]
——昆山市基本社会服务

本报告基本框架是根据国家发改委公布的《公共服务"十二五"规划》(以下简称《规划》)中的基本社会服务和残疾人公共服务两个子项,考虑到基本社会服务和残疾人公共服务两者服务内容的交叉性和服务性质的相似性,因此本报告选择了把这两个子项合并。[①]

公共服务概念,就其外延来说,虽然它不能完全与西方的社会福利(social welfare)等同,但毕竟两者之间有很大的同质性。[②] 因此,用来分析和衡量社会福利的概念也可以用来分析和衡量公共服务。根据相关研究,在划分国家福利制度时,要么以"补缺型"和"制度型"为一组概念,要么以"选择型"和"普惠型"为一组概念,其中"制度型"和"普惠型"都是更高层次的福利制度。[③] 在《规划》中,继续使用的是"从补缺型向适度普惠型转变"的语句。本报告选择"从'补缺'到'普惠'"为标题,只是为了表述昆山市的基本社会服务在服务内容和服务水平上已经进入了一个新的阶段;但是,它与《规划》

---

[*] 本报告由程文侠执笔。
[①] 根据笔者的了解,在乡镇一级,主要承担基本社会服务的民政机构和主要承担残疾人公共服务的机构往往是"一套班子,两块牌子"。
[②] 社会福利是国际上通行的概念,有比较长的历史实践和比较成熟的理论。尚晓援教授对社会福利的国际规范用法与在我国语境下的现实含义做了详细的梳理。详见《"社会福利"和"社会保障"再认识》,《中国社会科学》2011 年第 1 期。
[③] 彭华民:《中国组合式普惠型社会福利制度的构建》,《学术月刊》2011 年第 10 期。

设定的理想还是有相当距离的，因此本报告选择用"从'补缺'到'普惠'"来概括昆山市基本社会服务的主要特征。另外，之所以没有使用"制度型"和"普惠型"的概念，是因为在我国公共服务本身就是最近几年才开始受到重视，很大程度上是受政策的主导，制度化和法制化水平还比较低。

根据《规划》框架，本报告包括社会救助、基本养老服务、社会福利和残疾人公共服务等方面的内容。

一 社会救助

社会救助包括经常性社会救助和紧急性社会救助，最低生活保障救助属于经常性的社会救助，而自然灾害救助是属于紧急性社会救助。

（一）最低生活保障

1. 背景情况

最低生活保障制度是整个社会救助体系的核心，昆山市的最低生活保障制度起始于1997年，于2008年完成了城乡一体化，出台了《昆山市最低生活保障制度实施办法》，适用人群是拥有昆山市户籍、共同生活的家庭成员月人均收入低于最低生活保障标准的城乡居民。昆山市2008年低保线是350元/月，并确立了保障标准与社会经济发展水平相适应的原则。

2. 组织架构和相关机构职责

居民最低生活保障制度组织和实施的工作是由各级民政部门承担，市民政部门负责居民最低生活保障制度的组织实施和备案管理工作。区镇民政部门负责居民最低生活保障对象的审批管理工作，并建立健全工作管理机构。街道办事处、居（村）民委员会受管理审批机关的委托，负责居民最低生活保障的日常管理和服务工作，并配备专（兼）职工作人员和信息化设备。各有关部门根据实际制定并落实具体的优惠扶助政策，对保障对象予以照顾。

低收入家庭的认定是包括最低生活保障制度在内的各种救助制度的基础,为夯实社会服务保障工程,提升基本社会服务水平,实现跨部门低收入居民家庭经济状况查询数据信息共享,准确认定申请救助对象,确保城乡低保、住房保障等社会救助制度公平、公正的实施,昆山市政府通过部门资源整合加强对低收入家庭核定工作机构和能力建设,于2012年成立了低收入居民家庭经济核对领导小组。小组组长由排名第四的副市长担任[①],副组长为政府办公室副主任(法制办公室主任)和民政局局长,其他小组成员包括编制办公室副主任、发改委副书记、发改委副主任、民政局副局长、财政局副局长、人事与社会保障局副局长、住建局副局长、人民银行昆山支行副行长、昆山银监办公室副主任、国税局副局长、地税局纪检组长、工商局副局长、住房公积金管理中心副主任。办公室设在民政局,由民政局副局长任办公室主任。各成员单位工作职责分别是:市编委办公室负责对全市居民家庭经济状况核对工作的机构编制保障;市公安局负责提供被核对家庭成员户籍信息、死亡人口信息、出入境人员信息和拥有机动车辆等信息;市发改委负责政府部门对信息共享的统筹,为低收入居民家庭收入核对提供对接渠道,方便对居民家庭收入信息的交换和共享;市民政局负责对全市低收入居民家庭经济状况核对工作的管理、组织和实施,指导区镇开展对低收入居民家庭经济状况的核对工作,负责对低收入居民家庭经济状况核对信息系统的研发,推进低收入居民家庭收入核对工作在透明公正的基础上实现规范化、专业化;市财政局负责安排并落实本级民政部门开展对低收入居民家庭经济状况核对工作的经费,完成对建立、维护核对信息系统所需经费的保障;市人力资源和社会保障局负责提供被核对社会保险统筹区内家庭成员社会保险参保、缴费和享受待遇的信息,提供家庭成员就业、失业登记,以及失业待遇享受等情况;市住建局负责提供被核对家庭成员拥有住房、房产交易等信息;市交通局负责

[①] 据昆山市政府网站介绍,该副市长分管公安、民政、司法、突发事件应急管理、农业和农村经济、水利、供销、粮食、农村绿化、防汛抗旱、农业示范区、"双拥"、信访、民族宗教、兵役、城区街道、残疾人等方面的工作。

提供被核对家庭成员从事客运驾驶、出租车营运等相关信息；昆山国税局负责提供被核对家庭成员中属国税管辖的企业、个体工商户的生产经营收入信息；昆山地税局负责提供被核对家庭成员中属地税管辖的企业、个体工商户的生产经营收入或定额信息；昆山工商局负责提供被核对家庭成员工商注册登记和生产经营等信息；市公积金中心负责提供被核对家庭成员公积金缴存和领取、贷款等信息；昆山银行监督办公室负责协调全市银行机构依法向核对机关提供被核对家庭成员的存款信息；银行等金融部门负责提供被核对家庭成员的银行存款、股票红利、债券利息、基金红利、保险收益等金融性资产收入等相关情况。市政府办公室以抄告单的形式发文要求：各相关部门和机构要落实专人负责各自职责范围内的经济核对工作；加快开发低收入居民家庭经济状况核对信息系统，并通过技术手段实现部门间数据衔接和即时数据比对；在信息系统尚未建立之前，由核对机构与相关部门之间采用上门或加密 U 盘的方式，对申请救助家庭的收入和财产信息进行核对；各个核对机构从相关部门获得的被核对家庭成员的经济状况信息，仅限于在生活救助、住房保障等社会救助时进行比对，不得擅自扩大使用范围。

3. 具体做法

2013 年 6 月昆山市民政局与财政局、人力资源和社会保障局、司法局、残疾人联会、总工会等联合发布了新的《昆山市居民最低生活保障实施细则》（以下简称《实施细则》），代替 2008 年发布的《昆山市居民最低生活保障制度实施办法》以下简称《实施办法》。新的《实施细则》与旧的《实施办法》在指导原则上突出了"政府主导"和"应保尽保"。新《实施细则》继续了旧《实施办法》低保标准城乡一体的做法，规定了低保标准实行自然增长调整机制，确定低保标准随城乡居民收入的提高而相应增长。然而，这种增长机制没有具体说明。从过去 3 年的实际做法来看低保标准线大约为城镇居民人均可支配收入的 17%，大约是农村居民人均纯收入的 30%，大约为城市居民人均可支配收入和农村居民人均纯收入加权的 22%（见表 4-1）。

表 4-1　昆山市近 2010~2012 年低保情况

类别＼年份	2012	2011	2010
低保线(元)*	7080	6180	5400
城市居民年人均可支配收入(元)	40510	35190	30640
农村居民年均纯收入(元)	23630	20212	17540
低保线与城市居民年人均可支配收入之比(%)	17.48	17.56	17.62
低保线与农村居民年人均纯收入之比(%)	29.96	30.58	30.79
低保线与城市居民年人均可支配和农村居民年人均纯收入加权收入比(%)	22.08	22.31	22.42

* 低保线公布是以月为单位，此处为计算方便换算为以年为单位。
数据来源：中国昆山网，http://www.ks.gov.cn。

申请低保必须具备三项资格条件，即户籍是在昆山市，家庭收入和家庭财产在昆山市认定的标准线以下。家庭人均收入必须低于当年公布的低保线。家庭财产的标准难以精确定义，《实施细则》只能列举哪些情况是明显高于低保标准，如：拥有汽车、船舶、大型农机具和用于生产经营的设备器材；雇用他人从事各种经营活动；自费安排家庭成员择校或出国留学；拥有有价证券或进行其他投资行为；非因拆迁原因，拥有两套以上产权住房且住房总面积超过昆山市住房保障标准面积 2 倍，或购买商品房、兴建非居住用房等；人均水、电、通信费用高于特定标准等。

符合低保条件的家庭可以提出申请，然后由区镇政府受理、审核，最后由市民政局审批。低保申请是以家庭为单位，由户主或者其代理人以户主的名义向户籍所在地镇政府提出书面申请。在实践中，村（居）民委员会往往代申请人向户籍所在地镇政府提交低保申请及其相关材料。《实施细则》规定低保申请人与低保经办人员和村（居）民委员会成员有近亲属关系的应当如实申明，申请家庭成员的近亲属中有国家公务员的要登记备案。区镇政府自受理申请之日起 10 个工作日内，在村（居）民委员会协助下，采取入户调查、邻里走访等方式，对申请人家庭经济状况和实际生活情况逐一进行调查核实。《实施细则》规定调查覆盖面应当达到100%。家庭经济状况调查完成后，区镇政府按照民主评议规程组织评议。评议后，区镇政府要将申请人家庭基本情况、家庭经济状况调查结果、民主评议结论及举报联系方式等信息，在申请人家庭经常居住的小区和所在社区（自然村、组）张榜公示，公示期为7天。如果出现群众异议，需要再次调查核实并且重新公示。《实施细则》也说明了在必要的时候区镇政府可以委托村（居）民委员会协助进行家庭经济状况的调查、组织民主评议和张榜公示。

根据调查、评议、公示情况，区镇政府在受理申请之日起15个工作日内（不含公示时间）提出书面申请意见，并且连同申请人材料一并报送市民政局审批。市民政局对区镇政府报送的材料进行审批的同时要按照不低于30%的比例进行入户抽查。对单独登记的低保经办人员和村（居）民委员会近亲属的低保申请，以及有疑问、有举报或者其他需要重点调查的低保申请，市民政局要全部入户调查。根据材料审核和入户调查情况作出相应的处理。对予以批准的，通知区镇政府在申请人家庭常住地所在社区或自然村（组）固定的政务公开栏等位置将拟批准家庭的户主姓名、家庭成员、保障人口、家庭收入及拟保障金额张榜公示，公示期为7天。公示期满无异议的，作出书面批准决定，发放低保证。如有异议，市民政局要会同区镇政府对申请人家庭收入和财政状况作进一步的核查，在20个工作日内，根据核查结果作出批准或者不予批准的决定，并对拟批准的申请重新公示。不符合条件和不予批准的，民政局在作出审批决定3日内，通过区镇政府书面告知申请人或者其他代理人并说明理由。市民政局在接到区镇政府审核意见之日起10个工作日内（不含公示时间）办结审批手续。情况复杂的，适当延长审批期限，但最长不得再超过10个工作日。

值得强调的是，与2008年的《实施办法》相比，新的《实施细则》引入了"民主评议"环节。《实施细则》规定，家庭经济状况调查结束后，区镇政府要在5个工作日内，在村（居）民委员会的协助下，以村（居）为单位对申请人家庭经济状况调查结果的客观性、真实性进行民主评议。民主评议由区镇政府工作人员、村（居）委会成员、熟悉村申请人家庭情况的党员代表、村（居）民代表等参加，总人数不得少于 15 人。村（居）民代表人不得少于参加评议总人数的 2/3。民主评议的程序为：第一，宣讲政策。区镇政府工作人员宣讲低保资格条件、补差发放、动态管理等政策规定，宣布评议规则和会议纪律。第二，介绍情况。申请人或者代理人陈述家庭基本情况，入户调查人员介绍申请家庭经济状况调查情况。第三，现场评议。民主评议人员对申请人家庭经济状况调查情况进行评议，对调查结果的真实性和完整性进行评价。第四，形成结论。区镇政府工作人员根据现场评议情况，对申请人家庭经济状况调查结果的真实性和有效性作出结论。第五，签字确认。民主评议要有详细的评议记录。所有参加评议的人员要签字确认评议结果。如果低保申请的民主评议争议较大，区镇政府要重新组织家庭经济状况调查核实。

值得一提的是，昆山市对于低保家庭的特殊人群增发一定数额的保障金。其中，老年人、未成年人、单独生活的居民、归侨居民、少数民族居民、县级市（区）以上人民政府表彰的道德模范、劳动模范和先进工作者、原工商业主、持有《独生子女父母光荣证》人员、持有中华人民共和国残疾人证的残疾人增发保障标准 20% 的保证金；低保家庭的军转干部，本人每月增发保障标准 50% 的保障金；家庭人均收入高于昆山市低保标准且低于低保标准 1.5 倍的艾滋病患者，本人按昆山市低保标准享受生活补助，家庭其他成员不享受补助；已故原工商业者无工作的配偶，按昆山市低保标准享受生活补助；低保家庭中的重大疾病患者每月按昆山市低保标准的 120% 全额发放保障金。

昆山市的低保资金全部来源于市和区镇两级财政，两级财政按 5∶5 的比例分摊。市、区镇民政部门每年根据实际需要编制资金计划，报同级财政部门审查后列入财政预算。低保资金的发放遵循的是"民政部门审定，财政部门审核，金融机构代发"的原则。民政部门核定低保对象发放名单和补助金额，财政部门审核后采取集中支付方式，委托金融机构直接发放到低保家庭成员的账户。实行双向通报制度，财政部门将有关财政政策、资金安排、资金拨付、绩效管理等情况及时通报同级民政部门，民政部门将低保政策、低保人数、动态管理等情况及时通报同级财政部门，并且财政、民政、金融机构实行定期对账。

低保救助工作日常实行的是动态管理。市民政局根据低保对象的年龄、健康状况、劳动能力以及家庭收入来源等情况对低保家庭进行分类管理。区镇政府根据低保家庭成员和其家庭经济状况的变化情况进行分类复核，并根据复核情况及时报请民政局办理低保金停发、减发或增发手续。低保家庭需要向区镇政府及时和定期报告家庭人口、收入和财政状况变化情况，区镇政府对低保家庭进行定期复核。对于家庭成员中有重病、重残人员且收入基本无变化的低保家庭，可以每年复核一次；对于短期内家庭经济状况和家庭成员基本情况相对稳定的低保家庭，可以每半年复核一次；对于收入来源不固定、成员有劳动能力和劳动条件的低保家庭，原则上按月复核。复核由区镇政府牵头组织，由两名以上工作人员采取入户调查、邻里走访等方式实施，复核人员和低保对象要分别对复核结果签字确认（市民政局也建立了随机抽查制度，每年的抽查数量不少于低保家庭总数的20%）。市民政局根据区镇政府上报的变更材料作出低保金增发、减发或者停发的审批决定，在作出审批决定的当月书面通知低保对象，并且说明理由。对停发低保金的家庭，收回并注销低保证；对通过定期复核的低保家庭，发放新一年度的低保证。市民政局会将享受低保对象的家庭成员、收入情况、保障金额等信息在村（居）务公开栏长期公示。

在昆山，也建立了对低保边缘人群的救援制度，除重点解决低保边缘家庭在医疗、教育、住房等方面的困难外，还给予救援对象直接的生活补助。昆山市的低保边缘对象指的是持有本市户籍，家庭月均收入在昆山市最低生活保障标准2倍以下且为以下两类条件的困难对象：第一类是患癌症、白血病、尿毒症、血友病、系统性红斑狼疮、器官移植后抗排异药物治疗、再生障碍性贫血、慢性重症肝炎、重症类风湿关节炎、强直性脊柱炎、儿童先天性心脏病、耐多药肺结核的本人和重度残疾人（1级肢残、2级肢残、1级精神残、2级精神残、1级智残、2级智残、1级盲视力残、2级盲视力残）；第二类是经昆山市总工会认定的特困职工。第一类低保边缘对象救助的组织实施和相关救助待遇的落实由市民政局落实；第二类是由市总工会落实。第一类低保边缘对象，参照低保同类对象标准实施。其中，本人无固定收入的按低保标准全额救助，有固定收入的实行差额救助，固定收入等于或超过低保标准的不进行生活救助。低保边缘对象与低保对象不同的是，低保对象是全家享受医疗救助，而低保边缘对象是本人享受医疗救助，每月救助金根据本人的收入来确定，如果超过低保标准，就不进行救助，不足部分则实行差额救补助。第二类低保边缘对象按低保标准全额救助。

（二）自然灾害救助

1. 自然灾害救助的启动

自然灾害救助属于临时救助，救助对象是因自然灾害致使其基本生活困难的人员。昆山市自然灾害救助的启动条件是：在全市范围内，发生干旱、洪涝、台风、风雹（冰雹、大风、龙卷风）、地震、低温冰冻和雪灾、高温、大雾、雷电或其他突发自然灾害，一次灾害过程并出现以下几种条件之一：（1）因灾死亡5人以上；（2）农作物绝收面积0.2万公顷以上；（3）居民家中进水500户以上，或倒塌房屋100间以上；（4）发生一般性地震灾害，直接经济损失5000万元以上；（5）事故灾难、公共卫生事件、社会安全事件等其他突发公共事件造成大量人员伤亡，需要紧急转移安置或生活救助时，视情况启动自然灾害救助应急预案。

2. 组织架构和各相关部门的职责

昆山市政府成立了自然灾害应急救助指挥中心，统一指挥自然灾害应急救助工作。总指挥由市长或分管副市长担任，副指挥长由市政府分管副秘书长、市民政局主要领导担任，成员由相关部门和单位分管领导组成。各区镇也将成立相应的应急救助指挥机构，负责本区域内自然灾害应急救助工作。各具体机构及职责如下：（1）办事机构：自然灾害应急救助指挥中心在民政局下设办公室，作为日常办事机构。主要职责是负责执行市应急救助指挥中心的工作部署，综合协调救灾工作，核查和统一发布灾情，组织开展市级自然灾害救助应急预案演练，储备受灾群众生活必需的紧急救援物资，申请、管理、分配并监督使用救灾款物。（2）市委宣传部：负责协调、组织救灾和捐赠工作的宣传报道。（3）市发改委：负责安排重大救灾基建项目，协调有关方面落实项目建设资金。（4）经济和信息化委员会：负责工商企业灾后恢复生产、经营和市场供应，协调铁路、通信、电力、贸易、物资、医药等部门开展抢险救灾。（5）市教育局：组织做好灾后学校教育、教学工作，协调有关部门共同做好灾后校舍恢复重建。（6）市科技局：组织开展重大自然灾害预报预警、应急救助和灾后恢复技术研究工作。（7）市公安局：负责灾区的社会治安工作，协助组织灾区群众紧急转移。（8）市民政局：履行市自然灾害应急救助指挥中心办公室相应职责。（9）市司法局：负责灾后重建工作中的法制宣传、法律服务和社会矛盾纠纷排查调处工作。（10）市财政局：负责救灾应急资金安排、拨付和监督检查。（11）市国土资源局：负责制定地质灾害防治规划，编制地质灾害防灾预案，开展地质灾害监测、预警，协助抢险救灾，协调重大地质灾害防治的监督管理。（12）市住房与建设局（地震局）：负责灾后恢复重建的工程设计和施工等指导、监督工作；承担市抗震救灾指挥部的日常工作，组织强余震监测和震情分析，开展地震灾害调查和损失评估。（13）市交通局、昆山火车站：负责运送应急抢险救灾人员、物资，组织提供转移受灾群众所需的交通工具，及时修复交通设施。（14）市水利局：掌握和发布雨情、旱情、水情，组织、协调和指导全市防汛抗旱、防风抗潮、抗洪抢险工作，对主要河流、闸站等工程设施实施调度运用，编制防洪、抗旱预案，参与洪涝、干旱等灾情的收集、评估和上报工作，负责水利工程设施的除险和加固工作。（15）市农业委员会：负责做好农业灾情调查、评估、统计工作，修复农业基础设施，制定灾后种植业、畜牧业、渔业生产恢复意见；组织农民抗灾自救，开展生产技术指导；加强灾后农资市场监管，确保农业生产安全。（16）市卫生局：组织紧急医疗救治队伍抢救伤员，对重大疫情、疾病实施紧急处理，防止疫情、疾病传播和蔓延；组织提供紧急救助所需的药品、医疗器械并进行质量监督。(17) 市文化与广播电视局：负责做好灾区广播、电视播出设施的恢复工作和灾后网络设施的抢修工作，组织采访小组及时采拍内部资料报送市委、市政府，并按照市应急救助指挥中心的要求统一对外发布信息。(18) 市粮食局：根据灾情形势启动供应应急预案，建立紧急情况下的粮食供应制度，为受灾群众提供维持基本生活所需的粮油。(19) 市物价局：负责灾区市场物价的监督管理，保证灾区市场物价稳定。(20) 市政府外事办公室：负责处理自然灾害救助工作中的涉外工作。(21) 市商务局、市供销社：负责救灾物资的组织、储备、供应工作。(22) 昆山日报社：组织采访小组及时采写内参报道报送市委、市政府，并按照市应急救助指挥中心的要求统一对外发布信息。(23) 市气象局：负责灾害性天气的监测、预报和预警工作，分析灾害性天气成因，收集有关灾情资料，提供全市各地灾害性天气实况数据。(24) 市工商局、国税局、地税局：按照相关法律法规、政策规定，负责受灾群众外出务工、经商、发展多种经营等经济活动和灾后恢复重建的有关税费减免工作。(25) 市电信局、移动公司、联通公司：负责抢险救灾的通信保障和灾后通信设施的抢修工作。(26) 市供电公司：组织抢修因灾毁损的各类电力设施，保障救灾用电。(27) 市人武部：组织指挥受灾地区民兵、预备役部队参加抢险救灾，帮助灾区恢复生产、生活和开展灾后重建工作；应地方政府请求，协调驻军参加抢险救灾。(28) 市民防局：负责全市人防工程的监督、管理、维护工作，提供人防工程用以疏散、安置受灾人群。(29) 市红十字会、市慈善总会：开展社会募捐和接受捐赠，参加灾区救灾和伤员安置工作。

根据灾情成立现场指挥部，并按照属地和分级管理原则，确定本地区应急救助保障措施。现场指挥部下设若干应急小组，各小组组成如下：(1) 灾情收集评估组：组长单位为市民政局；成员单位是市农业委员会、市水利局、市住房与建设局（地震局）、市国土资源局、市气象局。(2) 抢险转移安置组：组长单位是市民政局和市公安局；成员单位是市司法局、市民防局和市人武部。(3) 后勤保障组：组长单位是市财政局和市民政局；成员单位是市经济与信息化委员会、市交通局、市农业委员会、市物价局、市粮食局、市商务局、市供销总社、市供电公司、市电信局和昆山火车站。(4) 安全保卫组：组长单位是市公安局；成员单位是市人武部。(5) 医疗防疫组：负责单位是市卫生局。(6) 恢复重建组：组长单位是市发改委；成员单位是市经济与信息化委员会、市教育局、市科技局、市民政局、市司法局、市财政局、市住建局（地震局）、市规划局、市交通局、市水利局、市农业委员会、市国土资源局、市国税局、市地税局、昆山工商局、市政府外事办公室、市供电公司、市电信局和昆山火车站。(7) 救灾捐赠组：组长单位是市民政局；成员单位是市财政局、市红十字会和市慈善总会。(8) 宣传报道组：组长单位是市委宣传部、市民政局和负责处置灾害的主管部门；成员单位是市文化与广播电视局和昆山日报社。

在应急准备方面，其主要的责任部门和工作如下：财政局是资金准备的责任部门，市、区镇两级财政救灾预案启动后，按照救灾工作分级负责、救灾资金分级负担的原则统筹安排救灾资金，灾害发生后及时安排救灾资金，用于受灾群众生活救助、抢险等支出。物资准备的责任部门是市卫生局、市经济与信息委员会、市粮食局、市商务局和市供销社，主要工作是：建立动态的救灾物资储备机制和市级救灾物资储备仓库，储备救灾帐篷、衣被、净水设备和其他生存性救助所需物资，以及必要的药品、医疗器械和防护物资，采取商品储备、生存储备和应急调运等多种方式加强应急救助物资准备工作，建立救助物资生产厂家名录，必要时签订救灾物资紧急购销协议。通信和信息准备的责任部门是市民政局、市电信局、市水利局、市农业委员会、市地震局和市国土资源局。应急救助通信网络覆盖市、区镇、社区（村）三级，确保市各级政府能够及时准确掌握自然灾害信息，建立信息通信应急保障队伍，承担灾害通信保障任务。救灾装备准备的责任部门是区镇政府、市交通局、市电信局和市公安局，其主要工作是：配备应急救助必需的车辆、计算机、通信设施、摄录像器材等。人力资源准备的责任部门是市民政局、市卫生局、市交通局、市电信局、市公安局和市人武部，其主要工作是：建立联络员队伍，及时开展灾情会商、灾区现场评估及灾害管理业务咨询工作；交通、卫生、电力、通信、公安以及武警、驻军等部门和单位建立不同类型的紧急救援队伍，配备必要的救援器材，平时有针对性地开展紧急救助演练，灾害发生后及时赶赴灾区实施紧急救援。社会动员准备的责任部门是市民政局、市慈善总会、市红十字会，其主要工作是：做好社会捐助的动员、运行、监督和规范工作；规范救灾捐赠的组织发动、款物接收和分配以及社会公示、表彰等各个环节的工作；利用市慈善超市捐助点，在已有经常性社会捐助接受点的基础上，进一步建立健全经常性社会捐助接受点以及接收网络。救灾技术准备的责任部门是经济与信息委员会、市科技局、市气象局、市地震局、市水利局和市国土资源局，其主要工作是：加强地理信息系统、全球定位系统、卫星遥感系统等先进技术和设备的开发、研制和配备，为应急指挥决策提供支持，为防灾减灾提供预报。

在灾害监测与报告方面，市民政局是灾情综合报告责任部门，气象、水利、农业、住建（地震）、国土资源等部门根据本部门职责权限，及时发出预警，预测灾害对特定区域内的群众生命财产造成威胁和损失的程度。各信息监测部门一旦掌握自然灾害信息要立即报告当地政府，并通报市民政局。区镇基层民政部门按照灾情统计规定，报告区镇政府，并报市民政局。市民政局要对灾情加以汇总，形成灾情报告，其内容包括灾害种类，发生时间、地点、范围、程度、后果，救灾工作和受灾群众生活安排情况以及灾区存在的困难等。灾情信息传递主要包括灾情初报、续报、核报、核定、发布等环节。区镇政府应急救助机构对本辖区内发生的自然灾害，凡造成人员伤亡和较大财产损失的，应在第一时间掌握灾情，并在灾害发生两个小时内向市民政局报告初步情况。市民政局在接到区镇报告后，要在两个小时内完成初步审核，汇总灾情相关数据，向市政府和上级民政部门报告。在自然灾害灾情稳定前，市和区镇两级民政部门均执行24小时"零报告"制度。区镇应急救助机构在每天上午9时前将截至前一天24小时的灾情上报市民政局，市民政局在每天12时前向市政府和上级民政部门报告。对特别重大的灾情根据需要随时报告。区镇应急救助机构在灾情稳定后，应在两个工作日内核定灾情，向市民政局报告。市民政局在接到区镇报告后，应在两个工作日内审核、汇总灾情数据，向市政府和上级民政部门报告。市民政局协调农业、水利、住建（地震）、气象、统计等部门进行综合分析、会商，核定最终灾情，并通过全面核定、抽样调查、典型调查和专项调查等方式，核实灾情。

自然灾害预警响应机制是整个防震减灾制度的一个重要部分，昆山市的自然灾害的预警级别分为特别重大级（Ⅰ级）、重大级（Ⅱ级）和一般级（Ⅲ级），分别用红色、橙色、蓝色表示。Ⅰ级响应等级启动的条件是出现下列情况之一：农作物绝收面积1万公顷以上；因灾死亡10人以上；倒塌房屋5000间以上；发生重大或特别重大地震灾害，直接经济损失10亿元以上。Ⅱ级响应等级启动的条件是出现下列情况之一：农作物绝收面积0.5万公顷以上1万公顷以下；因灾死亡5人以上10人以下；发生较大地震灾害，直接经济损失2亿元以上10亿元以下。Ⅲ级响应等级启动的条件是出现下列情况之一：农作物绝收面积0.2万公顷以上0.5万公顷以下；居民家中进水500户以上1000户以下，或倒塌房屋100间以上1000间以下；发生一般性地震灾害，直接经济损失5000万元以上2亿元以下。预警响应的级别由市民政局根据灾害主管部门的建议，向市政府提出预警响应级别的建议，最终由市政府批准确定。三种响应级别的各自采取的措施是：（1）Ⅰ级响应：市政府成立现场急救助指挥中心，应急救助办公室接到灾害发生信息后，两小时内向市长和上级应急指挥中心报告，续报有关情况；协调市财政局下拨救灾应急资金，各应急小组在应急救灾指挥中心的统一指挥下，根据职责开展应急救助工作；协调落实上级救助指挥中心关于救灾的指示。（2）Ⅱ级响应：市政府成立现场应急救助指挥中心，向灾区派出救灾工作组，协调、指导受灾区镇政府搞好自然灾害应急救助；市应急救助办公室根据灾区应急救助机构的申请和经核实的灾情，制订市救济应急资金补助方案报市政府审定，并商请市财政局及时下拨到受灾区镇；市应急救助办公室负责向受灾区镇紧急调拨市救灾储备物资，协调落实有关救灾物资的调配和临时购置，并监督基层救灾应急措施的落实和救灾款物的规范使用；灾情稳定后，市应急救助办公室根据受灾区镇政府的报告，结合灾情评估报告，提出恢复重建救灾补助方案，报市政府审定。(3) Ⅲ级响应：市民政局负责派出救灾工作组赶赴灾区核查灾情，了解灾区政府的救助能力和灾区需求情况，指导灾区开展救灾工作；市民政局根据灾区应急救助机构的申请，制订市救济应急资金补助方案报市政府审定，并商请市财政局及时下拨受灾区镇；市民政局负责监督基层救灾应急措施的落实和救灾款物的规范使用；灾情稳定后，根据受灾区镇政府的报告，结合灾情评估报告，检查灾后重建情况。

二 养老服务

昆山市意图建立的养老服务模式是区别于传统家庭养老的新型养老模式，在这种新型养老模式下政府是居于主导地位，同时要求社会的参与。

（一）基本情况和政策目标

按户籍人口定义，昆山市在1988年就进入了老龄化社会，截至2010年底，昆山市60周岁以上老年人口为13.33万人，占户籍人口的19.02%。其中80岁以上高龄老人1.91万人，占老年人总数的14.33%，占户籍人口的2.7%；纯老家庭老年人数1.23万人，其中独居老人9721人。"十二五"期间，昆山市老年人口将继续增长，预计老年人口将达到15万人，占户籍总人口的21%左右，80岁以上的高龄老人将达到2.3万人左右。人口老龄化具有老年人口比例高、增速快、高龄化突出、纯老家庭多等特点，老龄问题的社会压力非常大，对养老服务的要求也越来越高、越来越多。

2011年昆山市政府办公室发布《昆山市老龄事业发展"十二五"规划》，细化了"政府主导、政策扶助、社会参与、市场运作"的原则，提出了加快建立以居家养老为基础、社区服务为依托、机构养老为支撑的多元化、均等化养老服务体系建设目标。为加快推进昆山市社会养老体系建设，昆山市人民政府于2012年发布《社会养老体系建设的实施意见》，要求社会养老服务体系要不断满足多元化的养老服务要求、提升老年人生活质量和幸福指数，逐步实现养老服务由特定人群向社会公众拓展的转变，并确定了阶段性目标，即到2015年，全市每千名老人拥有床位数达到40张；90%的老年人享受由社会化服务提供的自助式养老，6%的老年人享受由日间照料中心等服务组织提供的互助式养老，4%的老年人享受由养老机构提供的集中式养老。

按照"以为块为主、分级管理"的原则，市级建立养老服务指导中心、负责全市居家养老服务工作指导协调机构，实行政策层面上的指导和监督评估，协调有关部门合力推进居家养老服务项目的落实，负责对政府购买服务对象最终评定、确定等级等；区镇（街道）建立养老服务管理中心，是规划、指导、组织、协调辖区（镇）居家养老服务工作的责任主体，是综合性为老服务的公共平台，负责本区镇居家养老服务工作的管理和监督；社区（村）建立养老服务中心（站），是依托社区组建，并经注册登记或备案的居家养老服务机构，主要负责咨询、接待并对提出需求的老年人情况进行初审以及跟踪反馈，同时组织开设社区日间照料中心（助餐点）等社区为老服务项目以及为居家老年人提供各项服务等。通过三级组织将居家养老服务工作的政策、目标、任务及措施落实到基层，将养老服务提供给老年人。

（二）主要做法

为了完善社会养老服务体系建设，昆山市出台了一些扶持政策，主要有：（1）项目优先审批：对符合规划的养老服务设施项目，有关部门给予优先审批。对列入规划的包括原来已经建有的养老服务设施，任何单位不得挤占或改变性质。确因建设需要拆迁或占用的，按照有关规定给予补偿安置。（2）用地政策倾斜：各区镇、各部门根据城市建设总体规划和养老服务设施布局转向规划，优先安排老年服务设施用地需求。其中，对政府投资建设的养老机构用地，采取有偿方式供地；对规模较大的房地产开发项目将养老服务设施建设纳入房地产建设前期规划；对利用闲置房屋开办养老机构，并经民政部门同意，在符合城市利用总体规划的前提下，国土部门根据相关规定办理相应用地审批手续。(3) 完善医疗服务机构：经卫生部门审批成立的养老服务机构内设医疗服务站，社保部门及时给予医保定点。同时，要发挥社区卫生服务机构作用，完善社区医生上门服务制度，逐步建立家庭责任医师制。(4) 提高养老经费标准：根据经济社会发展水平和老龄事业发展需要，加大对老龄事业的资金投入。按上年度60周岁以上的户籍老年人数，以每人每年不低于200元的标准安排养老服务事业经费（不含各区镇原来对"三无""五保"老人的保障经费），由市、区镇按4:6的比例列入年度各级财政预算。养老服务事业资金主要用于政府养老服务项目建设，资助社会力量兴办养老机构和居家养老服务组织，对特殊困难老年人提供"援助服务"等。福利彩票公益金对养老服务事业的资助力度加大，每年安排一定的福利彩票公益金用于支持市社会福利院建设、居家养老服务项目及老年人人身意外伤害商业保险。(5) 金融贷款服务：对具有昆山市户籍的事业人员兴办养老服务机构，已领取工商营业执照，并符合条件的，可以申请10万元小额担保贷款，规模较大的可以放宽到30万元，并享受昆山市的创业担保贷款有关优惠政策。(6) 税费优惠：对福利性、非营利性的老年服务机构免征营业税，符合条件的免征企业所得税。老年服务机构用水、用电、用气按居民收费标准执行。对新建的老年服务设施，免收市政基础设施费等行政性收费。(7) 养老特岗补贴：凡持有养老护理员职业资格证书的从业人员，根据服务年限，各级财政给予相应的特岗补贴；凡养老服务组织吸纳具有社工专业资格人员从事为老服务的，按社区工作者奖励办法给予相应奖励。

居家养老是昆山市社会养老服务体系建设的核心。为构建居家养老服务网络，拓宽居家养老工作服务面，改进和完善社区居家养老工作服务手段、服务方式和服务内容，提升为老服务质量，昆山市人民政府于2012年出台了《推进居家养老服务工作的实施意见》（以下简称《意见》）。《意见》规定，到2015年，各区镇（街道）建有AA级居家养老服务中心（站）的达50%以上，建有AAA级的达10%以上，所有区镇（街道）和大型居民住宅小区（人数在1万人以上）全部建有日间照料中心（托老所），城乡社区助餐点建设覆盖面达30%以上。《意见》对居家养老指导中心进行了功能定位，包括：（1）生活照料服务：以营造良好的生活环境、满足日常基本生活需要为主，为老年人提供日间照料和助餐、助急、助洁、助浴、助行、助购等生活服务。（2）康复护理服务：以满足老年人基本健康和医疗护理需求为主，通过社区医疗机构，设置老年家庭护理病床，为老年人提供康复护理、医护协助、健康咨询、敦促服药、陪同就医等服务。（3）精神慰藉服务：以满足老年人精神生活需要为主，通过谈心、咨询、专业的心理干预，为老年人提供心理疏导、精神关爱、心理和行为支持等服务。（4）法律援助服务：以帮助提高自我保护意识，维护老年人的合法权益为主，为老年人提供法律咨询、权益维护等服务。（5）文体教育服务：以满足老年人精神文化需求为主，为老年人提供形式多样、丰富多彩、适合老年人特点的文体活动。（6）安全保护服务：以消除安全隐患、避免或减少老年人伤害现象发生为主，依托社区"一键通"老年人呼叫服务系统等安全求助设备，定期为独居老人、空巢老人提供家庭水、电、气等设施上门检修服务。《意见》在对居家养老的政策扶持方面，主要有以下几点：（1）养老设施建设与运营补贴：凡新建、改（扩）建的日间照料中心（托老所），休息床位达到20张以上，具有配（就）餐室、阅览室、文体活动室、健身康复室、医疗保健室及其他附属设施的，按建筑面积在200平方米、400平方米、600平方米及以上，分别一次性给予30万元、50万元、70万元的建设经费补贴。建设面积尚未达标的老年日间照料中心（托老所），酌情给予补贴。运营经费按每张床位每年补贴5000元，床位数在20张以下的酌情给予适当补贴。凡社区新建具有固定助餐场所，并配备冰箱、微波炉、灶具、就餐桌椅器皿、清洗消毒设备等必要设施的老年助餐点，服务人数在10人以上，建筑面积在50平方米、100平方米、150平方米及以上，经验收合格，分别一次性给予3万元、4万元、5万元的建设经费补贴。救助面积尚未达标的助餐点酌情给予补贴。运营经费按服务人数每人每年2000元的标准补贴。(2) 养老援助对象服务补贴：对具有昆山市户籍、居住在昆山市范围内、60周岁以上，且符合条件的老人，给予政府服务补贴。标准一：经评估确认为中度（半护理）的服务对象每月可享受500元的服务补贴，经评估确认为重度（全护理）的服务对象每月可享受700元的服务补贴。条件为70周岁以上的散居"五保"对象，低保和低保边缘的孤寡老人；60周岁以上的伤残军人、苏州市级以上劳模和经济困难的归国华侨，70周岁以上的昆山市级劳模；60周岁以上的重点优抚对象（领取定期抚恤金或者补助金，且无固定收入的残疾军人、复员军人、带病回乡退伍军人、参战退役人员和烈士遗属、因公牺牲军人遗属、病故军人遗属），75周岁以上经济困难的离休干部遗属；60周岁以上"二无"（无子女、无劳动能力）的困难老人；60周岁以上，昆山市范围内无子女照顾或子女持一、二级残疾证的困难老年人；60周岁以上的独生子女家庭的困难老人；60周岁以上的独生子女伤（病）残、死亡后未再生育或收养子女，并享受特别扶助金的老人。标准二：经评估确认为轻度的服务对象，每月可享受200元的服务补贴。条件为70周岁以上散居的"五保"对象，低保和低保边缘的孤寡老人；70周岁以上的伤残军人、省级以上劳模和经济困难的归国华侨；80周岁以上苏州市级劳模；60周岁以上伤残军人、省级以上劳模和经济困难的归国华侨；80周岁以上的苏州市级劳模；60周岁以上及三级以上伤残军人；百岁老人；80周岁以上，本市内无子女照顾的"空巢老人"；60周岁以上且家庭月收入在低保2倍以下的持证残疾老人；70周岁以上，需要抚养丧失父母并在读未成年第三代的老人；70周岁以上的独生子女困难家庭的老人；70周岁以上的独生子女伤（病）残、死亡后未再生育或收养子女，并享受特别扶助金的老人。(3) 资助三项保险：资助养老机构综合责任险、居家养老从业人员护理责任险和70周岁以上老年人人身意外伤害险。这些扶持政策的资金来源于市和区镇两级财政，日间照料中心、助餐点的一次性建设经费补贴费、运营经费补贴费和养老援助服务对象补贴费由市、区（镇）财政按4∶6比例负担。三项保费由市财政、福彩公益金负担。

健全社会化养老服务体系，需要进一步释放社会力量。为此昆山市特别出台了《扶持民办养老服务机构暂行办法》，鼓励公民、法人和其他组织利用非国有资产举办为老年人提供住养、生活照料、康复护理的综合性服务养老机构。

该办法规定，民办养老服务机构必须符合以下条件才能享受资金补贴和优惠政策：（1）申办人是单位的，应当具备法人资格；申办人是个人的，应当具有完全民事行为能力。（2）有合法服务场所，符合养老机构建筑规范和设计标准，并有符合要求的无障碍设施。（3）老年人居室使用面积单人间不少于10平方米，双人间不少于14平方米，三人间不少于18平方米。（4）床位数达到100张以上。（5）有基本生活用房和室内活动场地，有与业务性质、范围相适应的生活、康复、医疗设施。（6）有与开展服务相适应的管理人员、卫生技术人员和服务人员，卫生技术人员必须符合卫生部门规定的资格条件，管理人员、护理人员和其他人员必须经有关部门培训并持有相关资格证书；（7）工作人员的配备应符合规定。护理人员与服务对象比例：自理老人不低于1∶10；介助（半护理）不低于1∶5；介护（全护理）不低于1∶3。

昆山市对民办养老机构的扶持主要包括两个方面：一是直接的资金补贴，二是给予优惠性政策待遇。

资金补贴：（1）养老床位一次性补贴：利用自有房屋开办养老机构设置床位100张以上，设施和入住率等达到相关要求，经验收合格，每张床位一次性补贴1.5万元；自有房屋开办的民办养老机构每张床位给予一次性补贴7500元。（2）运营经费补贴：经年检合格且行业评比达标的养老机构，按实际入住本地户籍老人数自理、介助、介护三种类型，分别给予每张床位每月100元、150元、200元的运行补贴。（3）养老护理岗位补贴：取得初级、中级、高级职业资格证书的人员，给予每人200元、500元、1000元的一次性奖励；凡持有人力资源和社会保障局颁发的《养老护理员职业资格证书》的服务人员，在同一养老服务机构工作1年以上，每月给予100元特岗补贴，工作年限每增加

1年，月特岗补贴增加100元，但工作年限在10年以内的，最高补贴不超过500元，工作年限在11年以上的，月补贴800元；岗位补贴由申请用人单位与从事养老服务人员签订劳动合同和社保缴费证明后再进行补贴，已享受公益性岗位补贴的，不再享受特岗补贴。

符合居家养老服务补贴范围的昆山市户籍老年人，申请入住养老机构的，其政府补贴部分可申请带入养老机构，用于支付抵扣护理费用。资助金分两期拨付，第一拨付期在养老机构经验收合格后开办运行当年拨付80％，运行一年经考核合格后结清余额。在经费保障方面，民办养老服务机构床位建设经费补贴由市财政和福彩公益金统筹安排，运营经费补贴由市和入住老人户籍所在地区镇按4:6的比例承担；养老护理岗位证书奖励金由市福彩公益金列支，岗位补贴按市和区镇财政4:6的比例分担。

优惠性政策待遇：（1）项目审批：昆山市有关部门在民办养老服务机构的开办、立项、规划、用地、环境评估、建设等方面，给予优先审批；鼓励利用社会闲置的厂房、宾馆、校舍以及乡镇合并过程中富余的办公用房开办各类为老服务机构。（2）费用减免：养老服务机构涉及的税收按国家现行优惠税收政策执行。对福利性、非营利性老年服务机构免征营业税。非营利性养老服务机构取得的养老服务收入，符合条件的，免征企业所得税。服务机构自用的房产、土地暂免征收房产税、城镇土地使用税。对新建的老年服务设施，免收市政基础设施费、散装水泥专项预收款、墙改发展基金、图纸审查费、城市规划技术服务费、人防易地建设费、防雷审验费等行政事业收费。养老服务机构使用水、电、燃气、有线电视、固定电话，有关单位应当按照居民用户标准收取费用，有初装费的应当减半收取。对养老服务机构吸纳持有本市再就业优惠证的人员，免费提供养老护理、家政服务等相关职业技能培训，培训后经职业技能鉴定合格的发放相应的职业资格证书。（3）医保定点：在民办养老机构内设置的已取得职业许可证的医疗机构和为老年人提供专科医疗服务的医疗结构，它们在申请医疗保险定点时，给予优先审批。

（三）初见成效的工作

昆山市在养老服务方面的工作，在居家养老服务平台和养老服务信息网络平台建设上已经取得了初步成效。

（1）一批以日间照料中心为基础的居家养老服务平台的建立。成立市养老服务指导中心，各区镇建立居家养老管理中心共 30 个，社区（村）建立居家养老服务站共 305 个，形成保障有力、执行有序、监督到位的社区居家养老服务管理三级体系。在原有 6 家日间照料中心的基础上，推进老年日间照料中心的建设，2012 年将新建 40 家老年日间照料中心列为政府实事工程，投资总计 2600 万元。在社区内搭建亲情化、人性化、多样化的服务平台，让老人走出家门，享受社区服务。根据地区特点和实际条件，增设老年助餐服务和农村关爱之家。为社区和农村老年人提供符合老年人用餐特点的助餐服务，通过送餐上门或集中用餐两种方法，解决老年人"吃饭难"的问题。建立农村老年关爱之家，探索破解农村养老问题，提高了农村高龄老人的生活质量。目前，昆山市已有多家助餐点和日间照料中心为近 2000 名高龄、空巢老人提供助餐服务。

（2）建成全市社区养老服务信息网络平台和管理系统。为了更好地为居家老人提供最需要的服务，昆山市建立了全市社区养老服务信息网络平台和管理系统，引入家庭电子保姆"惠民一键通"，成立民办非企业性质的社会组织——昆山市惠民一键通居家养老服务中心。该中心以中国电信通信智能呼叫系统为技术依托，以提供"紧急救援、生活照料、家政服务、精神关怀、增值服务"为基本服务内容，有效"整合社会服务资源"为服务主体，打造居家养老新模式，它是对传统家庭养老模式的有力补充与更新。该中心已完成高新区 7 个街道和开发区长江街道约 1000 户老人家庭的话机安装，并于 2012 年 5 月 15 日启动运作，为老年人提供有偿、低偿和无偿服务。紧急救助是"惠民一键通"服务中最关键的一项功能。安装"惠民一键通"的大多是高龄老人和空巢老人家庭，遇到紧急情况时，按一下按键就行。电话接通的瞬间，个人信息将自动出现在呼叫中心的电脑显示屏上，其中包括姓名、住址、年龄、病史、常用药、紧急联系人等。因此，老人仅需说明所需要的服务，而不需要烦琐地告知地址等。如果出现紧急情况，工作人员还能同步通知紧急联系人，让老人在第一时间得到及时救助。不论有什么问题，"惠民一键通"居家养老服务中心都会耐心地帮忙解决。无论是保洁服务、上门理发还是家电维修等，中心工作人员都会耐心联系合作的商家上门服务。

三　社会福利

（一）孤儿基本生活保障

孤儿是社会上最弱小、最困难的群体，处于生存和发展的困境，是社会福利事业和社会救助工作的重点对象。做好这项工作首先要对孤儿进行操作上的界定，昆山市所保障养育的孤儿也有一定的标准。首先，前提条件必须是昆山市户籍，未满18周岁。其次，必须满足以下条件之一：失去父母和事实上无人抚养的未成年人，包括救助机构内集中的孤儿和弃婴；社会散居孤儿；暂时查不到家庭的流浪未成年人和暂时查不到生父母的弃婴；因父母服刑和其他原因暂时失去生活依靠的未成年人；受艾滋病影响的未成年人。

根据以上条件，孤儿可以申请社会福利。社会散居孤儿可由本人（无行为能力者可由监护人代写）提出申请，由村（居）委会提供和出具相关证明材料，填写孤儿申请表（一式三份），经区镇民政办公室（民政科）调查审核后，报市民政局审批，对符合认定标准的孤儿发放孤儿证。国办社会（儿童）福利机构集中供养的孤儿由社会（儿童）福利机构负责汇总孤儿信息、证明材料，报民政局备案。

2011年，昆山市民政局和财政局联合发文对孤儿基本生活保障标准进行了调整，并建立了自然增长机制。文件规定：由民政部门监护的、集中在国办社会（儿童）福利机构供养的城乡孤儿，最低生活标准调整为每人每月1200元（含伙食费、服装被褥费、日常用品费、教育费、医疗费、康复费，不含大病医疗救助费、寄养家庭劳务费等）；对非民政部门监护的、社会散居城乡孤儿，以及事实上无人抚养的未成年人，最低生活标准调整为每人每月720元。文件要求，孤儿的基本生活标准随当地经济发展水平、财政承受能力、城镇居民可支配收入、平均生活水平、物价指数和孤儿基本生活实际支出指数等因素的变化而适时调整，春节、元旦等节日期间和物价上涨时对困难对象发放的各类慰问（补助）金，无论集中还是分散供养的孤儿，均纳入发放范围。同时，文件进一步确定了保障资金的来源和发放方式，规定要求集中国办社会（儿童）福利机构供养孤儿的供养经费由市财政负担，散居孤儿的供养经费由市、区镇两级财政各负担50%；集中国办社会（儿童）福利机构供养的城乡孤儿，供养经费统一拨付社会（儿童）福利机构，社会散居孤儿按季度拨付和按月发放，由区镇民政机构通过金融机构直接存入供养对象或法定监护人个人存折，实行社会化发放。在医疗保障方面，孤儿必须参加居民基本医疗保险，其个人负担的参保费用由政府资助（年度内新增未参保的集中供养孤儿其参保费用由福利机构负担，年度内新增未参保的分散供养儿童其参保费用个人负担部分由区镇财政负担）。社会散居孤儿的医疗费用经医疗保险补助及医疗救助后仍有困难，由区镇或村负担，具体由区镇政府予以明确，集中供养的由社会（儿童）福利机构负担。

  孤儿养育保障实行属地动态管理，各区镇根据孤儿人口和生活状况的变化情况，按照程序办理审批、增发、停发手续。凡依法被收养的孤儿，自收养之日停止福利保障。找到父母或父母重新履行抚养义务的，停止福利保障。孤儿成年后，具有劳动能力和完全民事能力的，在校学生给予孤儿保障福利；非在校学生则一次性发放给个人6个月孤儿供养补贴，不再属于政府孤儿供养保障范围。孤儿成年后，不具备劳动能力、无行为能力或限制行为能力的，均按"五保"对象供养政策规定妥善安置。

（二）"三无"人员供养

昆山市"三无"人员供养工作是在贯彻国务院《农村五保供养工作条例》的背景下展开的，旨在保障昆山市居民中无劳动能力、无生活来源、无法定赡养（抚养、扶养）义务人或者法定赡养（抚养、扶养）义务人无法定赡养（抚养、扶养）能力的老年、残疾或未满16周岁的居民的生活（城镇简称"三无"对象，农村简称"五保"对象）。昆山市对"无生活来源"的定义是比较宽的，根据规定，无劳动能力、无法定赡养（抚养、扶养）义务人或者法定赡养（抚养、扶养）义务人无法定赡养（抚养、扶养）能力的，但有居民养老、征地保养金等政府保障性或转移性收入，但其收入低于当年居民最低生活保障标准140%的，可以认定为"三无"对象。

符合上述条件的昆山居民，可以申请"三无"福利。具体过程是：本人向户籍所在地村（居）小组或者其他村（居）民代为提出申请，经村（居）民委员会民主评议，对符合"三无"条件的，在本村（居）范围内公示7天；无重大异议的，报区镇人民政府民政部门审批后报市民政局备案并颁发农村五保供养证或城镇"三无"供养证。"三无"对象供养的形式根据本人意愿可选择集中供养或分散供养。在敬老院集中供养的"三无"对象，纳入敬老院管理，由区镇人民政府、受委托的扶养人和"三无"对象签订分散供养协议，确定各自的权利和义务，落实服务责任制和帮扶措施。

昆山市"三无"对象的供养标准根据的是当年最低生活保障线，其具体数额按照最低生活保障的140%计算。以2009年为例，供养标准为每人每月574元，全年6888元。其中伙食费3650元/年（按10元/天计算），服装费650元/年，水电费580元/年，日常生活用品308元/年，零用钱1200元/年，医疗费500元/年。"三无"对象供养经费由市、区镇财政负担，按季度拨付。

"三无"对象必须参加居民基本医疗保险，其个人负担的参保费用由政府资助，年度内新增未参保的"三无"对象，其参保费用个人负担部分由敬老院或村（居）负担；医疗费用经医疗补助及医疗救助后的自负部分和自费部分（指一般医疗费用），集中供养的由敬老院负担，分散供养的由本人负担。大额医疗费用由区镇或村（居）负担，具体由区镇政府予以自行明确。"三无"对象死亡后的丧葬费，原则上集中供养的由敬老院负担，分散供养的由村负担。

在"三无"对象供养经费的发放方面，集中供养对象经费直接拨付敬老院掌握使用，分散供养对象通过金融机构直接存入供养对象个人存折，实行社会化发放。对符合领取居民养老金、征地保养金等条件的集中供养对象，其养老金、保养金等由敬老院统一管理，统一申报，统一使用；分散供养对象，其养老金、保养金等直接发放给本人并相应扣减供养标准。个别分散供养对象，由于智力、精神等原因难以妥善保管供养经费的，由村（居）民委员会、敬老院或挂钩帮扶人代管。

四 残疾人基本公共服务

昆山市针对残疾人的基本公共服务主要包括社会保障、教育、就业、康复等方面，重点在残疾人康复和托养体系建设。

（一）残疾人康复和托养

昆山市为残疾人服务的基础设施主要包括市、区镇、村居三级，意图整合社会资源，完成残疾人康复和托养基础设施的网络化。

1. 市级残疾人康复和托养基础设施建设

列入昆山市政府实事工程的残疾人服务中心于2009年5月破土动工，2012年全面启动。昆山市残疾人服务中心坐落于中心城区，交通便利，总投资1亿元，占地12亩，建筑面积13500平方米，地上建筑五层（10500平方米），地下建筑一层（3000平方米）。具备残疾人康复服务指导、聋儿语训、就业服务、职业培训、康复辅助器具供应、法律援助、文体活动等"八位一体"的综合性服务功能。分为三个中心：（1）康复中心。康复中心作为昆山市残疾人技术资源中心、管理指导中心和服务中心，指导市级六类康复技术指导中心、区镇残疾人康复服务中心和基层残疾人联合会（以下简称残联）开展工作。建成后的康复中心主要设置项目为：聋儿语训、儿童神经损伤康复治疗（包括：OT、PT、ST、肢体训练、低智训练、语言言语训练、中医诊疗、针灸、熏蒸、水疗、物理治疗、吞咽治疗、技师评估等）、成人康复治疗（包括：脑卒中、脊柱神经损伤、周围神经及中枢神经损伤所致的各种功能障碍等）；特色项目为小儿早期干预、小儿脊柱侧弯矫正，设立矫形制作室、家庭康复教育室、专家咨询室。（2）文体中心。文体中心是集文化、娱乐、康复为一体的服务设施。内设游泳馆、篮球馆、羽毛球馆、乒乓球馆、健身室、舞蹈室、多功能厅、棋牌室等。中心所有文体活动场馆均免费对残疾人开放。（3）就业服务中心。该中心是协调昆山市各区、镇残疾人劳动就业服务单位开展残疾人的求职咨询登记、职业介绍、职业指导、就业安排、就业跟踪、就业岗位开发、职业教育和职业技能培训等就业服务工作的机构，下设残疾人职能培训中心、展能培训中心、盲人按摩指导中心（负责指导并组织全市盲人按摩职业技能鉴定工作，组织盲人按摩培训工作）。开展职业培训，提高残疾人职业技能。组织社会各类培训机构，根据劳动力市场和用人单位的需要，开展残疾人职业培训。

此外，昆山市残联协调相关部门，整合社会资源，共同成立了五类残疾人康复技术指导中心。昆山市第一人民医院因具有成熟的白内障复明手术技术，积累了治疗低视力、听力和言语障碍疾病工作的丰富经验，是昆山市的视力康复和语言康复指导中心，并承担相关工作的指导任务；昆山市第三人民医院是精神残疾康复技术指导中心，承担精神防治康复工作的技术指导任务，是昆山市贫困精神病人免费服药、常规治疗和精神鉴定的专业机构；智力残疾康复技术指导中心设在昆山市爱心学校；昆山市康复医院是昆山肢体残疾康复技术指导中心。

区镇和村居因为规模比较小，不适合独立建设残疾人的各种基础设施，因此残疾人的康复和托养工作往往是依托于相关机构。区镇卫生服务中心（中心医院）负责对辖区内残疾人的医疗和康复训练，并对本级单位无力承担的项目向上转介,对适合社区康复站训练的残疾人向下转介,并为残疾人制订康复训练计划,对辖区内各社区的康复点提供技术支持、业务指导,组织举办社区医生业务培训。

昆山市依托各区镇的福利院,成立了11家"善爱之家"残疾人托养服务中心,其服务对象为辖区内年龄在16～60周岁、有一定生活自理能力的智力残疾人、病情较为稳定的精神残疾人和重度肢体残疾人以及需要生活照料而家庭无人照料的贫困残疾人。服务中心内有办公室、活动室、康复室、休息室、医疗卫生室等。

2007年,昆山市残联和卫生局联合下发了《关于印发〈昆山市进一步将残疾人社区康复工作纳入城乡基层卫生服务的意见〉的通知》。开始培育玉山镇盆渎村社区、周市镇白塘社区等典型康复站的建设,并通过召开现场会、推进会,促进全市社区康复站的建设。目前依托卫生机构已建成148个社区康复站,昆山市残联为康复站统一配备了基本的康复训练器材和康复辅助器具,如肩关节回旋训练器、可调式砂磨板、系列哑铃、手指功能训练器、平行杠、肢体康复器等14件康复器材,并根据社区残疾人特点有针对性地配备了轮椅、助行器、拐杖、盲杖等辅助器具用于免费租借。

2. 残疾儿童康复训练补助

2012年,江苏省人大常委会通过《江苏省残疾人保障条例》,其中规定"县级以上地方人民政府对6周岁以下残疾儿童的康复费用,除基本医疗保险支付外,按照规定给予全额补助,并逐步推广至7周岁以上14周岁以下的残疾儿童"。按照这项要求,昆山市政府办公室于2013年发布了《昆山市残疾儿童康复补助办法》。文件规定补助对象为具有昆山市户籍的14周岁以下(含14周岁)儿童,且经专业机构评估确有康复需求的听力言语残疾儿童、孤独症儿童、智力残疾儿童、肢体残疾儿童、视力残疾儿童、多重残疾儿童。0～6周岁残疾儿童的康复费用在医保报销的基础上给予全额补助;7～14周岁残疾儿童在医保报销的基础上给予定额补助。

康复补助实行申请制,监护人持残疾儿童户口簿原件、监护人身份证、专业机构检查诊断资料或残疾证向户籍所在地的区镇残联提出申请。区镇残联进行初审，对符合条件的，发放《昆山市0~14岁残疾儿童康复训练补助经费审批表》，由负责人在审批表上签字并加盖公章，再将相关材料上报市残联审批。市残联收到区镇残联上报的相关材料后，于5个工作日完成审批，将审批结果反馈给区镇残联，由区镇残联反馈给家长并提供定点康复机构相关信息。如果家长自行选择定点康复机构开展康复训练，必须向市残联提出申请，经同意后才可以申领康复补助。

3. 听力障碍残疾人康复手术补贴

为满足昆山市听力障碍人员康复需求，昆山市对18周岁以下（含18周岁），试用助听器或其他助听装置无效或微效，需植入人工耳蜗的重度和极重度听障人员给予补助。补助标准为：残联审核同意人工耳蜗植入手术补贴的患者，实施手术后，个人承担超过6万元的，一次性最高享受6万元的补贴；个人承担费用不足6万元的按照个人实际承担费用补助。

（二）社会保障

残疾人的社会保障对于保护残疾人的合法权益，使他们平等参与社会生活，缩小与社会平均生活水平的差距，促进社会和谐发展，都具有重要作用。昆山市在这方面的主要做法有以下几点。

1. 社会保险补贴

自2011年，昆山市开始补贴无业重度残疾人参加社会保险。凡具有昆山市户籍，年满18周岁，未达到国家和江苏省规定的退休年龄，未在用人单位就业，持有残联核发的中华人民共和国残疾人证，且登记为1~2级肢体残疾、智力残疾、精神残疾、盲视力残疾的残疾人均可申请补贴。补贴标准为昆山市人力资源和社会保障局公布的当年灵活就业人员参加基本养老保险的月缴费基数最低标准和参加职工医疗保险的月缴费基数计算所缴社会保险费的50%，享受低保和低保边缘救助的无业重残人员，补贴标准为75%。社会保险补贴由市残疾人劳动服务所统一发放给无业重残人员本人。无民事行为能力、限制民事行为能力的无业重残人员，可由监护人办理申领社会保险补贴的相关事宜。监护人须向市残联提交监护人身份证复印件并备注说明。

符合条件的无业重残人员应在缴费当月向户籍所区镇残联提出申请，社会保险费先由本人缴纳，再申请社会保险补贴。首次申请社会保险补贴的重度残疾人须提供昆山市无业重残人员社会保险补贴申报表残疾人证、身份证、户口簿以及社会保险缴费凭证原件和复印件。低保和低保边缘无业重残人员另须提供城乡居民最低生活保障金领取证原件和复印件。

无业重残人员领取社会保险补贴的情况必须进行公示。区镇残联每年将本年度领取无业重残人员社会保险补贴的人员名单、补贴金额等情况在村（社区）张榜公布，接受群众监督。昆山市人力资源和社会保障局、残联共同负责无业重残人员的社会保险。昆山市社会保险经办机构具体承办无业重残人员的社会保险。昆山市残联具体负责无业重残人员社会保险补贴的审核发放工作。昆山市残疾人劳动服务所应每年将本市无业重残人员社会保险补贴的情况汇总抄报市人力资源和社会保障局备案。

2. 社会救助

残疾人社会救助是保障残疾人基本生活的重要内容，而残疾人生活救助是残疾人社会救助的重要方面。2010年，昆山市民政局、财政局、卫生局和残联联合发文，确定了针对特殊困难残疾人的生活救助实施办法。文件规定凡具有昆山户籍、持有昆山市残联核发的中华人民共和国残疾人证的昆山市民，且为固定收入低于低保标准的重残人员，或者为一户多残、依老养残家庭中的残疾人，可以提出生活救助申请。本人无固定收入的重残人员按低保标准全额救助；本人有固定收入且低于低保标准的重残人员，按低保标准差额救助。本人为人均家庭收入低于低保标准（含）2倍的家庭成员，且家庭内有2名（含）以上残疾人，或残疾人由父母供养且父母一方达到法定退休年龄，或依法由祖父母、外祖父母或其他亲属供养且供养人有一方达到法定退休年龄的，本人无收入的重残人员按低保标准的120%全额救助,本人有收入的重残人员按低保标准的120%差额救助。差额救助的对象如果救助金低于低保标准的60%,按60%发放生活救助金。符合条件的一户多残、依老养残家庭中的其他非重度残疾人按低保标准的60%发放救助金。

另外,昆山市也对非低保或低保边缘家庭的无业精神(智力)残疾人实施生活救助。其条件为:持有残联核发的第二代中华人民共和国残疾人证且登记为3~4级精神(智力)残疾,具有昆山市户籍,男16~60周岁、女16~55周岁;本人无业;本人无固定收入或固定收入低于当地城乡低保标准。救助标准为每人每月按低保标准的60%发放生活救助金。

除生活救助之外,昆山市还对低保家庭中的无固定收入的重残人员发放补贴金。补贴金标准为每人每月80元。

3. 残疾人教育

为保障残疾人学生和残疾人家庭学生子女的受教育权利,昆山市对本市户籍的残疾学生和贫困残疾人家庭子女实施资助。其条件是:残疾学生持有昆山市残联核发的第二代中华人民共和国残疾人证,或家庭中父母一方或双方持有昆山市残联核发的第二代中华人民共和国残疾人证,且符合低保或低保边缘救助的家庭。资助标准为:学前教育按昆山市教育局核定的公办幼儿园收费标准予以资助,其中低保和低保边缘家庭的残疾幼儿入托费(包括保育费、就餐费)全额资助,其他家庭的残疾幼儿保育费全额资助,在民办幼儿园接受学前教育的残疾幼儿资助标准不超过公办幼儿园最高收费标准。义务教育按每人每学期资助200元。高中教育(含中专和中职)按每人每学年资助1500元(省残联对高中教育阶段残疾学生1000元/学年的资助不再重复享受)。大专及以上的资助标准较为复杂,其中:(1)低保或低保边缘家庭的残疾学生考取全日制大专及以上院校就读的,学费资助100%;考取民办公助的大专及以上院校就读的,学费资助70%;其他家庭的残疾学生学费资助50%(就读期间最高补助累计不超过2万元)。(2)低保或低保边缘的残疾人家庭子女考取全日制大专及以上高等院校就读的,一次性资助

5000元。(3) 参加社会开放教育形式接受高等教育的，取得毕业证书后，学费资助50%，不能提供学费单据的，大专一次性资助2000元，本科一次性资助3000元。

此外，昆山市对在中央电视大学残疾人教育学院昆山教学中心接受高等教育的残疾人实行助学补助和奖励。补助的标准为学费（包括学分费、考试费、书本费、注册费）的50%，其中对低保、低保边缘家庭的残疾人学员给予100%的补助。残疾人学员在取得入学通知书后给予一次性奖励，其中大专残疾人学员1500元，本科残疾人学员2000元，低保、低保边缘家庭的残疾人学员3000元。

昆山市除了实行教育资助性政策之外，还建立了针对残疾人的九年制特殊教育学校。该校直属昆山市教育局，创办于1973年，是江苏省创办最早的县级特殊教育学校之一，原名苏州地区昆山聋哑学校，1983年更名为苏州市昆山聋哑学校，2003年更名为昆山市爱心学校，同年被省教育厅命名为江苏省特殊教育现代化示范学校。

4. 残疾人就业

昆山市残联每年都要制订年度残疾人职业技能培训实施方案，将全市残疾人职业技能培训工作的任务、项目及对象分解到各区镇，让各区镇都有参训任务、参训项目及对象，对有就业能力和就业愿望的残疾人开展针对性培训，提高残疾人的就业质量和就业层次。2011～2012年，昆山市累计职业技能培训200人次，有岗位操作、中式面点、计算机CAD制图初级、远程教育指导员、插花、创业培训等职业技能培训。其中：市级培训40人次，乡镇培训150人次，苏州培训10人次；2013年在培训基地举办了插花和西点制作培训班，人数为40人左右。

残疾人职业技能培训需要调动多方资源，昆山市的做法是发挥市、镇残联基础服务作用，联系市、区镇两级职业技能培训机构，联合昆山市人力资源与社会保障局、教育局等相关部门，把残疾人职业技能培训纳入相关部门的培训工作内容，合作开展残疾人职业技能培训。对城镇登记失业残疾人、残疾人大中专毕业生和在岗残疾职工开展形式多样的残疾人职业技能培训，主要包括：基本工作技能培训，即以区镇为单位，组织残疾人参加的初、中级技能培训和农村实用技术培训；职业道德培训，即帮助残疾人树立正确的择业观，增强残疾人积极参与社会生活意识的道德教育培训；岗位实地培训，即根据地域经济特色、产业特点和用人单位残疾人使用情况，结合用人单位需求，制订残疾人岗位技能提升计划，分期分批组织残疾人在岗实地培训；非残联系统培训，即对残疾人凡直接参加正规社会培训机构组织的职业技能培训，经培训合格后，取得等级职业技能资格证书的，给予一次性培训补贴。

五　结语

通过调查了解的情况来看，昆山市的基本社会公共服务水平总体而言是走在了全国的前列，这一方面体现了它本身的服务水平和质量，另一方面更在于它的服务范围打破了困扰公共服务的城乡之间的区隔，实现了城乡之间基本社会公共服务的均等化。而这是困扰全国的问题，在《规划》中发改委要求各地要积极探索解决这一问题的途径。昆山的实践也许能为这一全国性难题的解决提供思路和参考。昆山的基本社会服务能够打破城乡区隔、实现城乡一体化当然是和昆山雄厚的经济实力分不开的，但是只有经济实力并不能自然地带来基本社会服务的城乡均等化，城乡基本社会服务均等化的实现也是与昆山人民的努力和智慧分不开的。

虽然昆山的基本社会公共服务在城乡均等化等方面取得了不小的成绩，但是它仍然存在一些问题，与基本公共服务均等化理念还是有一定的距离。基本公共服务的均等化绝对不只是城乡之间待遇的均等化，它还要求常住人口待遇的均等化[1]。这就势必需要容纳相当数量的非户籍常住人口，这对现行的基本社会公共服务体系提出了新的要求。当然在涉及基本社会公共服务领域方面，有些公共服务项目的性质就决定了其

---

[1] 国家发改委于2013年5月印发《苏南现代化建设示范区规划》，其中就要求苏南"建立完善的基本公共服务体系，实现基本公共服务常住人口全覆盖"，参见国家发改委网站，http://www.gov.cn/gzdt/att/att/site1/20130506/001e3741a2cc12f1ab2401.pdf。

难以做到覆盖常住人口,但是这说明目前还存在一些亟待解决的问题和需要继续探索的课题。

　　基本社会公共服务在古代是属于"慰老问孤"的仁政范畴,虽然这在现代社会是将其作为一种公民权利来看待,但是它在古今所能发挥的政治功能是类似的,即照顾共同体中的弱者成员,激发共同体普通成员的团体感,提升共同体的凝聚力。这种凝聚力的提升有赖于成员之间情感纽带的形成,而这是仅靠物质条件而力有不逮的①。在调查中,并没有发现昆山在这方面有足够的认识,也没有发现昆山在这方面做了什么有意义的工作。在很多发达的国家和地区,政府首脑常常要参加一些关爱"老弱病残"的社会活动,以引起广大公民对于这些社会问题的重视。而昆山并没有类似的事件。当然,在逢年过节的时候,政府领导也会走访困难户,但那更可能是媒体宣传和政治活动,而不是社会活动。在这种活动中,领导是中心,而不是那些平常处理这些社会问题的工作人员,不是那些弱势的社会成员。因此,相对而言,它能起到的社会效果就更为有限。

---

① 孔子的弟子问孔子什么是孝道。孔子回答说,孝道不只是要养活,没有恭敬的心意就和养护狗和马没什么区别,见《论语·为政》。

报告五
病有所医，医有所保
——昆山市公共医疗卫生服务[*]

2009年"新医疗体制"改革启动以后，全国各地公共医疗卫生事业的发展进入了新阶段。在此背景下，江苏省昆山市结合本市实际情况，出台了一系列发展公共医疗卫生事业的举措，并取得了一定的成绩。本报告就近几年来昆山市公共医疗卫生服务事业的基本情况作简要介绍。

一 昆山市医疗卫生基本情况概述

（一）卫生医疗机构与人员设置

2009年至2011年，昆山市公共卫生医疗机构的数量、卫生机构所拥有的床位数、卫生技术人员都逐年增加，各卫生机构与提供的诊疗和住院服务的人次也逐年增加。具体情况如下。

截至2009年底，昆山市共有各级各类医疗卫生机构371所。其中市级医疗机构包括市第一人民医院、市中医院、市第二人民医院、市第三人民医院（精神病医院）4所；中心城镇医院、卫生院（社区卫生服务中心）14所；市卫生监督所、市疾病预防控制中心、市健康促进中心、市妇幼保健所、市血站、市急救中心以及各镇预防保健所等市镇两级公共卫生机构

---

[*] 本报告由曲甜执笔。

18 所；覆盖全市城乡的社区卫生服务站 141 所；规模以上民办医院 17 所；其他为各类门诊部、企事业单位卫生室、个体诊所。全市医疗卫生机构卫生技术人员 6702 人，床位 4296 张。全市各级公立医疗机构门急诊总人次 631.93 万人，同比增加 8.7%；社区卫生和预防保健服务人次 237.46 万人，同比增加 40.33%。住院 100.1 万床/日，出院 10.33 万人次，同比分别增加 7.5% 和 7.7%。全市医疗机构药品占比平均为 51.6%。门诊医疗平均费用和人均住院费用增长控制在合理水平，人均住院天数与上年持平。

截至 2010 年底，昆山市共有各级各类医疗卫生机构 393 所。其中市级医疗机构包括市第一人民医院、市中医院、市第二人民医院、市第三人民医院（精神病医院）4 所；中心城镇医院、卫生院（社区卫生服务中心）14 所；市卫生监督所、市疾病预防控制中心、市健康促进中心、市妇幼保健所、市血站、市急救中心以及各镇预防保健所等市镇两级公共卫生机构 17 所；覆盖全市城乡的社区卫生服务站 140 所；规模以上民办医院 16 所；其他为各类门诊部、企事业单位卫生室、个体诊所。昆山市医疗卫生机构卫生技术人员 6905 人，床位 4948 张。昆山市各级公立医疗机构门急诊总人次 664.5 万人，同比增加 8.52%；社区卫生和预防保健服务人次 523.05 万人，同比增加 16.7%。住院 126.13 万床/日，出院 10.17 万人次，同比分别增加 37.52% 和 13.13%。

截至 2011 年底，昆山市共有各级各类医疗卫生机构 421 所。其中公立医院 13 所；市卫生监督所、市疾病预防控制中心、市健康促进中心、市妇幼保健所、市血站、市急救中心以及各镇预防保健所等市镇两级公共卫生机构 18 所；社区卫生服务中心 21 所；社区卫生服务站 141 所；规模以上民办医院 16 家；其他为各类门诊部、企事业单位卫生室、个体诊所。全市卫生技术人员 8587 人，床位 5764 张。年内，全市总诊疗人次为 751.52 万人，比上年增加 87 万人次，增长 13.09%。全市各级各类医院出院 10.71 万人次，比上年增长 5.41%。

如果将 2009 年、2010 年和 2011 年的主要数据进行对比（见表 5-1），则可以发现，2010 年和 2011 年，以下五项主要统计指标均有不同程度的增幅。

表 5-1　2009~2011 年昆山市医疗设施、医疗人员、诊疗服务基本数据

年份	全市医疗卫生机构数（个）	卫生机构床位数（张）	卫生技术人员数（人）	诊疗人次（万人）	出院人次（万人）
2009	371	4296	6702	631.93	10.33
2010	393	4948	6905	664.5	10.17
2011	421	5764	8587	751.52	10.71

数据来源：2010~2012 年《昆山年鉴》。

（二）基本公共卫生服务项目设置

以 2011 年为例，昆山市向辖区居民提供以下九个方面的公共卫生服务。[①]

第一，按照省定标准建立居民健康档案，并实施计算机动态管理，60 岁以上老年居民健康档案建档率达到 95%，其他人群建档率达到 60%。

第二，向城乡居民提供健康教育和健康咨询服务，城乡居民健康素养知识知晓率达到 70%，健康行为形成率达到 65%。

第三，实施扩大国家免疫规划，为适龄儿童免费接种国家免疫规划疫苗，全程合格接种率达到 95% 以上。

第四，传染病防治取得明显进展，95% 以上非住院结核病人、艾滋病人、疟疾病人得到规范的随访和治疗管理。

第五，为 3 岁以下儿童建立儿童保健手册，开展规范的儿童保健服务。儿童系统管理率达到 95%，高危婴幼儿专案管理率达到 100%，科学育儿指导服务率达到 80%。

第六，为孕产妇建立保健手册，开展规范的孕产期保健服务，早孕建卡率达到 95%，高危孕产妇管理率达到 100%。

第七，开展老年人保健管理，每两年一周期为 60 岁以上老年人进

[①] 昆山市卫生局：《昆山市 2011 年基本公共卫生服务项目工作方案》（昆卫〔2011〕3 号），2011 年 3 月 15 日。

行健康检查，体检率达到90%。

第八，加强对高血压、糖尿病、脑卒中、冠心病和恶性肿瘤等慢性病的防治工作，高血压和糖尿病等主要慢性病规范管理率达到90%。

第九，对重性精神疾病患者进行登记管理、治疗随访和康复指导，登记率达到70%，规范管理率达到90%。

2012年，昆山市不仅在2011年的基础上提高了服务的标准，还增设了公共卫生事件防控、卫生监督、卫生医务人员培训和居民满意度等服务项目，具体内容如下。①

（1）按照省定标准建立居民健康档案，并实施计算机动态管理，15岁以下儿童和60岁以上居民95%拥有电子健康档案，其他人群建档率达到80%以上。

（2）向城乡居民提供健康教育和健康咨询服务，城乡居民健康素养知识知晓率达到80%以上，健康行为形成率达到70%以上。

（3）实施扩大国家免疫规划，为适龄儿童免费接种国家免疫规划疫苗，全程合格接种率达到95%以上，疑似预防接种异常反应规范处置率100%。

（4）为0~6岁儿童建立保健手册，开展规范的儿童保健服务。新生儿访视率达到95%以上，儿童健康管理率达到98%以上，系统管理率达到95%以上，高危婴幼儿专案管理率达到100%。

（5）为孕产妇建立保健手册，开展规范的孕产期保健服务，早孕建册率达到95%以上，孕妇健康管理率达到95%以上，高危孕产妇管理率达到100%，产后访视率达到95%以上。

（6）开展老年人保健管理，为65岁以上老年人进行健康检查，体检率达到90%。

（7）加强对高血压、糖尿病、脑卒中、冠心病和恶性肿瘤等慢性病的防治工作，高血压和糖尿病等主要慢性病患者规范管理率达到90%以上。

---

① 昆山市卫生局：《昆山市2012年基本公共卫生服务项目工作方案》（昆卫〔2012〕5号），2012年2月29日。

（8）对重性精神疾病患者进行登记管理、随访评估和分类干预，登记率达到80%，规范管理率达到90%。

（9）强化对传染病疫情和突发公共卫生事件的风险管理、信息报告和规范处置，传染病和突发公共卫生事件报告率、及时率和规范处置率达100%，非住院结核病人、艾滋病病人、疟疾病人治疗管理率达到95%以上。

（10）协助卫生监督机构加大对食品安全、饮用水安全、学校卫生安全以及非法行医和非法采供血的实地巡查力度，卫生监督协管信息报告率达100%。

（11）基层医务人员基本公共卫生服务规范培训率达到100%，居民对基本公共卫生服务项目的知晓率和满意度达到95%以上。

2013年1月，昆山市卫生局对2012年上述11个公共卫生服务项目的实施情况进行了统计，相关主要数据见表5-2。

表5-2 2012年昆山市基本公共卫生服务项目完成情况

人口基本情况	（1）常住人口（人）	城镇	845495	
		乡村	813205	
	（2）活产数（人）	19156		
	（3）孕产妇数（人）	19028		
	（4）0~6岁儿童数（人）	72892		
	（5）65岁以上老人数（人）	94521		
	（6）高血压患者总人数（人）	116498		
	（7）2型糖尿病患者总人数（人）	22417		
	（8）重性精神疾病患者总人数（人）	2972		
资金落实及使用情况	1. 补助经费构成人均补助标准（元/人·年）	合计	40	
		中央	5	
		省级	—	
		县级	城镇	35
			乡村	35
	2. 经费到位情况（万元）	合计	6455	
		中央	649	
		省级	—	
		县级	城镇	2957
			乡村	2849

报告五
病有所医，医有所保

续表

资金落实及使用情况	3.经费分配情况(万元)	社区卫生服务机构	5585	
		乡镇卫生院	870	
		村卫生室	—	
		专业公共卫生机构	—	
		其他医疗卫生机构	—	
建立居民健康档案	累计建档数(份)	城镇	总数	685817
			合格	685817
		乡村	总数	659672
			合格	659672
	重点人群建档数(份)	65岁以上老年人	94521	
		高血压患者	116498	
		2型糖尿病患者	22417	
		重性精神疾病患者	2972	
	本年度新建健康档案数(份)	219462		
健康教育	提供健康教育资料	发放印刷资料数	种类(种)	211
			数量(份)	2954043
	播放音像资料数(次)	69220		
	设置健康教育宣传栏	设置宣传栏数(个)	498	
		宣传栏内容更新数(个)	7094	
	开展公众健康咨询服务(次)	931		
	举办健康知识讲座数(个)	2371		
预防接种	预防接种管理	应建立预防接种证数(人)	110085	
		已建立预防接种证数(人)	110085	
	疑似预防接种异常反应处理(例)	407		
	一类疫苗预防接种	乙肝疫苗(人)	应种	67219
			实种	67138
		卡介苗(人)	应种	18174
			实种	18151
		脊灰疫苗(人)	应种	98838
			实种	98712
		百白破疫苗(人)	应种	106407
			实种	106274
		白破疫苗(人)	应种	12440
			实种	12423
		麻疹疫苗(人)	应种	29943
			实种	29898

续表

预防接种	一类疫苗预防接种	甲肝疫苗(人)	应种	34074
			实种	33979
		乙脑疫苗(人)	应种	51330
			实种	51273
		A群流脑疫苗(人)	应种	59787
			实种	59715
		A+C群流脑疫苗(人)	应种	32669
			实种	32628
		麻腮风疫苗(人)	应种	24771
			实种	24744
儿童保健	新生儿访视数(人)		19163	
	婴幼儿健康管理数(人)		59122	
	4~6岁儿童健康管理数(人)		39428	
	0~6岁儿童保健覆盖数(人)		87230	
孕产妇保健	早孕建册数(册)		19143	
	产前检查5次及以上孕妇数(人)		19119	
	产后访视产妇数(人)		19124	
	产后42天健康检查产妇数(人)		19082	
老年人保健	接受健康管理的老年人数(人)	城镇	33206	
		乡村	60463	
	填写完整的健康体检表格数(份)	城镇	33206	
		乡村	60463	
高血压患者健康管理	新发现高血压患者数(人)		37690	
	年内累计管理高血压患者数(人)		116498	
	规范管理高血压患者数(人)		116498	
	最近一次随访血压达标患者数(人)		93214	
重性精神疾病患者管理	新发现重性精神疾病患者数(人)		7	
	年内累计管理重性精神疾病患者数(人)		2972	
	规范管理重性精神疾病患者数(人)		2747	
	最近一次随访时分类为病情稳定的患者数(人)		2459	

续表

传染病及突发公共卫生事件报告和处理	参与传染病疫情和突发公共卫生事件风险管理的单位数(个)	社区卫生服务中心(乡镇卫生院)	26
		社区卫生服务站(村卫生室)	141
	登记传染病人数(人)	3399	
	报告传染病人数(人)	3399	
	报告及时的传染病病人数(人)	3399	
	应报告突发公共卫生事件相关信息数(次)	—	
	及时报告突发公共卫生事件相关信息数(次)	—	
卫生监督协管	发现的卫生监督协管事件或线索数(次)	1061	
	报告的卫生监督协管事件或线索数(次)	1060	
	协助开展饮用水卫生安全学校卫生非法行医和非法采供血实地巡查数(次)	2071	
	居民知晓率调查	调查居民数(人)	1200
		知晓政策的居民数(人)	1176
	群众满意度调查	调查居民数(人)	1200
		满意和基本满意人数(人)	1182

二 医疗卫生服务体系建设

2010年昆山市加快了卫生服务体系建设的步伐。中共昆山市委明确提出"要将医疗卫生服务体系建设放到更加重要的位置",并在发展重点上加速均等化进程。全面推进社区卫生服务体系建设三年规划,预计建成社区卫生服务中心25家,社区卫生服务站141家,形成覆盖城乡、惠民便民的城乡社区卫生服务新体系。

2011年医疗卫生服务体系创建工作全面启动,为此昆山市卫生局制订了详细的项目进度表。如表5-3和表5-4所示,截至2011年底,

17项重点工程和10项改扩建项目大部分均已完工，并有少部分工作预计于2012年上半年完工。

表5-3 昆山市医疗卫生服务体系创建重点工程进展（2011年11月）

序号	项目名称	预计完成时间	截至11月进展情况	完成占比(%)
1	新增床位800张	2011年12月	已完成807张	101
2	市第一人民医院创建三级医院	2011年12月	9月24~25日已接受省卫生厅确定等级评审	100
3	市中医院创建三级中医院	2011年12月	8月9~10日已顺利通过三级医院评审	100
4	千灯镇沿沪社区卫生服务中心	2011年12月	内饰装潢已结束,正在进行启用前期准备工作	95
5	陆家镇夏桥社区卫生服务中心	2012年4月	已完成桩基工程	20
6	开发区长江社区卫生服务中心	2011年12月	进行内饰装潢	60
7	玉山镇新城域社区卫生服务站	2011年9月	已正式启用	100
8	淀山湖镇香馨佳苑社区卫生服务站	2011年10月	已通过验收	100
9	周市镇黄浦社区卫生服务站	2011年11月	已通过验收	100
10	周市镇永平社区卫生服务站	2011年11月	已通过验收	100
11	医疗卫生服务信息平台	2011年12月	继续完善医疗卫生服务信息平台建设,重点推进EHR的建设	
12	引进50名以上高级医疗卫生技术人才	2011年12月	目前已到岗78人	156
13	选送100名以上技术骨干外出研修	2011年12月	已选送122名中青年技术骨干赴国内知名院校研修	122
14	培养100名全科医生	2011年12月	公开招聘引进68名社区卫生服务人才,目前已到岗56人。选派81人接受全科医师规范化培训及培养	137
15	设立食品安全监测点50个	2011年12月	已明确54个食品安全监测点	108
16	重点品种监测评价3000批次	2011年12月	全市共抽样3126批次,检测完成2945批次	104.2
17	完善监测结果定期发布制度	2011年12月	刊发《昆山食品安全工作信息》9期	

资料来源：昆山市卫生局重点工程办公室编印《医疗卫生服务体系建设简报》第10期，2011年12月5日。

报告五
病有所医，医有所保

表5-4 昆山市医疗卫生服务体系创建改扩建工程进展（2011年11月）

序号	项目名称	预计完成时间	截至11月进展情况	完成占比(%)
1	蓬朗社区卫生服务中心	2012年3月	正在进行内外装修	88
2	千灯镇人民医院门诊楼	2012年3月	正在进行内外装修	75
3	市老年病医院	2012年12月	一区二层封顶，内墙施工，二、三区一层施工中	50
4	市中医院中医药病房楼	2014年	实施桩基工程	
5	花桥泰和绿地医院		门诊楼进入内部装修阶段	
6	市第四人民医院门诊楼	2012年11月	11月10日开工建设	
7	康复医院二期工程		成立了建设领导小组，组织设计招标等工作	
8	市第六人民医院新建工程		正在进行环评	
9	公共卫生中心		正在进行方案设计	
10	城西医疗服务中心		正在进行方案论证及动迁工作	

资料来源：昆山市卫生局重点工程办公室编印《医疗卫生服务体系建设简报》第10期，2011年12月5日。

在医疗服务体系建设中，特别值得一提的是社区卫生服务体系的建设。近年来，基层（社区）卫生服务体系建设在国家和地方的医疗卫生体制改革中都被放到了更加重要的位置上。

（一）出台文件

2008年5月16日，昆山市政府出台《关于进一步完善社区卫生服务体系的实施意见》，提出用3年时间，初步完成全市社区卫生服务机构的标准化建设，基本实现社区卫生服务全覆盖，并从机构建设、队伍建设、制度建设等几个方面提出了发展社区卫生服务体系的指标，并制定了2008~2010年建设社区卫生服务体系的进度表（见表5-4）。

如表5-5所示，根据社区卫生服务体系建设的规划：（1）在机构建设方面，机构覆盖率于2007年达到100%，除此之外，社区卫生服务站的数量将有所减少，其他指标均有明显的增幅计划，其中省（市）示范中心的比例和市示范社区站的比例更是计划增幅加1倍以上。（2）在队伍建设方面,乡村医生占比将会明显减少,而城乡全科医生的培训将会成为未来发展的重点。(3)在功能建设方面,除已经接近饱和的指标外,其他指标均有较大的提升计划,慢性病人规范化管理率、社区残疾人康复管理、社区精神病人管理三项指标预计提升到原有水平的5倍。(4)在制度建设方面,社区首诊和双向转诊均计划有大幅度提高。(5)在政策建设方面,社区卫生服务经费预计将提高近1倍。

表5-5 昆山市2008~2010年社区卫生服务发展综合指标

项目	指标	单位	2007年实现值	2008年目标值	2009年目标值	2010年目标值
机构建设	1. 机构覆盖率	%	100	100	100	100
	2. 社区卫生服务中心数量	家	16	23	25	29
	3. 社区卫生服务站	家	145	136	122	122
	4. 省(市)示范中心比例	%	30	40	60	80
	5. 市示范社区站比例	%	15	30	35	40
队伍建设	1. 国家法定资质人员占比	%	50	60	70	80
	2. 乡村医生占比	%	50	40	30	20
	3. 全科医生、护士规范化培训率	%	20	40	60	80
	4. 乡村医生全科规范化培训率	%	40	60	70	80
功能建设	1. 社区门诊服务占比	%	34	40	50	60
	2. 60岁以上老年人健康档案建档率	%	50	60	70	80
	3. 慢性病人规范化管理率	%	10	25	35	50
	4. 儿童计划免疫接种率	%	95	96	97	98
	5. 孕产妇保健管理率	%	99	99	99	99
	6. 儿童保健管理率	%	98	98	98	98
	7. 居民健康知识知晓率	%	85	86	88	90
	8. 居民健康行为形成率	%	80	80	80	80
	9. 社区残疾人康复管理率	%	10	25	35	50
	10. 社区精神病人管理率	%	10	25	35	50
	11. 辖区内育龄妇女避孕节育知识知晓率	%	80	85	90	95
制度建设	1. 社区首诊率	%	20	30	40	60
	2. 双向转诊率	%	10	20	40	60
政策建设	社区卫生服务经费	元/人	18	23	27	30

报告五
病有所医，医有所保

根据笔者最新掌握的资料①，在机构建设和诊疗服务方面，至2012年底，昆山市全市共有社区卫生服务机构162家，包括社区卫生服务中心21家（未达到2010年的规划目标），社区卫生服务站141家（超过2010年的规划目标）。其中苏州市级以上示范社区中心达57%（未达到2010年的规划目标），昆山市级以上示范社区站达64%（超过2010年的规划目标）。此外，至2012年底，全市共有社区卫生服务人员1268名，其中卫生技术人员851名，占67%；乡村医生227人，占18%；管理工勤人员190名，占15%。2010年全市社区卫生服务机构完成门诊急诊414.23万人次，占全市总量的46%；完成预防保健服务84.87万人次，占全市总量的90%以上。人均门急诊费用51.91元，同比下降5.36%，是辖区三级医院的27%，二级医院的36%。

在队伍建设方面，昆山市已建立了"五个一批"的社区卫生人才培养机制。具体说来，即第一，在职培训一批。一方面，依托市医学会、各教学医疗机构和市健康促进中心培训部等平台，全面组织在职社区医生参加全科医学规范化培训，截至2013年5月，社区医生岗位培训率达到85%以上。另一方面，积极组织在岗乡村医生参加江苏省乡村医生中专学历补偿教育，经过3年的学习和考核，目前已有187名乡村医生完成了中专学历补偿教育，其中108名乡村医生取得了国家乡镇执业助理医师资格。第二，公开招聘一批。面向全国公开招聘实用型卫生技术人才和医学院校应届毕业生，录用人员定向到社区卫生服务机构工作，"十一五"以来，全市已先后引进各类社区卫生技术人员426名。第三，脱产培训一批。定向招聘一批具有本科学历的社区卫生技术人员，在经过市级全科医生培训基地学习3年后下派到基层社区工作，截至目前，全市已完成全科医生规范化培训62名。第四，定向资助一批。2008年起，昆山市每年对新录取全科医学本科专业的昆山籍应届高中毕业生实行定向签约资助，开展定向培养，毕业后安排到昆山市各级社区卫生服务机构工作。截至2013年5月，已与188名录取为全科

---

① 根据笔者2013年5月18日昆山市调研资料整理。

医生的本科生签约，每人每学年资助学费1万元。第五，城市下派一批。全面推行城市医生晋升中高级职称前下基层社区服务工作的制度，对基层社区卫生服务机构开展技术帮扶和指导。"十一五"以来，全市累计下派医生500多名。与此同时，启动实施了"医学专家坐诊社区、创先争优关爱健康"活动，组织各级医疗机构对基层社区机构实行定点对口支援。

（二）经费保障

2009年3月，昆山市财政局、卫生局根据市政府《关于进一步完善社区卫生服务体系的实施意见》的精神，出台了基层（社区）公共卫生服务专项资金（以下简称专项资金）的使用管理办法。专项资金是指市、区镇财政为推动基层（社区）公共卫生服务工作而设立的专项资金。主要用于社区公共卫生服务项目、公立医疗机构下派人员、昆山籍医学院校全科医学专业在读签约学生定向补助及应届毕业生社区定向培养补贴等。2009~2010年专项资金标准按户籍人口数人均28元和30元安排，其中市、区镇财政各负担50%，可根据经济社会发展情况逐步增加。专项资金补贴范围包括传染病管理、慢性病管理、妇女卫生保健、儿童卫生保健、健康教育管理、社区队伍建设等，市级专项资金具体补贴项目及标准详见表5-6，镇级专项资金具体补贴项目及标准详见表5-7。

表5-6 昆山市基层（社区）公共卫生服务专项
资金市级补贴项目和补贴标准[*]

类别	补助项目	项目内容	项目性质	补助标准
一、传染病管理	1. 血吸虫病防治	（1）晚血病人医疗救助	补助	500元/例
	2. 艾滋病防治	（2）艾滋病高危人群干预	补助	200元/家次
	3. 霍乱防治	（3）腹泻病人采样检索	补助	50元/例
		（4）处置霍乱疫情	补助	5000元/起
	4. 麻疹防治	（5）麻疹病人流调及采血	补助	50元/例
		（6）麻疹病例周边人群应急接种	补助	5元/人

续表

类别	补助项目	项目内容	项目性质	补助标准
一、传染病管理	5. 寄生虫病防治	(7) 发热病人血检	补助	8元/人
		(8) 处理疟疾疫情	补助	200元/起
		(9) 疫点周围人群IFA监测	补助	2000元/起
		(10) 小学生IFA监测	补助	2000元/起
		(11) 开展肠道蠕虫病监测	补助	10元/人
		(12) 晚期丝虫病人调查	补助	150元/人
	6. 地方病防治	(13) 碘缺乏病调查	补助	20元/人
		(14) 居民食盐情况调查	补助	30元/份
		(15) 不合格食盐追查	补助	500元/起
	7. 疾病监测	(16) 传染病疫情监测	补助	10元/人
		(17) 学生因病缺课监测	补助	500元/所
		(18) 学生健康监测	补助	1000元/所
	8. 疫点处理	(19) 传染病个案调查与处理	补助	50元/例
		(20) 群体性疫情流行病学调查及处理	补助	200元/起
二、慢性病管理	9. 慢性病报告	(21) 慢性病报告病例	补助	5元/人
	10. 高血压病管理	(22) 高血压病人管理	补助	20元/人
		(23) 高血压卫生部项目	补助	20元/人
	11. 糖尿病人管理	(24) 糖尿病人管理	补助	25元/人
		(25) 血糖筛查	补助	5元/人
	12. 肿瘤病人管理	(26) 肿瘤病人建档及随访	补助	10元/人
		(27) 肿瘤病例流调	补助	10元/人
	13. 冠心病人管理	(28) 冠心病人建档及随访	补助	10元/人
	14. 脑卒中管理	(29) 脑卒中病人建档及随访	补助	10元/人
	15. 残疾人管理	(30) 残疾人建卡、随访、训练指导	补助	50元/人
	16. 60岁以上老年人管理	(31) 60岁以上老年人体检	补助	25元/人
		(32) 60岁以上老年人建档及随访	补助	2元/人
	17. 慢性病监测	(33) 行为危险因素监测	补助	10元/人
		(34) 居民慢性病漏报调查	补助	10元/人
		(35) 健康评估	补助	10元/人
		(36) 量化管理	补助	200元/人
	18. 生命统计	(37) 死亡证明开具及报告	补助	10元/人
		(38) 死亡病例流调	补助	2700元/单位

续表

类别	补助项目	项目内容	项目性质	补助标准
三、妇女卫生保健	19. 孕产妇系统管理	(39) 孕前保健宣教	奖励	2元/人
		(40) 早孕保健宣教指导	奖励	5元/人
		(41) 提供5次产前检查	补助	3元/次
		(42) 开展3次产后访视	补助	10元/次
		(43) 出生证开具及报告	补助	10元/人
	20. 妇女病普查	(44) 宫颈刮片	补助	10元/人
	21. 流动人口及困难人群孕产妇管理	(45) 限价检查	补助	250元/人
		(46) 限价分娩	补助	500元/人
四、儿童卫生保健	22. 0~3岁儿童系统管理	(47) 儿童体格检查和评价	免费	5元/次
		(48) 高危儿筛查和神经行为测定	免费	10元/次
		(49) 贫血监测	免费	18元/次
五、健康教育管理	23. 社区健康教育	(50) 更新宣传栏	免费	50元/次
		(51) 发放声像资料	免费	50元/单位
		(52) 发放健教处方	免费	1.0元/本
		(53) 发放健康知识宣传折页	免费	0.5元/份
	24. 健康素养评估	(54) 健康素养评估测试	补助	20元/人
	25. 学校健康教育	(55) 学校健康教育指导及培训	补助	100元/次
	26. 健康教育宣传讲座	(56) 开展健康教育讲座	补助	200元/次
		(57) 重要卫生日大型活动	补助	500元/次
	27. 开展心理咨询	(58) 心理咨询服务	补助	100元/人次
六、社区队伍建设	28. 人员下派	(59) 公立医疗机构下派	补助	1.5万/人
	29. 社区定向培养	(60) 社区卫生服务人员定向培养	补助	3万/人
	30. 补偿教育	(61) 乡村医生中专学历教育	补助	1500元/人
	31. 规范化培训	(62) 社区人员规范化培训	补助	1000元/人
	32. 全科医学定向培养	(63) 昆山籍全科医学定向培养	补助	1万/人

*昆山市财政局、昆山市卫生局:《昆山市基层(社区)公共卫生服务专项资金使用管理办法(试行)》(昆财字〔2009〕61号)、(昆卫〔2009〕14号),2009年3月6日。

报告五
病有所医，医有所保

表 5-7 昆山市基层（社区）公共卫生服务专项资金区（镇）级补贴项目和补贴标准*

类别	补助项目	项目内容	项目性质	补助标准
一、传染病管理	1. 艾滋病防治	（1）艾滋病高危人群干预	补助	300元/家次
	2. 结核病防治	（2）结核病人发现	补助	300元/例
		（3）结核病人规范管理	补助	200元/例
		（4）社区疑似病人推荐	补助	20元/例
	3. 计免相关病防治费用	（5）麻疹病人流调及采血	补助	50元/例
		（6）麻疹病例周边人群应急接种	补助	5元/人
		（7）入托、入学查验证	补助	1000元/所
	4. 寄生虫病防治	（8）发热病人血检	补助	8元/人
		（9）处理疟疾疫情	补助	200元/起
		（10）疫点周围人群IFA监测	补助	2000元/起
		（11）小学生IFA监测	补助	2000元/起
		（12）开展肠道蠕虫病监测	补助	10元/人
		（13）晚期丝虫病人调查	补助	150元/人
	5. 地方病防治	（14）碘缺乏病调查	补助	20元/人
		（15）居民食盐情况调查	补助	30元/份
		（16）不合格食盐追查	补助	500元/起
	6. 疾病监测	（17）传染病疫情监测	补助	10元/人
		（18）辖区内社区机构传染病漏报检查	补助	200元/月次
		（19）学生健康监测	补助	1000元/所
		（20）学生因病缺课监测	补助	500元/所
	7. 疫点处理	（21）传染病疫点流调处置	补助	50元/疫点
		（22）群体性疫情调查处理	补助	200元/起
二、慢性病管理	8. 慢性病报告	（23）慢性病报告病例	补助	5元/人
	9. 高血压病人管理	（24）高血压病人管理	补助	30元/人
		（25）高血压卫生部项目	补助	30元/人
	10. 糖尿病人管理	（26）糖尿病人管理	补助	40元/人
		（27）血糖筛查	补助	10元/人
	11. 肿瘤病人管理	（28）肿瘤病人建档及随访	补助	20元/人
		（29）肿瘤病例流调	补助	10元/人
	12. 冠心病人管理	（30）冠心病人建档及随访	补助	10元/人
	13. 脑卒中管理	（31）脑卒中病人建档及随访	补助	10元/人
	14. 残疾人管理	（32）残疾人建卡、随访	补助	30元/人
		（33）残疾人康复训练指导	补助	20元/人次
	15. 精神病人管理	（34）精神病人建档管理	补助	50元/人
	16. 慢性病监测	（35）行为危险因素监测	补助	10元/人
		（36）居民慢性病漏报调查	补助	10元/人
		（37）健康评估	补助	10元/人
		（38）量化管理	补助	200元/人
	17. 生命统计	（39）死亡证明开具及报告	补助	10元/人
		（40）死亡病例流调	补助	2700元/单位

179

续表

类别	补助项目	项目内容	项目性质	补助标准
三、妇女卫生保健	18. 孕产妇系统管理	(41)早孕保健宣教指导	奖励	5元/人
		(42)提供5次产前检查	补助	3元/次
		(43)开展3次产后访视	补助	10元/次
		(44)产妇产后42天健康检查	补助	10元/人
	19. 妇女病普查	(45)妇女病普查组织管理	奖励	5元/人
		(46)宫颈刮片	奖励	10元/人
		(47)特困人群妇女普查	免费	30元/人
四、儿童卫生保健	20. 散居儿童健康管理	(48)开展散居儿童健康管理	奖励	5元/次
		(49)儿童听力筛查监测	奖励	10元/人
		(50)儿童视力筛查	免费	20元/人
		(51)儿童运动系统筛查监测	奖励	10元/人
		(52)高危儿筛查	补助	5元/次
	21. 集体儿童健康管理	(53)传染病监测、营养管理	奖励	5元/人
		(54)儿童多动症筛查	奖励	10元/人
	22. 死亡调查	(55)辖区内孕产妇、5岁以下儿童死亡调查	补助	100元/人
	23. 出生缺陷调查	(56)辖区内儿童出生缺陷情况调查	补助	100元/人
五、健康教育管理	24. 宣传资料更新和发放	(57)更新宣传栏	补助	50元/次
		(58)健康宣传材料进家庭	补助	2元/户
		(59)健康宣传材料进企业	补助	100元/家
		(60)发放健康知识宣传折页	补助	0.5元/份
	25. 健康教育活动	(61)社区义诊宣传活动	补助	100元/次
		(62)学校健康教育指导及培训	补助	100元/次
	26. 健康讲座及声像宣传	(63)播放声像宣传资料	补助	50元/次
		(64)开展社区健康教育讲座	补助	200元/次
六、健康信息管理	27. 巡出诊服务	(65)开展巡诊服务	补助	10元/次
		(66)开展出诊服务	补助	2元/人次
	28. 健康人群管理	(67)签订健康服务合约	补助	5元/份
		(68)建立健康档案	补助	5元/份
		(69)35~60岁人群动态管理	补助	5元/人
		(70)60岁以上老年人体检	补助	25元/人
		(71)60岁以上老年人随访管理	补助	10元/人

* 昆山市财政局、昆山市卫生局:《昆山市基层(社区)公共卫生服务专项资金使用管理办法(试行)》(昆财字〔2009〕61号)、(昆卫〔2009〕14号),2009年3月6日。

报告五
病有所医，医有所保

专项资金拨付标准：补贴经费＝项目补助标准×项目工作数量×项目评估分值；社区卫生队伍建设项目补贴经费按实际完成数核拨。其中，项目评估分市、区镇两级。市卫生局建立由市疾控中心、市妇保所、市健康促进中心等市级公共卫生机构专家组成的评估小组，进行市级考核评估。各区镇预防保健所建立区镇考核评估小组，每季对辖区内各社区卫生服务中心（站）基本公共卫生服务项目进行区镇级考核评估，并将考评结果按时上报市卫生局。

根据笔者最新掌握的资料①，在经费保障方面，2008～2012年，昆山市社区卫生服务体系的经费政策已经取得了五个方面的进展。一是建立了基本建设和基本设备专项资金。从2008年，市、区镇两级财政部门（各50%）每年根据新改扩建社区卫生服务机构计划，将社区基本建设和基本设备购置资金列入财政预算，用于全市社区卫生服务机构的标准化改造和设备添置，2008～2012年，市镇两级财政累计投入基本建设和设备添置经费1.6亿元。二是落实社区卫生服务机构人员补助经费。从2008年起，对全市社区卫生服务机构实行了按实际人员数每人每年1.5万元的财政补助政策，由各社区镇财政预算安排，并明确随着经济社会发展将逐步提高补助标准。2008～2012年，累计补助人员经费11202万元。三是落实基本药物政府补贴政策。社区卫生服务机构全部配备使用基本药物，并实施零差率销售，市镇两级财政建立了基本药物补贴资金，按照医保机构运行的原则予以足额补助。四是落实基本公共卫生服务专项资金。从2006年起，昆山市建立了基本公共卫生服务专项资金，主要用于社区卫生服务机构开展的基本公共卫生服务项目补助，到2012年，基本公共卫生服务项目经费以常住人口为基数达到40元/人（超过了2010年的规划目标30元/人）。截至目前，财政累计投入基本公共卫生服务项目经费已超过2.5亿元。五是落实社区卫生服务人才培养经费。建立市级财政社区卫生服务人才培养专项资金，全额支付签

---

① 根据笔者2013年5月18日昆山市调研资料整理。

约定向培养的全科医学本科生补助经费，累计已发放资助金349.5万元，统筹安排应届毕业生全科医学规范化培训期间的基本工资和各类经常性社区卫生服务的培训与管理经费，保障了社区卫生服务队伍的不断发展。

昆山市社区卫生服务体系建设把握住三个角色定位，即基本公共卫生服务的实施者、基本医疗服务的守门人和推进居民健康的管理者，在引导居民"小病在社区，大病到医院"、缓解居民"看病难、看病贵"问题，以及在居民健康管理水平的全面提升等方面发挥了日益重要的作用。据了解，未来昆山市将从建设水平、管理效能和机制建设三个方面继续推进社区卫生服务体系的建设，在以政府为主导建立的基本医疗卫生制度中发挥更加关键的作用。

三 基本药物制度

早在2008年，昆山市政府已发布了《昆山市社区居民常用药品政府补贴暂行办法的通知》[1]，在全市社区卫生服务机构（不含增挂卫生院牌子的社区卫生服务中心）范围内，向参加昆山市城镇职工基本医疗保险和居民基本医疗保险的参保人员提供居民常用药品政府补贴。补贴药品目录由市卫生局会同市劳动和社会保障局组织医疗和药学专家、社区全科医生代表及社区卫生服务管理者等共同制定，并规定补贴药品应符合以下三个条件：（1）已列入昆山市城镇职工基本医疗保险和居民基本医疗保险可报销药品目录；（2）为治疗常见病、多发病和慢性病的基本药物；（3）使用方便、价格低廉、安全有效。2009年，卫生部等九部委联合颁布《关于建立国家基本药物制度的实施意见》，随后江苏省、苏州市又先后出台相关文件规范基本药物制度的管理。在此背景下，自2010年昆山市的基本药物制度改革进入了新的阶段。

---

[1] 昆山市政府：《昆山市社区居民常用药品政府补贴暂行办法的通知》（昆政办发〔2008〕72号），2008年6月30日。

（一）出台文件

2010年12月23日，昆山市政府出台《昆山市实施国家基本药物制度工作方案（试行）》[①]，提出在全市城乡社区卫生服务机构以及按上级规定比例确定的二级医院和纳入二级医院建设管理的医疗机构的范围内，全面启动国家基本药物制度。基本药物以省统一招标为基础，实行统一采购单位、统一药品目录、统一采购平台、统一配送企业、统一购销合同、统一结算费用。落实财政补偿和医保支持政策，基本药物全部实行零差率销售。同时，成立了以中共昆山市委、市政府各相关负责人组成的工作领导小组（见表5-8）和由市卫生局负责人及医学专家组成的专家委员会（见表5-9），为基本药物制度的实行提供了有力的组织保障。

表5-8 昆山市实施国家基本药物制度工作领导小组

主　　任：市政府副秘书长
副主任：市卫生局局长、市食品药品监管局局长
成　　员：
　　　　市委宣传部副部长
　　　　市编制委员会办公室副主任
　　　　市纪委常委、市监察局副局长
　　　　市发改委副主任
　　　　市人力资源和社会保障局副局长
　　　　市财政局副局长
　　　　市物价局副局长
　　　　市卫生局副局长
　　　　市审计局副局长
　　　　市信访局副局长
　　　　市食品药品监管局副局长
　　　　领导小组下设办公室

[①] 昆山市政府：《昆山市实施国家基本药物制度工作方案（试行）的通知》（昆政发〔2010〕69号）。

表5-9　昆山市实施国家基本药物制度专家委员会

组　　长:市卫生局副局长
副组长:市卫生局卫监疾控科科长
　　　　市卫生局医政科科长
　　　　市政府采购中心卫生分中心主任
组　　员:市卫生局卫监疾控科副科长
　　　　市政府采购中心卫生分中心副主任
　　　　市政府采购中心卫生分中心业务一科科长
　　　　市第一人民医院副院长
　　　　市第一人民医院药剂科主任
　　　　市第一人民医院内科主任
　　　　市第一人民医院烧伤科主任
　　　　市中医院副院长
　　　　市中医院药剂科主任
　　　　市中医院内科主任
　　　　市中医院外科主任
　　　　市第二人民医院药剂科主任
　　　　市第三人民医院药剂科主任
　　　　市第四人民医院副院长
　　　　市第六人民医院副院长
　　　　千灯镇石浦社区卫生服务中心副主任
　　　　巴城镇石牌社区卫生服务中心副主任
　　　　巴城镇正仪社区卫生服务中心药剂科主任
　　　　开发区预防保健所药剂科主任
　　　　周市人民医院药剂科主任
　　　　锦溪人民医院药剂科主任

具体说来，基本药物制度包括以下几方面的内容。

第一，统一制定基本药物目录。根据江苏省和苏州市的有关规定，结合昆山市实际，在国家基本药物目录和江苏省增补目录确定的基本药物目录范围内，遴选确定昆山市基本药物目录。

第二，规范基本药物采购。以昆山市为统一采购单位，选择1~2家江苏省中标候选配送企业，签订购销合同，承担全市基本药物的配送工作（国家实行特殊管理的麻醉药品、精神药品、免疫规划用疫苗、免费治疗的传染病用药、计划生育药品以及中药饮片按有关规定执行）。

第三，严格执行基本药物价格政策。所有实施基本药物制度的单位必须严格执行省基本药物价格政策，实行零差率销售。

第四，建立基本药物使用财政补偿机制。根据《江苏省基层医疗卫生机构基本药物制度补助办法（试行）》（苏规财〔2009〕12号）的精神，统筹考虑基层医疗卫生机构收支情况，科学合理核定经常性收支差额，同步落实财政补偿政策，建立稳定的补偿渠道和补偿方式，实行绩效考核，逐步推进收支两条线管理，保证医疗卫生机构的平稳运行和发展。

第五，完善基本药物医保支持政策。进一步完善城镇职工医疗保险和居民基本医疗保险政策，基本药物全部纳入基本医疗保障药品报销目录，报销比例明显高于非基本药物，鼓励和引导居民首选使用基本药物。

第六，加强基本药物的管理和使用。建立健全基本药物质量管理体系，加强医务人员合理用药的教育和培训，按照基本药物临床用药指南和处方集的规定，规范使用基本药物，提高合理用药水平。

（二）经费保障

《基本药物制度工作方案》出台半年之后，昆山市财政局、卫生局出台《昆山市实行基本药物制度财政补助办法（试行）》[①]，统筹考虑基层医疗卫生机构收支情况，并核定经常性收支差额。具体内容包括以下几个方面。

第一，关于任务与收支核定。

1. 核定任务

（1）核定机构和人员。按照省编制办公室、财政厅、卫生厅《江苏省基层医疗卫生机构设置和编制配备标准实施意见》（苏编办发〔2009〕7号）的规定，结合昆山市实际情况，核定实行基本药物制度

[①] 昆山市财政局、昆山市卫生局：《昆山市实行基本药物制度财政补助办法（试行）》（昆财字〔2011〕152号），2011年5月23日。

的医疗卫生机构人员总量，以核定的人员作为岗位设置的依据，其中编外人员实行人员聘用和合同制管理。

（2）核定服务功能和任务。实行基本药物制度的医疗卫生机构主要提供符合规定的基本医疗服务和公共卫生服务。基本医疗服务根据机构服务能力、服务人数和近三年医疗收入情况确定年度收入。根据《关于促进基本公共卫生服务逐步均等化的实施意见》（昆卫〔2010〕33号）文件精神，公共卫生服务任务根据公共卫生服务项目的内容和数量、质量要求来核定。

2. 核定经常性收支

（1）经常性收入核定。经常性收入包括医疗收入、公共卫生服务收入、药品收入、其他收入。根据近三年医疗服务平均收入情况，确定年度收入。公共卫生服务收入根据《关于促进基本公共卫生服务逐步均等化的实施意见》（昆卫〔2010〕33号）文件精神，对地区性服务人口、单位综合服务成本及确定的公共卫生服务任务加以核定。

（2）经常性支出核定。经常性支出包括医疗业务支出（含公共卫生服务支出）、药品支出、人员支出、其他支出。医疗业务支出根据核定的基本医疗服务和公共卫生服务任务数量、质量和成本定额核定。成本定额可根据近三年支出水平和有关变化因素核定。药品及耗材支出根据成本价格核定。人员工资福利支出在核定的范围内按照现有在职职工人数核定（包括养老保险等的单位缴费部分）。成本定额可参照前三年平均支出水平和有关变化因素核定。

第二，关于补助形式。

全面实施基本药物制度的社区卫生中心（站）按核定的经常性收支差额给予补助；按一定比例实施基本药物制度的卫生机构，按核定的基本药物实施比例和药品差价比例予以补助。基本药物零差价财政补助资金按属地原则分别由市、区镇财政承担。基本药物财政补助纳入市级财政公共服务转移支付范围，区镇财政预算内财力不足以支付基本药物零差价财政补助资金的由市级财政实施转移支付，同时取消原市财政按服务人口人均补贴20元的社区居民常用药品政府补贴。

第三，关于保障措施。

（1）落实财政投入政策，实行多渠道补助。由于实行基本药物零差率后，医疗保障基金的药品费用负担会相应减轻，可在逐步适度调整医疗服务技术收费水平的同时，从医疗保障基金中合理补偿。具体由医保基金按实施国家基本药物制度的医疗卫生机构的诊疗人次、服务人口和单位补助定额给予补助，也可按基本药物进价的一定比例由医保基金在报销政策范围内给予相应补偿。

（2）实行绩效考核补助，提高资金使用效率。对实施国家基本药物制度的机构实行基本药物零差率制度的补偿，既要考虑满足其正常运转需要，也要充分引导实施国家基本药物制度的机构提高服务质量和效率。对政府举办的实施国家基本药物制度的机构的任务完成情况、患者满意度、机构人事分配制度改革等进行综合考评的基础上实行绩效考核补助（绩效考核办法另行制定）。

（3）加强各项收支管理，切实保障正常运行。财政、人力资源和社会保障部门要加强对实施国家基本药物制度机构的收支监管，会同发展改革、卫生、编制办公室等部门建立健全实施国家基本药物制度的机构绩效考评制度，切实提高资金使用效率。卫生行政部门要加强对实施国家基本药物制度机构的财务监管，督促其严格执行财务会计制度，按规定完成核定的收支计划。要会同有关部门建立绩效考核指标体系，组织实施对实施国家基本药物制度的机构的绩效考核工作。实施国家基本药物制度的机构要加强和完善内部管理，建立以服务质量为核心、以岗位责任与绩效为基础的考核激励制度。依法组织收入，正确归集各项费用，切实加强支出管理，严格开支范围和标准，确保全面完成收支任务，保障实施国家基本药物制度并实行零差价后的机构的正常运转。

（三）制度效果

目前，昆山市实施基本药物制度已两年有余。比较 2011 年和 2012 年的相关数据（见表 5-10），可以有以下几点发现。第一，基本药物制度已经实现对昆山市常住人口的全覆盖。第二，全部政府办基层医疗卫生机构均实行了基本药物制度。第三，三大医疗保险，即城镇职工医疗保险、城镇居民医疗保险和"新农合"均已实现基本药物100%报销，而且2012年在2011年的基础上又将比例提高了10%。第四，在基本药物的采购方面，2012年国家目录的采购金额较2011年有所下降，但省增补目录则有明显上升。第五，在基本药物的验收方面，2012年国家目录的验收金额较2011年有所下降，但省增补目录则有明显上升。第六，在基本药物的销售方面，2012年国家目录的销售金额较2011年有所下降，但省增补目录则有明显上升。第七，与国家零售指导价格相比，2011年昆山市基本药物国家目录平均降价幅度仅为0.30%，至2012年降幅达29.72%；2011年省增补目录的平均降幅仅为0.29%，至2012年降幅达28.56%。另外，在门急诊均次费用、住院均次费用和医疗服务总收入等数据方面，2012年均较2011年有所上升，但公共卫生服务总收入则有所降低（见表5-10）。

表5-10 2011年和2012年昆山市实施基本药物制度数据统计

种　类	项　目	2011年	2012年
常住人口数(万人)	总数	164.6	165.87
	制度覆盖	164.6	165.87
街道数(个)	总数	0	0
	制度覆盖	0	0
乡镇数(个)	总数	10	10
	制度覆盖	19	10
基层医疗卫生机构核编标准（人/万人口,含床位）	社区卫生服务中心	20	20
	乡镇卫生院	20	20
	未核定	—	—
财政补偿方法	收支两条线管理	否	否
	收支差额核定	是	是
	其他	否	否
	核定工资标准(万元/人/年)	是	是
基本药物选择情况	以省辖市为单位遴选	是	是
	以县(市、区)为单位遴选	否	否
	选定基本药物产品数(种)	1105	1144

续表

种 类	项 目		2011年	2012年
基本药物报销比例(%)	职工医保提高比例		100	10
	居民医保提高比例		100	10
	"新农合"提高比例		100	10
当地政府办基层医疗卫生机构数量(个)	中心		4	4
	站		24	27
	乡镇卫生院		20	22
	村卫生室		116	114
实施基本药物制度基层医疗卫生机构数量(个)	中心		4	4
	站		24	27
	乡镇卫生院		20	22
	村卫生室		116	114
门诊急诊数量(万人次)	今年当月		343.6	439.31
	去年同期		359.8	405.47
门诊急诊均次费用(元)	今年当月		51.496	59.01
	去年同期		54.44	60.52
住院数量(人次)	今年当月		4126	14879
	去年同期		4515	12843
住院均次费用(元)	今年当月		2399.58	3154
	去年同期		2366.4	3027
医疗服务总收入(万元)	今年当月		14210	22210
	去年同期		13669	21177
公共卫生服务收入(万元)	今年当月		6522	5704
	去年同期		6386	5391
其他收入(万元)	今年当月		3125	566
	去年同期		2923	496
财政补助资金(万元)	当月下达		——	858
	累计下达		6426	9308
基本药物采购情况	采购品种(个)	国家目录	237	225
		省增补目录	222	254
	采购金额(万元)	国家目录	5376.65	3450.12
		省增补目录	8767.23	11856.52
基本药物配送情况	验收品种(个)	国家目录	227	218
		省增补目录	208	250
	验收金额(万元)	国家目录	4805.98	3070.53
		省增补目录	7863.21	10270.74

续表

种类	项目		2011年	2012年
基本药物配备使用情况	在用基本药物产品数(个)	国家目录	203	210
		省增补目录	201	245
	基本药物销售金额(万元)	国家目录(万元)	4131.65	2463.75
		省增补目录(万元)	6556.36	8005.67
		注射剂药物占比(%)	0.37	47.05
		抗感染药物占比(%)	0.41	50.52
	与国家零售指导价格相比平均降价幅度(%)	国家基本药物	0.30	29.72
		省增补药品	0.29	28.56

四 人口和计划生育工作

(一)基本服务内容

2010~2012年,昆山市人口和计划生育委员会开展了多样化的计划生育服务,归纳起来,大致有以下几类服务内容。

第一,民本计划生育类服务。

(1)退休人员一次性奖励发放。2010年,全市持证企业退休人员一次性奖励发放工作有序推进,全年累计发放13235人,发放金额4764万余元。2011年累计登记企业退休人员3660人,发放金额1317.6万元。2012年累计登记企业退休人员3565人,发放金额1283.4万元。

(2)公益金管理。2010年,在"以人为本"和"提标扩面"原则的指导下,对《公益金管理办法》的救助对象和救助标准进行了调整和完善。全年共有206户计划生育困难家庭被纳入救助范围,公益金救助金额达75.5万元。2011年全年救助公益金家庭199户,救助金额达76万元。2012年计划生育公益金救助家庭达168户,救助金额达64.4万元。

第二，信息化服务。

（1）信息平台建设。2010年，新开发的查验系统与省人口计划生育综合信息平台无缝对接，遵照单点登录、数据共享的原则，确保现有三级人口计划生育用户实现流动人口服务信息实时查询。2011年，自主开发了基础管理监察系统，在全省率先建成了信息系统与基层基础工作紧密结合的操作平台，促使基层管理操作更便捷，管理更规范。开发了视频会议系统，进一步提升了工作效率。

（2）普及信息化应用。2010年，开展镇级人口计划生育信息标准化建设，重点对硬件建设、软件建设、网络建设、人员配备以及制度建设五个方面的标准进行了规范。2011年，大力推广3G信息采集模式，积极开展进企业、进社区即时信息采集。全市1880名重点管理人员中基础信息的采集率达95%以上，动态信息的采集率达90%以上。

（3）信息技能培训。2010年，加强了省人口计划生育信息综合平台操作运用业务培训，加强了信息员技能技巧操作练兵活动。重点加强了村（社区）人口计划生育工作人员的信息化操作能力培训，坚持对各区镇进行实地指导，分层次培训。2011年，开展岗位技能大练兵，在全市294个村、社区中开展人口计划生育工作人员信息化操作技能技巧竞赛活动，提高了基层信息操作人员的业务水平。

第三，人口文化类服务。

（1）人口文化园建设。2010年，作为省"新农村新家庭"计划项目县，11个区镇以村（社区）为单位，按照"试点先行、示范带动、分类指导、逐步推进"的思路，先后建成了以健康、和谐、生命、自然等为主题的新农村新家庭人口文化宣教载体，积极开展"五星家庭"评比活动。2011年，完善镇级人口文化园建设，巴城、张浦、陆家三镇分别完成了镇级人口文化园提升工程建设；深化新农村新家庭示范点建设，开发区蓬莱社区建成"生命之旅"人口文化室；启动青少年健康人格教育，开展"青苹果之家"建设，开发区、花桥率先建成"青苹果之家"。市森林公园"爱之长廊"人口文化园被评为苏州"十佳人口文化园"。2012年，新建人口文化阵地4家，在建2家，全市累计达到95家。

（2）举办人口文化节。2010年，成功举办第七届人口文化节，开展了"八春"系列活动，婚育新风创演队巡回11个区镇演出，深受欢迎。2011年，成功举办"展你我风采，谱'十二五'华章"第八届人口文化节暨人口计划生育系统"庆祝建党90周年"才艺大赛。2012年，全市以"喜迎十八大，决胜现代化"为契机，区镇联动、部门联手，突出"关注人口·服务家庭"这一主题，成功举办了第九届人口文化节，开展了"七彩人生·幸福家庭"系列活动。婚育新风创演队巡回11个区镇演出。"昆山市人口文化园"被省人口计划生育委员会评为首批"江苏省人口文化示范基地"。

（3）计划生育干部培训。2010年，联合市妇联在市委党校举办了"全市人口计划生育、妇联系统基层干部培训班"，全市各区镇、街道、村（社区）人口计划生育专职干部400多人参加了培训。2011年4月26～27日，在市委党校举办了"全市人口计生系统基层干部培训班"，全市各区镇、街道、村（社区）人口计划生育专职干部共400多人参加了培训。2012年，围绕"决胜现代化，人口作贡献"这一主题，与上海人口发展研究中心合作，举办了全市人口计划生育系统青年干部培训班。围绕政策法规、流动人口管理服务、科技服务、依法行政等方面内容强化新业务、新技能的学习。先后举办了系统青年干部演讲比赛、人口计划生育应知应会知识竞赛、信息化业务操作竞赛，政策法规典型事例解剖、行政执法案卷点评、公文能力测试、流动人口知识竞赛等系列"大培训、大练兵、大考试"活动，全方位提升人口计划生育系统干部队伍业务素质。

第四，行政指导类服务。

（1）创新开展行政指导工作。2010年，在全市人口计划生育系统全面推行行政指导工作。确定了重要事项行政提醒、轻微违规行政提示、违法行为行政纠错、纠错无效行政警示、重要案件行政回访共五大类14项行政指导工作项目，构建了事前、事中、事后全方位的行政指导工作体系。2012年发放行政指导书1676份，其中：行政提醒1351

份、行政提示 209 份、行政纠错 80 份、行政警示 36 份。行政指导综合有效率 63.75%。

（2）依法规范行政执法行为。2010 年，在全市镇级人口计划生育行政执法队建设全覆盖的基础上，对行政执法队执法程序和相关工作机制进行了完善。依法开展行政审批工作。严格执行计划生育照顾二胎审批制度，坚持每月集中审批制。进一步提高网上审批的规范性，确保各项工作规范、准确、及时。依法做好违法生育处置工作，切实做好人口普查中违法生育的处置工作。2011 年，成功组建昆山市人口和计划生育行政执法大队，市编制委员会下发了《关于同意成立昆山市人口和计划生育行政执法大队的批复》。制定和完善了行政执法责任人制度等五大类 14 项制度，进一步规范了依法行政运行体系，创新了市镇联动行政执法工作新模式。2012 年，加强区镇便民中心人口计划生育服务事项进驻的规范化工作，明确了 16 项区镇便民中心服务事项。

（3）启动阳光诚信计划生育服务。2011 年 4 月，昆山计划委员会举行了诚信计划生育活动启动仪式，在花桥、玉山、张浦三个区镇率先开展诚信计划生育试点活动的基础上，以点到面全面实施。进一步完善了人口计划生育行政事务公开，畅通信访渠道、"12356 阳光服务"和监督举报热线，创新诚信计划生育论坛，努力构建"群众守信，政府诚信"的人口计划生育工作新格局。

第五，流动人口服务。

（1）流动人口集聚示范基地建设。2010 年，在流动人口集聚地、大型外企以及打工楼建设流动人口集聚示范基地。开展人口文化建设、"阳光计生"行动、"世代服务"、计划生育协会进集聚地等"四进式"服务管理活动。2011 年，开展流动人口集聚地建设进企业，在开发区三一重工、淀山湖法雅时装等企业新建集聚示范基地 16 家。

（2）加大均等化服务力度。2010 年，对持卡对象提供户籍人口同等的计划生育免费技术服务，在昆山自觉落实长效避孕节育措施的流动人口中的已婚育龄妇女凭卡享受奖励。2011 年市政府办公室出台了《关于转发昆山市全面推进流动人口计划生育基本公共服务均等化实施方案的通知》，明确了部门职责，建立流动人口计划生育基本公共服务均等化运行机制，切实维护流动人口基本权益。积极开展流动人口计划生育工作示范区镇创建活动。2012年，以贯彻《江苏省实施〈流动人口计划生育条例〉办法》为契机，切实把人口计划生育公共服务各项内容覆盖到流动人口，提高流动人口免费技术服务率和流动人口计划生育均等服务满意率。2012年1~11月共为外来人口免费发放人口计划生育宣传资料70万份，免费做B超12万人次，为1900名外来育龄群众报销4项手术费用32万元，对800名自觉落实长效避孕节育措施的外来群众发放奖励金17万元。全市为外来人口提供计划生育免费服务共计投入经费1000万余元。

（3）深化主题宣教活动。2010年，昆山市计划生育委员会联合人力资源和社会保障部门多渠道开展"春风行动"；联合市外来人口管理办公室、教育局开展了"新昆山人"计划生育"小手牵大手"主题教育活动、人口计划生育征文演讲比赛和"六个一"活动。全市"新老昆山人"计划生育工作"心连心"结对交友活动中共结对2.4万余对，村（居）覆盖率超过90%。2011年，制订出台了《关于在全市统一开展流动人口计划生育"均等服务百日行"活动的通知》，启动"共筑健康、同享关爱"——"流动之家"便民惠民行动，重点推进宣传教育、避孕药具、生殖健康、随访服务、优生优育、生育关怀六个方面的均等服务，全年共为外来人口免费发放人口计划生育宣传资料86.6万份。

（二）计划生育协会工作内容

第一，基层示范协会建设。

2010年，开展苏州市计划生育基层示范协会创建，开发区兵东村、千灯前进村等13个村、社区被命名为苏州市基层示范协会；深化计划生育村（居）民自治和企业员工自治，促使计划生育自我教育、自我管理、自我服务的"三自"方针落到实处。

2011年，基层计划生育示范协会创建活动内容更加丰富：（1）开展基层协会评估分类整改，通过基层协会自评、镇级协会按50%比例

报告五
病有所医，医有所保

抽查、帮建整改等做法，优秀协会从原来的105个增加到224个；合格协会由原来的515个增加到530个，基本合格协会由原来的136个减少到14个，清理了12个不合格协会。(2) 完善村民自治活动。各社区、村完善了村民自治章程和村规民约，健全了各类自治制度，并按规范要求上墙，按照自我宣传、自我管理、自我服务的"三自"功能，经常性地开展"三自"活动。有部分村协会建立了"计生村务对话制度"，每年开展两次以上的"对话"活动，使村民不但知道村里计划生育的情况，而且还通过对话能及时了解计划生育政策信息、明白计划生育办事流程、知晓关心的热点问题，切实起到了协会民主议事、民主管理和民主监督的作用。(3) 建设标准化"会员之家"。各基层协会按照市协会的统一要求，因地制宜建起了标准化的协会会员之家，做到了"有牌子、有图书、有制度、有设备、有活动场所"，全市标准化会员之家建设率达到95.82%。(4) 推进员工自治活动。以高标准、高品位的要求，把员工自治活动进一步推向高层次。在三一重工、华道数据、法雅时装、开威电子等企业中，建起了员工自治载体，保障了员工自我宣传、自我管理、自我服务等活动的开展。

2012年，由于行政区域合并和村或社区办公地点搬迁等因素，导致了"会员之家"等载体建设不能及时跟上，因此，2012年上半年，计划生育协会把更新载体列入主要工作，并提出了"有牌子、有设备、有器材、有宣传品、有制度"的具体的"五有"要求，并力求高品位、规范化。同时为了充分发挥协会的桥梁作用和体现"三自"功能，创新制定"计划生育村（居）务恳谈会"制度，由各村或社区根据当地实际制定具体的制度，并确保每年召开不少于两次的恳谈会。明确参加恳谈会的对象为群众、协会会员代表、村（居）民代表等，镇人口计划生育办公室、村委会主任或支部书记亲自参加。恳谈会内容主要是：通报村或社区的计划生育事务、传达上级有关人口计划生育政策信息、现场解答群众关心的热点问题，并在原则许可范围内，解决群众提出的要求。目前，全市149个村和140个社区都已建立了恳谈会制度，并按要求召开了首次恳谈会。

第二，生育关怀载体建设。

2010年玉山镇率先实现了计划生育"爱心超市"街道、村、社区全覆盖，到2013年5月，全市共建有计划生育"爱心超市"34家；巴城、周市、玉山、开发区、张浦五区镇分别建有生育关怀基地；淀山湖镇在"新淀山湖人之家"创新开展"含羞草"生育关怀行动，关爱未婚育龄女性。

2011年生育关怀机制更加完善。在原有的基础上，爱心超市完善了《"爱心卡"发放流程》《爱心超市运作制度》《爱心卡申请发放制度》《爱心捐赠簿》《爱心实物领取登记清单》等。生育关怀基地在签订合作协议的基础上，明确效益分配，落实相关惠及独生子女困难家庭的措施。完善了《生育关怀基地效益使用办法》和《生育关怀基地效益救助名册》，确保收支合理、手续清楚、监督严密。这些机制确保了生育关怀行动的长效运作。2011年，全市爱心超市发放爱心卡资金67.106万元，惠及困难家庭1232户；生育关怀基地吸纳帮扶对象174人。

2012年，计划生育协会为育龄群众提供优生优育、避孕节育、生殖健康等科普知识，开展生育政策宣传、测量血压、优生咨询、免费发放避孕药具等服务。据统计，在活动中共发放各类知识折页5086份，避孕套6120多只，共接待各类咨询725人次，计划生育志愿者为群众免费美容10人，受到了居民群众的普遍欢迎。

第三，宣传慰问服务。

2010年，计划生育协会积极开展双"三十"周年庆祝活动。全市区镇联动、部门联手，开展了丰富多彩的系列活动。成功举办第七届人口文化节，开展了"八春"系列活动，先后举办了"我与人口计生同行"征文比赛，"人口计生杯"书法、绘画、摄影大赛等系列活动。婚育新风工作室创作了音乐小品《逛新园》等5个反映婚育新风尚的人口计划生育节目，巡回在11个区镇演出，以群众喜闻乐见的表现方式传播婚育新风、弘扬人口文化，深受群众欢迎。

2011年计划生育协会则将工作重点转向志愿者服务。第一，扩大志愿者队伍，2011年新增志愿者305人，使全市计划生育志愿者队伍扩大到了4907人。第二，开展"心理慰藉"活动。各区镇协会根据实际情况，在行动前开展了调查研究，排出需要重点进行心理慰藉的空巢老人，全市组建了由28人组成的心理慰藉志愿者队伍。开展每天一次电话联系，每周登门一次聊天、帮助料理家务、帮助联络亲人、帮助送米送菜等活动。第三，在"五关怀"活动中，全市计划生育志愿者延续着以往的一对一帮扶结对活动，帮助困难家庭解决各类生活、生产、生育方面遇到的问题，2011年，全市帮扶结对10887对，其中养老帮扶结对2366对。第四，对特别困难家庭实施资金帮扶活动。2011年，全市各级协会在"五关怀"活动、慰问、救助、助学等活动中，共帮扶4401人，帮扶资金累计450万元。

2012年，各级基层协会切实落实市协会提出的计划生育志愿者队伍实行"专职化队伍、专业化帮扶"的活动措施，分类建立心理慰藉、医疗救助、家政服务三支计划生育志愿者队伍，并在这基础上，进一步明确各志愿者帮扶对象。据不完全统计，全市共招募心理慰藉、医疗救助、家政服务计划生育志愿者1512人，结对帮扶"失独"家庭、独生子女空巢家庭、独生子女贫困家庭共10474户，居民反映良好。

报告六
居者有其屋
——昆山市基本住房保障[*]

"安居乐业"是自古以来人们最朴素的生活理想。然而，由于各种原因，城市中不可避免地有一部分中低收入家庭存在住房难的问题。昆山市民一直就有着"居者有其屋、居者优其屋"的安居梦想。近年来通过市场机制的调节，已在绝大部分中等收入以上的昆山家庭得以实现，但是，昆山市也有一些家庭，尤其是那些中低收入家庭的居住条件亟须改善。为此，昆山市委、市政府将解决住房难的突破口放在保障性住房建设上，通过政府加大投入，建立多层次的住房保障供应体系，以覆盖不同中低收入群体，解决他们的住房困难。早在2006年，昆山市就正式出台了"低保住房保障制度"，对昆山市低保住房困难户实施以货币补贴为主，租金减免、实物配租为辅的保障办法。2008年昆山市出台了《扩大昆山市城镇低保收入家庭廉租住房保障范围》的文件，并制定了《昆山市解决城市低收入家庭住房困难发展规划（2008～2010）》，进一步放宽了经济适用住房的申购门槛，提高了廉租住房的保障标准，完善了低收入住房困难家庭的保障体系。2009年和2010年，昆山市直接投入了6000余万元用于建设经济适用住房，实施廉租住房实物配租和低保、低收入住房困难家庭补贴，让保障性住房政策的

---

[*] 本报告由田华执笔。

报告六
居者有其屋

"含金量"不打折扣地体现在困难群众的身上，在更大程度上让他们受益，让越来越多的住房困难户真正享受到昆山住房保障体系建设带来的实惠。①

根据国务院发布的《国家基本公共服务体系"十二五"规划》的相关规定②，昆山市在行政辖区范围内，对"中等偏低收入以下住房困难家庭"实施了基本住房保障的申请、审核、实施和监督管理。昆山市住房和城乡建设局是昆山市基本住房保障工作的行政主管部门，具体负责昆山市基本住房保障工作的规划编制、政策修订、计划安排、统计调研、审批保障资格及考核、培训、中心城区保障性用房的分配等工作。昆山市政府专门成立了"全市基本住房保障工作领导小组"，分管市长任组长，下设办公室并设在昆山市住房和城乡建设局，进一步加强了对工作的组织领导，指挥全市各部门各司其职，共同做好昆山市基本住房保障工作。

具体来讲，昆山市的各区镇负责本辖区的基本住房保障工作，具体负责基本住房保障的组织实施、上报计划、资金落实、日常管理和基本住房保障对象家庭情况的复审工作，明确具体工作机构和工作人员，并将低保家庭住房补贴、低收入家庭住房补贴及购买普通商品房政府补贴分别纳入年度区镇财政预算安排。昆山市发改委、公安局、检察院、民政局、财政局、国土资源局、规划局、物价局、统计局、总工会等部门都根据各自的职责，协调基本住房保障的有关工作。例如，民政部门负责基本住房保障对象的收入认定工作；纪检监察部门负责对基本住房保障工作的各个环节进行监督，对国家机关工作人员在基本住房保障工作

---

① "昆山市保障性住房政策为困难群众解烦忧"，人民网，URL：http://unn.people.com.cn/GB/22220/32721/12318044.html，上网时间：2013年9月1日。
② 将"建立基本住房保障制度，维护公民居住权利，逐步满足城乡居民基本住房需求，实现住有所居"作为我国基本住房保障的目标。在"十二五"期间，政府提供的基本住房保障服务包括：为城镇低收入住房困难家庭提供廉租住房或租赁补贴；为城镇中等偏下收入住房困难家庭、新就业无房职工和城镇稳定就业的外来务工人员提供公共租赁住房；为符合条件的棚户区居民实施住房改造；为农村困难家庭危房改造提供补助。为此，国家将"十二五"期间的重点任务设定为：加大保障性安居工程建设力度，增加保障性住房供应，加快解决城镇居民基本住房问题和农村困难群众住房安全问题，建立健全基本住房保障制度。

中滥用职权、玩忽职守、徇私舞弊的，依法给予处分；财政部门负责根据年度保障计划，按规定的资金筹集渠道，保证基本住房保障工作所需的资金；规划部门负责根据城市总体规划，做好保障性住房建设的规划管理工作；国土资源部门负责按照基本住房保障规划的要求，落实好保障性住房的建设用地，优先安排计划；物价部门负责根据有关价格政策核定保障性住房销售价格标准，加强价格监管。此外，昆山市的各街道办事处则负责本辖区申请基本住房保障家庭的初审工作，各社区、村委会则负责本辖区申请基本住房保障的受理和预审工作。

据了解，昆山市基本住房保障的具体工作是由昆山市住房和城乡建设局的住房保障中心进行运作。住房保障中心把切实解决昆山市城乡中低收入家庭的住房困难作为工作的出发点。在2010年的第一季度末，住房保障中心举办了学习基本住房保障新政策培训班，传达了各级领导对基本住房保障工作的重要指示精神，学习了昆山市基本住房保障的具体政策办法，并介绍了此前基本住房保障工作的情况，以及此后住房保障工作的打算和住房保障城乡一体化工作草案的内容。之后，为了建立健全基本住房保障体系，扩大住房保障的范围，规范住房保障制度，更好地解决昆山市中等偏低收入以下家庭的住房困难，加快实现住房保障城乡一体化目标，昆山市住房和城乡建设局住房保障中心起草了《昆山市实施住房保障城乡一体化暂行办法》（以下简称《暂行办法》）。2010年10月26日，昆山市政府正式批准该《暂行办法》，并于2011年1月1日起正式实施；之后，该《暂行办法》于2012年又做了进一步修订。昆山市住房和城乡建设局和相关部门依据2010年的《暂行办法》，制定和调整了基本住房保障工作的具体实施细则，昆山市各区镇也可根据昆山市基本住房保障的《暂行办法》，制定适合本辖区实际情况的基本住房保障工作的实施办法。以下介绍2010年昆山市制定的基本住房保障的《暂行办法》[①]及其具体实施情况。

---

① 昆山市人民政府文件：《昆山市实施住房保障城乡一体化暂行办法》（昆政规〔2010〕17号）。

一 2010年昆山市基本住房保障的《暂行办法》及实施情况

（一）昆山市基本住房保障的对象

于2010年制定、2011年1月1日正式实施的《暂行办法》，将昆山市基本住房保障对象具体分为三大类，即"最低收入住房困难家庭"、"低收入住房困难家庭"和"中等偏低收入住房困难家庭"。其中，"最低收入住房困难家庭"指的是民政部认定的"三无"、"低保"、"低保边缘家庭"和总工会认定的"特困职工家庭"（以下简称"低保特困家庭"）。对"低保特困家庭"，昆山市实施以廉租住房实物配租为主、发放租赁补贴和实行租金减免为辅的基本住房保障形式。"低收入住房困难家庭"指的是家庭人均月收入在昆山市统计部门公布的上年度城镇居民人均月收入可支配收入的50%以下的家庭。对"低收入住房困难家庭"，昆山市实行发放租赁补贴、实行租金减免的基本住房保障形式。"中等偏低收入住房困难家庭"是指家庭人均年收入在市统计部门公布的上年度在岗职工平均工资的60%以下的家庭。对"中等偏低收入以下住房困难家庭"，昆山市实行以供应经济适用住房为主、购房补贴为辅的基本住房保障形式（见表6-1）。

表6-1 昆山市基本住房保障对象及其基本住房保障形式

基本住房保障对象	基本住房保障对象的认证标准	基本住房保障的主要形式	基本住房保障的辅助形式
最低收入住房困难家庭	民政部认定的"三无"、"低保"、"低保边缘家庭"和总工会认定的"特困职工家庭"（简称低保特困家庭）	廉租住房实物配租	发放租赁补贴和实行租金减免
低收入住房困难家庭	家庭人均月收入在昆山市统计部门公布的上年度城镇居民人均月收入可支配收入的50%以下的家庭	发放租赁补贴、实行租金减免	无

续表

基本住房 保障对象	基本住房保障对象的 认证标准	基本住房保障的 主要形式	基本住房保障的 辅助形式
中等偏低收入住房困难家庭	家庭人均年收入在市统计部门公布的上年度在岗职工平均工资的60%以下的家庭	供应经济适用住房	发放购房补贴

资料来源：昆山市人民政府文件《昆山市实施住房保障城乡一体化暂行办法》（昆政规〔2010〕17号），表格由笔者根据相关资料制作。

  与国家"十二五"时期基本住房保障国家基本标准（见表6-2）相比，昆山市的基本住房保障对象具有明显的差异，主要呈现"四个没有"的特点，即一是没有"棚户区改造的服务对象"，二是没有"农村危房改造的服务对象"，三是没有"游牧民定居的服务对象"，四是没有"公共租赁住房"。昆山市地处江苏省，作为中国经济实力最强的县级市，连续多年被评为全国百强县之首，昆山市城乡居民的人均收入亦居全国之首。[①] 昆山市并不存在"棚户区居民"、"农村困难家庭危房"以及"游牧民定居"等现实问题。因此，也就不存在"十二五"规划中所提出的"为符合条件的棚户区居民实施住房改造"、"为农村困难家庭危房改造提供补助"和"为定居游牧民提供基本住房保障"的相关工作。根据昆山市的实际情况，该市设定的基本住房保障形式主要为"低保廉租住房"、"经济适用住房"、"租赁补贴"、"租金减免"四种形式。关于"公共租赁住房"问题，国家"十二五"规划中指出要"重点发展公共租赁住房，逐步使其成为保障性住房的主体"，因此，昆山市自2011年便开始对该市的"公共租赁住房"进行大范围的建设。但昆山市"公共租赁住房"的基本住房保障形式暂未形成。目前（即2013年上半年），"为城镇中等偏下收入住房困难家庭、新就业无房职工和城镇稳定就业的外来务工人员提供公共租赁住房"的相关

[①] 《2012昆山亮眼成绩单》，人民网，URL：http://unn.people.com.cn/n/2013/0104/c178150-20083291.html，2012年1月4日，上网时间：2013年7月10日。

表 6-2 "十二五"时期基本住房保障服务国家基本标准

服务项目	服务对象	保障标准	支出责任	覆盖水平
廉租住房	城镇低收入住房困难家庭	享有实物配租的,人均住房建筑面积13平方米左右,套型建筑面积50平方米以内,租金标准由市、县政府确定;享有租赁补贴的,租赁补贴标准由市、县政府根据当地经济发展水平、市场平均租金、家庭经济承受能力等因素确定	市、县政府负责,省级政府给予资金支持,中央给予资金补助	增加廉租住房不低于400万套,新增发放租赁补贴不低于150万户
公共租赁住房	城镇中等偏下收入住房困难家庭、新就业无房职工、城镇稳定就业的外来务工人员	单套建筑面积以40平方米左右的小户型为主,租金水平由市、县政府根据市场租金水平和供应对象的支付能力等因素确定	市、县政府负责,引导社会资金投入,省级政府给予资金支持,中央给予资金补助	增加公共租赁住房不低于1000万套
棚户区改造	符合条件的棚户区居民	实物安置和货币补偿相结合,具体标准由市、县政府确定(有国家标准的,执行国家标准)	政府给予适当补助,企业安排一定的资金,住户承担一部分住房改善费用	改造棚户区居民住房不低于1000万户
农村危房改造	居住在危房中的农村分散供养五保户、低保户、贫困残疾人家庭和其他贫困户	每户建筑面积一般控制在40~60平方米,户均中央补助不低于6000元,地方补助标准自行确定	省级政府负总责,中央财政安排补助资金,省级财政给予资金支持、个人自筹等相结合	改造农村危房800万户以上
游牧民定居	未定居的游牧民	每户建筑面积不低于60平方米(考虑家庭平均人口差异,内蒙古自治区户均50平方米),户均中央补助3万元,户均地方配套1.6万元	省级政府负总责,中央财政安排补助资金、地方财政给予资金支持、个人自筹相结合	基本完成24.6万户游牧民的定居任务

资料来源:《"十二五"时期基本住房保障服务国家基本标准》,中国政府网,URL: http://www.gov.cn/zwgk/2012-07/20/content_2187242.htm,上网时间:2013年7月8日。

文件正在制订之中。① 关于昆山市"公共租赁住房"的具体工作，将在后文中作详细的介绍。但就当前昆山市的基本住房保障情况而言，在"公共租赁住房"方面有提升的空间。

（二）昆山市基本住房保障对象必须同时具备的条件

2010年昆山市的基本住房保障《暂行办法》规定："申购经济适用住房的家庭成员中，必须有2人具有昆山市的户籍，并连续满8年以上（含8年），且男性在60周岁、女性在55周岁以下。而申请低保廉租住房或租赁补贴者，必须具有昆山市户籍，并年满5年以上（含5年）；且人均住房建筑面积在18平方米以下（含18平方米）；家庭收入为最低收入、低收入或中等偏低收入者；以及政府确定的其他条件。"

在《暂行办法》中，昆山市将申请基本住房保障者的家庭成员以及家庭现有房产都进行了严格的规定。《暂行办法》指出以下人员可以被计算为申请基本住房保障家庭的家庭成员：

（1）申请夫妇及其同一户籍并共同生活的子女；

（2）正在服义务兵役的子女；

（3）在外地读书的未婚子女；

（4）原同户籍的劳教或服刑人员；

（5）与申请人夫妇具有法定赡养、抚养、扶养关系，且同一户籍并共同生活5年以上的人员。

《暂行办法》指出以下住房应计算为申请基本住房保障家庭的现有房产：

（1）家庭成员名下现有的全部私有房产；

（2）家庭成员现承租的全部公有住房；

（3）家庭成员曾经购买过的保障性住房；

（4）现实居住的属于家庭成员直系亲属的房产；

---

① 资料由昆山市住房和城乡建设局提供。

（5）家庭成员在申请前 5 年内已转让的私有房产；

（6）家庭成员在申请前 5 年内已被拆迁的房产；

（7）家庭成员有实际居住权但没有办理产权的房产。

（三）昆山市基本住房保障的四种形式

昆山市对基本住房保障主要采取"低保廉租住房"、"经济适用住房"、"租赁补贴"、"租金减免"四种形式。这些基本住房保障形式的具体情况如下。

1. 低保廉租住房

（1）低保廉租住房适用于实物配租的保障性住房，房屋所有权为政府所有，套型建筑面积一般在 60 平方米以下。

（2）配置低保廉租住房，应该按照昆山市城乡居民最低生活保障证救济金领取证救助证核定的人口数，根据房源的具体情况，向符合条件的低保特困家庭进行合理配租。

（3）低保廉租住房应为非毛坯房，具备基本居住功能。

（4）低保廉租住房的房租收费标准为每月 0.5 元/平方米。

（5）因廉租住房房源不足或不接受低保廉租住房配租，可享受低收入廉租住房补贴。

（6）配置的低保廉租住房，房管部门须纳入专项管理，签订租赁协议，不得转让、转租、转借、空关、欠租及改变用途。承租人在租赁期间必须保持房屋和设备的完好，自行缴纳水、电、气和物业管理等费用。

（7）在昆山市公证机构的公证下，通过摇号抽签方式确定提供给申请家庭的具体房屋坐落。

2. 经济适用住房

（1）经济适用住房供应给符合条件的中等偏低收入住房困难家庭。

（2）经济适用住房市区以集中建造为主，区镇可用动迁房作为经济适用住房房源。

（3）经济适用住房实行低于市场价的政府定价，套型建筑面积在

80平方米左右。

（4）购买经济适用住房的标准为每户建筑面积75平方米，价格由昆山市物价局会同市住房和城乡建设局每年核定一次。超面积价格按市物价局核定的商品房价格执行。

（5）单亲家庭离婚前有大于保障面积的产权房，在提出申购经济适用住房时，除了满足经济适用住房申购条件外，办理离婚手续年限须满5年。

（6）经济适用住房优先照顾无房户。对一人户暂不供应经济适用住房。

（7）非同一户籍的一对夫妇只可任选一地申购经济适用住房。

（8）购房家庭在购买经济适用住房后，自行负责所购房屋的维护和管理，并承担相关的全部费用。

（9）申请认购得到经济适用住房后，应按规定办理权属登记。房屋、土地登记部门在办理权属登记时，应当分别注明"经济适用住房（有限产权）"、"土地划拨"，限制权属转移。

（10）购买经济适用住房不满5年的，不得上市交易。经济适用住房购满5年的，交易时按同地段普通商品房与经济适用住房差价的50%交纳收益金，政府可优先回购；经济适用住房购满10年的，交易时按同地段普通商品房与经济适用住房差价的30%交纳收益金，由昆山市住房和城乡建设局代收并纳入城市住房基金管理。未交纳收益金前，不得私自转让所购经济适用住房。经济适用住房在未取得完全产权以前，不得用于出租经营。

（11）在昆山市公证机构的公证下，通过摇号抽签方式确定提供给申请家庭的具体房屋坐落。

3. 租赁补贴

（1）租赁补贴是指政府向符合保障条件的低保住房困难家庭和低收入住房困难家庭发放的住房补贴，由其自行承租住房，解决家庭住房困难。

（2）年满35岁的未婚人员、离异或丧偶不带子女的单身人员也可视作一户提出申请。

（3）租赁补贴按住房保障面积标准与被保障家庭自有（人均）住房建筑面积之间的差额计算。

（4）补贴标准：1人户每人每月20元/平方米，2人户每人每月17元/平方米，3人户（含3人户）以上每人每月15元/平方米、5人户封顶。

计算方法：补贴金额＝货币补贴标准×（家庭成员数×18平方米－自有住房建筑面积）

（5）租赁补贴从申请手续被核准的次月起计发，按季审核发放。

4. 租金减免

租金减免是指政府对符合条件的承租房管部门直管公有住房的低保特困家庭和低收入家庭，在缴纳公有住房租金时，实行租金减免。居民减免从申请手续被核准的次月起实行。

减免标准：1户最高不超过30平方米，多人户最高不超过60平方米。减免后每月租金为0.5元/平方米。

正如前述，为了加快建立健全基本住房保障服务国家标准体系，依据基本住房保障的有关政策规定，为保证保障性住房的供给规模和质量，明确工作任务的事权与支出责任，我国制定了"十二五"时期基本住房保障服务国家基本标准。基本住房保障对象的家庭收入（财产）标准、住房困难标准、租金标准和保障面积标准，由市（地）、县级政府在国家标准框架内结合当地实际确定，并实行年度动态管理。与国家"十二五"期间的基本住房保障标准相比，2010年昆山市的基本住房保障形式仅以"低保廉租住房"、"经济适用住房"、"租赁补贴"、"租金减免"四种形式为主。从基本住房保障的标准来看，昆山市基本住房保障的标准比国家标准略有提升，例如，廉租住房的国家标准为套型建筑面积50平方米以内，而昆山市的标准则提升至60平方米以内。但国家在"十二五"规划中所强调的"重点发展公共租赁住房"以及"适当发展限价商品房"等方面，昆山市仍有发展和提升的空间。

（四）昆山市申请基本住房保障的程序

在申请基本住房保障时，昆山市的申请人需要经历"申请"、"受理"、"初审"、"复审"、"公示和批准"五个过程。

1. 申请

申请人需要向户籍所在地的社区居委会、村委会提出申请，并书面承诺诚信申报，领取并填写申请表；申请住房保障时需要提交以下材料：

（1）申请书；

（2）户口簿、家庭人员身份证、婚姻关系证明（丧偶或离异的提供相关证明）；

（3）昆山市民政局、总工会、用工单位、街道办事处、社区居委会、村委会认定的各种收入类证明；

（4）现有住房情况证明，包括房产证、租房合同，或由街道、村委会出具的实际居住情况证明；

（5）需提交的其他相关证明材料。

以上规定的户口簿、身份证、房产证等证明材料，需提供原件并提交经申请人签字及初审单位盖章的复印件。

2. 受理

昆山市各社区居委会、村委会收到申请材料后，按现行申请条件进行预审，对申请材料齐全符合条件的，予以受理，并出具收件回执；对申请材料不齐全的，一次性告知申请人需要补齐的全部资料。

3. 初审

昆山市各社区居委会、村委会受理后，分别送该街道办事处、镇政府初审（自受理申请之日起15日内完成），并在本辖区内张榜公示（公示时间为7天），初审后送昆山市民政局等部门进行收入、身份的确认（自受理申请之日起7日内完成），符合条件的送昆山市住房和城乡建设局，不符合条件的退还至申请人所属街道办事处、镇政府。

4. 复审

昆山市住房和城乡建设局自收到申请材料之日起30日内，就申请人是否符合规定条件，提出审核意见。

5. 公示和批准

昆山市住房和城乡建设局将已复审符合条件的申请家庭名单在《昆山日报》进行公示，公示时间为30日。任何组织或个人对公示的情况有异议的，应当在公示期内书面向昆山市住房和城乡建设局提出，昆山市住房和城乡建设局应在自接到异议之日起15日内重新调查核实，异议成立的，退回申请材料并向申请人说明原因；异议不成立或公示无异议的，及时对取得住房保障资格的家庭按规定实施具体住房保障，做到"应保尽保"。

（五）昆山市对已申请到基本住房保障者的审核及监管

当然，已申请到基本住房保障的，并非永远符合基本住房保障的资格。为此，昆山市根据国家"十二五"规划，建立健全多部门联动的收入（财产）和住房情况动态监管机制，制定公平合理、公开透明的保障性住房配租政策和监管程序，严格规范准入、退出管理和租费标准等相关规定，定期对已获基本住房保障人士的资格进行审核。例如，昆山市对"低保廉租住房""经济适用住房"按年度进行审核，对"租赁补贴""租金减免"按季进行审核。对已取得购房资格，尚在轮候的"中等偏低收入住房困难家庭"，可每3年进行一次审核。对已享受住房保障的家庭，如因家庭人口、经济条件或住房条件变化，不再符合住房保障条件的，将取消其住房保障的资格，及时停止正在实施的住房保障，做到"应退尽退"。对享受"配租低保廉租住房"的家庭，应及时收回已配置的住房，对及时退出确有困难的，可给予其3个月的过渡期，过渡期间按公房租金标准交租；3个月后则按市场租金交租。对享受"租赁补贴"的家庭，可在一个季度内过渡，从下一个季度起停止发放补贴。对享受"租金减免"的家庭，从第二个月起改按公房租金标准交租。对已"配租低保廉租住房"的家庭，擅自将租住的住房转租、转借、转让、调换的，擅自对住房进行扩建、改建及改变房屋结构使用性质，无正当理由连续3个月或累计拖欠租金6个月的，无正当理由住房空置3个月以上的，必须及时收回已配租的低保廉租住房，有不当收入的应当收缴，并按有关规定进行处理。对已购买经济适用住房的家庭，有私下转让房屋、私自出租经营等情形的，按照原价格并考虑折旧因素收回所购住房，并按有关规定进行处理。

昆山市坚持诚信申报的原则，对那些采取隐瞒、虚报、谎报、提供虚假材料等不正当手段申请基本住房保障的家庭，一经查实，3年内不再受理其基本住房保障的申请，并按相关规定予以处罚；对情节严重、涉嫌犯罪的，依法追究刑事责任。具体措施如下：

（1）对提出基本住房保障申请的，不予受理，并给予警告；

（2）对提出申请并已进入审查程序的，取消其申请；

（3）对已取得基本住房保障资格，但尚未获得基本住房保障的，取消其基本住房保障资格；

（4）对已享受租赁补贴或租金减免的，追回已领取的租赁补贴和减免的租金；

（5）对已配租保障性住房的，责令其限期退回已配租的保障性住房，并按规定补交市场租金；

（6）对已购买经济适用住房的，依法注销其房屋产权登记，如该住房是申请人唯一自有产权住房的，由申请人按同一地段同一类型商品房市场价补足购房款；

（7）对出具虚假证明的，依法追究相关责任人的责任。

对那些非故意造假，却因误报、漏报等情形取得基本住房保障资格的家庭，也必须按以上规定进行处理，但可以在符合条件之后，按照家庭的真实情况重新进行申请。申请或已享受基本住房保障的家庭，拒绝接受以上处理方式的，依照有关法律法规和有关规定处理。

2010年昆山市的基本住房保障《暂行办法》指出：基本住房保障工作应按照基本住房保障规划的要求实施。坚持满足基本住房的需要，坚持"应保尽保""应退尽退"，"统筹规划""分步实施"，"统一政策""有序推进"的基本住房保障原则，必须按照规定的申请条件和工作程序运行，坚持信息公开、阳光操作。基本住房保障的相关政策和各项规定、申请与审查情况、具体实施情况等，应及时向社会公布，接受社会公众的监督。实行有奖举报，任何单位和个人有权对基本住房保障工作中违反规定的行为进行举报和控告。

（六）2010~2011年昆山市基本住房保障工作的实际情况

1. 2010年昆山市基本住房保障工作的实际情况

虽然2010年昆山市的基本住房保障仍依据的是《昆山市解决城市低收入家庭住房困难发展规划》《昆山市经济适用住房申购管理暂行办法的通知》《昆山市城镇低收入家庭住房保障暂行办法的通知》《昆山市城镇低保收入家庭廉租住房保障暂行办法的通知》，但2010年是确立《昆山市住房保障城乡一体化暂行办法》的关键一年。为了系统地分析"十二五"期间昆山市基本住房保障的变化及现状，有必要将2010年昆山市基本住房保障的各项数据进行报告。

昆山市住房和城乡建设局的数据显示，2010年昆山市计划推出200套"经济适用住房"和100套"廉租住房"，截至2010年4月30日共有945户住房困难家庭报名申购经济适用住房，经过审核，有508户住房困难家庭基本符合申购条件，还存在经济适用住房房源缺额问题。2010年昆山市共有349户低保、低收入住房困难家庭被纳入基本住房保障体系中，其中"租金减免"为50户、"货币补贴"为262户（包括：低保困难家庭124户、低收入困难家庭138户）、"实物配租"为37户。累计全年共发放补贴177万元（包括：低保困难家庭74.97万元、低收入困难家庭102.03万元）。2010年，军队转业干部申购经济适用住房的分配工作已完成。[①] 此外，2010年昆山市还开展了"农村困难家庭安居工程"，确定帮建对象59户，共发放帮建资金69.7万元。[②]

---

① 《2010年住房保障中心工作总结》，资料由昆山市住房和城乡建设局提供。
② 《塑造惠民善政品牌 推进和谐发展战略 在新的发展起点上开启现代民政工作新格局》，《2011年民政工作报告》，资料由昆山市政府提供。

2. 2011年昆山市基本住房保障工作的实际情况

2011年是"十二五"规划的开局之年，也是《昆山市住房保障城乡一体化暂行办法》实施的第一年。昆山市住房和城乡建设局明确提出要将"经济适用住房"、"廉租住房"、"公共租赁住房"以及"住房补贴"向全市区镇覆盖，实现全市域、全户籍覆盖。此次昆山市提出的"住房保障城乡一体化"举措，可谓"扬长补短"，昆山市委、市政府本着"短处"不可回避的思想，弥补了该市原基本住房保障方面的政策空白，[①] 对于解决中等偏低以下收入家庭住房困难具有重要的意义。

2011年江苏省、苏州市下达了昆山市2011年保障性安居工程建设目标任务。其中，任务要求昆山市新增"公共租赁住房"2000套（间）、新增"廉租住房"50套、新建"经济适用住房"400套、发放"廉租住房租赁补贴"200户、完成改造面积30000平方米、新建"限价商品房"500套。与2010年相比，昆山市不仅在新增"廉租住房"的基础上增加了"廉租住房租赁补贴"的投入，增加了"经济适用住房"的套数，而且还根据"十二五"规划的要求，新增了"公共租赁住房"和"限价商品房"的建设。

具体而言，2011年昆山市基本住房保障工作开展情况如下。

（1）保障性安居工程项目建设情况。

A. "澞和苑一期工程"2.72万平方米，已于2009年11月开工，2011年7月份已签约交房，其中"经济适用住房"235套、"廉租住房"41套。

B. "澞和苑二期工程"2.75万平方米，小高层主体已于2011年6月份封顶，预计到2012年交房。该安居工程的259套住房已于2010年分配完毕。

C. 为确保2011年下达任务的完成，2011年初，昆山市住房和城乡建设局向昆山市人民政府提出了《保障性用房选址建设请示》，昆山市

[①] 《昆山市住房和城乡建设局提出住房保障城乡一体化举措》，《昆山日报》2012年12月20日。

人民政府同意了选址请示，该地块坐落于江浦路东侧、朝阳西路以北，北邻娄江，占地面积55984平方米，总建筑面积达13万平方米。规划建成后有13幢14~24层的高层建筑，共有1324套住宅以及1个12班幼儿园等一部分配套公共建筑，该工程已于2011年9月正式开工建设。

（2）2011年江苏省、苏州市目标任务分解方案表的落实情况。

A. 目标任务：新增"公共租赁住房"2000套。

在2011年新开工的"N-1地块保障性住房项目"中解决150套（昆山市重点实事工程目标任务），剩余1850套计划落实在正在建设的"昆山高新区邻里中心项目一期"840套约39000平方米，主体已于2011年5月封顶，"昆山开发区企业科技园人才公寓一期"1010套约47000平方米，已于2011年9月开工建设。

B. 目标任务：新增"廉租住房"50套。

落实在2011年新开工的"N-1地块保障性住房项目"中。

C. 目标任务：新建"经济适用住房"400套。

落实在2011年新开工的"N-1地块保障性住房项目"中。

D. 目标任务：发放"廉租住房租赁补贴"200户。

2011年全年累计发放补贴368户，包括低收入困难家庭184户、低保困难家庭184户，做到"应保尽保"。

E. 目标任务：完成30000平方米的"危旧房"改造任务。

落实在昆山市重点实事工程"马鞍山路东延拆迁工程"中，拆迁总面积达30884平方米、拆迁总户数为326户。

F. 目标任务：新建"限价商品房"500套。

落实在"澞和苑在建拆迁房源"之中。

（3）2011年昆山市住房和城乡建设局关于基本住房保障的具体工作情况。

A. 2011年初昆山市组织了经审核符合条件的2010年度"经济适用住房"494户、"廉租住房"69户抽签分配仪式；落实了"澞和苑一期工程"建设与销售的差价资金、"廉租住房"收购资金；2011年7月配合城投公司交付了276套"经济适用住房"和69户"廉租住房"。解决了廉租住户小区物业管理费收缴问题，经昆山市政府批准，同意住户承担物业费的20%，财政补贴80%。

B. 通过了江苏省住房和城乡建设厅住房保障处2010年度台账考核工作。全年接受建设部级、省市级住房保障任务落实情况、开工情况、质量安全检查、监察效能督察等5次。

C. 2011年10月受理了2011年度的"经济适用住房"申请670户，经审核复查426户登报公示，审核"低保困难家庭实物配租"33户，2011年底前完成房号抽签工作。

D. 审核了8户军队转业干部、17户驻昆山部队人员购买"经济适用住房"的申请材料。

E. 审核了"开发区蓬朗街道"26户、"陆家镇"8户"经济适用住房"的申请材料。

F. 审核新增了低保、低收入困难家庭"租赁补贴"57户。2011年累计发放了368户低收入、低保困难家庭住房"租赁补贴"209万元。

G. 拟定了《服务转型升级企业住房保障办法》上报昆山市政府。

H. 做好信访和政协提案答复工作，配合各项创建工作做好住房保障台账资料。

I. 每月按时上报省、市各类保障性住房筹集、建设、进展和管理情况工作报表以及做好网上信息公开工作。

二 2012年昆山市基本住房保障《暂行办法》的修订、服务转型升级及实施情况

（一）2012年昆山市基本住房保障《暂行办法》的修订

2012年1月18日，昆山市政府对2010年制定的《暂行办法》进行了修订（主要对其中的四个款项进行了修订）。新《暂行办法》主要将申请基本住房保障的家庭人员的资格进行了进一步的规范和扩充。

（1）将"必须有2人具有昆山市户籍连续8年以上（含8年），且男性在60周岁、女性在55周岁以下"的条件更改为："申购经济适用住房家庭人员中，有任意2人具有昆山市户籍并在昆山生活连续满8年以上（含8年），且男性60周岁以下（含60周岁）、女性55周岁以下（含55周岁）。"

（2）将"以下人员可以被计算为申请家庭的家庭成员：①申请夫妇及其同一户籍并共同生活的子女；②正在服义务兵役的子女；③在外地读书的未婚子女；④原同户籍的劳教或服刑人员；⑤与申请人夫妇具有法定赡养、抚养、扶养关系，且同一户籍并共同生活5年以上的人员"。更改为："与申请人夫妇具有法定赡养、抚养、扶养关系，且在同一户籍并共同生活的人员，但仅可随同一子女享受一次。"

（3）将"以下住房应计算为申请家庭现有房产：①家庭成员名下现有的全部私有房产；②家庭成员现承租的全部公有住房；③家庭成员曾经购买过的保障性住房；④现实居住的属于家庭成员直系亲属的房产；⑤家庭成员在申请前5年内已转让的私有房产；⑥家庭成员在申请前5年内已被拆迁的房产；⑦家庭成员有实际居住权但没有办理产权的房产"。更改为："申请家庭直系亲属房产的总数量（大于申请家庭保障面积套型的房产）大于或等于家庭总数（直系亲属加上子女家庭数）的房产。"

（4）在申请经济适用住房的条件中增加一项："申请人未成年随同父母申请过经济适用住房，现独立成户时可作为申请人申购经济适用住房"。

解决城乡"中低收入家庭""外来务工人员""新就业人员"等群体的住房困难是昆山市"十二五"期间，改善民生、维护群众利益和建设"和谐昆山"的核心工作，也是住房制度改革和政府公共服务的一项重要职责。为了实现建设"和谐昆山"、率先实现基本现代化的总体目标，加快城乡一体化建设进程，适应昆山市经济社会发展，以"住有所居"为目标，建立健全住房保障制度，加快解决城区低收入家庭住房困难，加强对城市保障住房建设的指导和统筹，合理调整住房供应结构，稳定住房价格，进一步满足广大群众的基本住房需求，根据国家和省市的有关要求，结合昆山的实际情况，昆山市还编制了《昆山市"十二五"保障性住房建设规划（2011～2015）》，[①] 并根据昆山市自身的情况，进一步营造"亲才、爱才、留才"的良好环境，促进各类人才集聚昆山，推进产业转型升级。昆山市根据《昆山市服务转型升级住房保障的若干意见》（昆政规〔2012〕2号），制定了《昆山市服务转型升级住房保障实施细则（试行）》，该细则于2012年7月1日实施。

（二）昆山市服务转型升级保障性住房[②]

"服务转型升级保障性住房"是指各区镇为辖区内企业或企业自身为转型升级所需人才建设和筹集的住房。符合转型升级住房保障条件的企业名单，由各区、镇会同昆山市发改委、经济和信息化委员会、科技局、监察局、住房和城乡建设局、商务局、台湾事务办公室等部门商议确定。区镇建设服务转型升级保障性住房所需用地，在确定建设规模、户型要求、销售价格等相关条件后，通过"招拍挂"的方式取得。有条件的区镇也可以在区、镇的动迁房源中直接筹集"服务转型升级保障性住房"。符合条件的企业向区镇提出申请时，应明确所需"服务转型升级保障性住房"的数量、户型和租售方式等要求，并提供企业中保障人才的身份证明、学历证明、职称职务证明、工作简历等相关材料。各区镇应及时会同市发改委、经济和信息化委员会、科技局、监察局、财政局、人力资源和社会保障局、国土资源局、住房和城乡建设局、规划局、商务局、物价局、台湾事务办公室、人才工作领导小组办公室等部门组成的联合会审小组，对企业提出的申请进行审核，确定保障人才相应的标准和数量，以及"服务转型升级保障性住房"的房价

[①] 《昆山市"十二五"保障性住房建设规划（2011～2015）》，URL：http：//www.ssfcn.com/detaled_gh.asp? id＝27767，上网时间：2013年7月8日。

[②] 昆山市人民政府办公室文件：《市政府办公室关于印发昆山市服务转型升级住房保障实施细则（试行）的通知》（昆政办发〔2012〕75号）。

和租金,并报昆山市政府批准。特别重要的龙头骨干企业建设为本企业服务的"服务转型升级保障性住房"用地,由所在区镇提出申请,经市政府批准后,可直接通过"招拍挂"的方式取得。已购买过"经济适用住房"或正在享受"廉租住房"保障的企业人员,若申购"服务转型升级保障性住房",必须按相关规定退出已购买的"经济适用住房"或"廉租住房"后,方可予以办理。企业人员购买"服务转型升级保障性住房"后,不得再享受昆山市其他住房保障优惠政策。"服务转型升级保障性住房"建设执行昆山市住房保障的各项优惠政策。房价、租金标准原则上按同类地区市场价格的70%确定,并在土地"招拍挂"之前予以明确。在办理"服务转型升级保障性住房"的房产、土地登记时,应在房屋所有权证、土地使用权登记证附记栏中标记"限价商品房"。购买"服务转型升级保障性住房"不满5年的,不得上市交易;购买满5年的,交易时由区镇或由出售方按原价和交纳的税费回购;购买满10年的可直接上市交易。作为公共租赁用房的"服务转型升级保障性住房",住户不得违反规定将"服务转型升级保障性住房"出租、空置、转借、调换、转让、抵押以及作为经营性用房,并严格遵守物业管理相关规定。对弄虚作假、出具假证明骗取"服务转型升级保障性住房"的企业和个人,由所在区镇依法收回房屋,并追究相关人员的责任,不再受理其"服务转型升级保障性住房"的申请。具体的昆山市服务转型升级住房保障企业申请表和个人申请表,见表6-3、表6-4。

表6-3 昆山市服务转型升级住房保障企业申请表

申请企业			
法人代表			
企业地址(所属区镇)			
企业规模	注册资金(万元)		职工数(人)
申请房源总数(套)		申请房源总面积(平方米)	

续表

申请户型面积及保障方式	小户型(套)(60平方米以下)		租赁(套)	
			购买(套)	
	中户型(套)(60~120平方米)		租赁(套)	
			购买(套)	
	大户型(套)(120平方米以上)		租赁(套)	
			购买(套)	
	集体宿舍(间)		租赁(套)	
			购买(套)	
申请企业(章)法人代表(签字)		区镇意见(章)		
联合会审小组意见:				

资料来源:昆山市人民政府办公室文件《市政府办公室关于印发昆山市服务转型升级住房保障实施细则(试行)的通知》(昆政办发〔2012〕75号)。

表6-4 昆山市服务转型升级住房保障个人申请表

申请人姓名		身份证号		工作单位	
工作年限		单位职务		学历	
职称		联系电话			
配偶姓名		身份证号		联系电话	
申请人户口所在地				实际居住地	
现住房情况	自有住房	房屋面积平方米		地址	
	租住公房	房屋面积平方米		地址	公房单位:
	租住私房	房屋面积平方米		地址	
申请家庭人员情况					
现在居住人员情况	姓名	称谓	身份证号	工作单位	

续表

对填报资料及提供材料的真实性负责,如有虚假,责任自负。
申请人及其配偶签字:

| 单位意见(章) | 区镇意见(章) |

附:个人身份证、工作单位、工作年限、单位职务、学历、职称、婚姻状况、住房情况、户口等证明材料。

资料来源:昆山市人民政府办公室文件《市政府办公室关于印发昆山市服务转型升级住房保障实施细则(试行)的通知》(昆政办发〔2012〕75号)。

(三) 2012年昆山市基本住房保障工作的实际情况

2012年昆山市计划做好新一轮保障性安居工程的选址工作;落实2012年江苏省、苏州市分解的保障性安居工程建设目标;开工建设保障性安居工程约60000平方米,建于"小西门N-1地块"。包括"经济适用住房"500套,"廉租住房"50套,"公共租赁住房"174套,12班幼儿园1所;并于2012年内审核分配"经济适用住房""廉租住房""公共租赁住房",实行"应保尽保";对符合条件的"低保、低收入家庭"发放"住房租赁补贴";继续做好保障性安居工程项目的网上信息公开工作,强化"服务转型升级保障性住房"分配过程的社会监督和群众监督,确保分配过程科学透明,分配结果公平公正,努力使分配过程和结果更趋完善。可见,昆山市在2011年的基础上不仅增加了基本住房保障的投入,而且还加强了基本住房保障的规范化管理,以确保分配的公平公正。

1. 2012年昆山市基本住房保障的工作情况

江苏省政府下达了昆山市2012年基本住房保障工作的具体任务:保障性工程开工4500套、竣工1210套,低收入补贴200户。

在2012年的工作任务中,昆山市保障性工程中已开工的项目有

4598套，比原定江苏省下达的4500套的任务超额完成98套。具体来讲，2012年昆山市保障性工程开工项目包括："经济适用住房"500套（项目名称："N-1地块小区二期经适房工程"，位于江浦路朝阳路口，总投资18000万元，建筑面积45000平方米，已投资6000万元，已于2012年1月1日开工建设）；"公共租赁住房"2006套，比原定江苏省下达的2000套的任务超额完成6套〔项目名称1："N-1地块小区二期公租房（廉租房）工程"，位于江浦路朝阳路口，总投资5500万元，建筑面积15000平方米，224套，已投资1800万元，已于2012年1月1日开工建设；项目名称2："花桥人才公寓三期"，位于绿地大道，总投资18000万元，建筑面积64963平方米，540套，已投资10000万元，已于2011年11月1日开工建设；项目名称3："高新区邻里中心6号、7号、9号、10号楼"，位于昆山高新区锦淞路，总投资11000万元，建筑面积31000平方米，594套，已投资1000万元，已于2012年9月1日开工建设；项目名称4："顺扬服务管理用房7号、8号、9号楼"，位于昆山花桥顺阳路西侧，总投资9200万元，建筑面积36425平方米，648套，已投资6000万元，已于2011年10月1日开工建设〕；"限价商品房"2092套，比原定江苏省下达的2000套的任务，超额完成92套〔项目名称："城投公司周市地块保障性住房（金塘园）"，位于长江路东侧，金浦路北，总投资175000万元，建筑面积288111平方米，已投资22000万元，已于2012年3月开工建设〕（见表6-5）。

截至2012年12月底，昆山市住房保障性工程实际竣工1686套（包括经济适用住房、公共租赁住房和限价商品房三大类），比原定江苏省下达的1210套的任务超额完成476套。在实际竣工的1686套保障性住房中，"经济适用住房"竣工268套（项目名称：漠和苑小区ZG1，ZG2，位于江浦路朝阳路口，已竣工面积为14000平方米，已于2012年8月交付）、"公共租赁住房"竣工842套（项目名称：开发区邻里中心一期，位于昆山高新区锦淞路，已竣工面积为25000平方米，已于2012年8月1日交付）、"限价商品房"竣工576套

（项目名称：滪和苑小区 XG7，ZG3，CG1－C4，位于江浦路朝阳路口，已竣工面积为 74000 平方米，已于 2012 年 8 月 1 日交付）（见表 6－6）。

表 6－5 2012 年度保障性住房建设开工任务完成情况

类型	省下达目标任务套数	已完成任务套数（新开工套数）	项目名称	项目地址	开工计划情况 总投资（万元）	开工计划情况 建筑面积（平方米）	开工计划情况 套数	实际开工年月	已完成投资（万元）
经济适用住房	500	500	N－1 地块小区二期经适房工程	江浦路朝阳路口	18000	45000	500	2012 年 1 月	6000
公共租赁住房	2000	2006	N－1 地块小区二期公租房（廉租房）工程	江浦路朝阳路口	5500	15000	224	2012 年 1 月	1800
公共租赁住房	2000	2006	花桥人才公寓三期	绿地大道	18000	64963	540	2011 年 11 月	10000
公共租赁住房	2000	2006	高新区邻里中心 6 号、7 号、9 号、10 号楼	昆山高新区锦淞路	11000	31000	594	2012 年 9 月	
公共租赁住房	2000	2006	顺扬服务管理用房 7 号、8 号、9 号楼	昆山花桥顺阳路西侧	9200	36425	648	2011 年 10 月	6000
限价商品房	2000	2092	城投公司周市地块保障性住房（金塘园）	长江路东侧、金浦路北	175000	288111	2092	2012 年 3 月	22000

资料来源："2012 年度保障性住房建设开工任务完成情况月报表（2012 年 12 月）"，昆山市住房和城乡建设局网站，URL：http：//www.ksceiin.gov.cn/HtmlEditorUplaodFile/2013－03/2013050931407615.xls，上网时间：2013 年 9 月 1 日。

表6-6　2012年度保障性住房竣工任务完成情况

类型	省下达目标任务套数	已完成任务套数（竣工套数）	项目名称	项目地址	已竣工交付 建筑面积（平方米）	年/月
经济适用住房	160	268	滨和苑小区ZG1,ZG2	江浦路朝阳路口	14000	2012年8月
公共租赁住房	500	842	开发区邻里中心一期	昆山高新区锦淞路	25000	2012年8月
限价商品房	550	576	滨和苑小区XG7,ZG3,CG1-C4	江浦路朝阳路口	74000	2012年8月

资料来源："2012年度保障性住房竣工完成情况月报表（2012年12月）"，昆山市住房和城乡建设局网站，URL：http：//www.ksceiin.gov.cn/HtmlEditorUplaodFile/2013-03/2013050931407615.xls，上网时间：2013年9月1日。

2012年昆山市住房困难家庭实际补贴户数为590户。其中，实际"租赁补贴"457户（包括"低保住房困难家庭"137户，"低收入住房困难家庭"320户）、"实物配租"133户（"低保住房困难家庭"133户）（见表6-7）。可见，2012年昆山市租赁补贴实际保障户数，比原定江苏省下达的200户的补贴任务超额完成了390户。

表6-7　2012年度昆山市租赁补贴实际保障户数

单位：户

实际保障户总数	租赁补贴户数			实物配租户数		
	总数	低保住房困难家庭	低收入住房困难家庭	总数	低保住房困难家庭	低收入住房困难家庭
590	457	137	320	133	133	0

资料来源："住房困难家庭和新就业人员、外来务工人员住房保障情况月报表（2012年12月）"，昆山市住房和城乡建设局网站，URL：http：//www.ksceiin.gov.cn/HtmlEditorUploadFile/2013-03/2013050931407615.xls，上网时间：2013年9月1日。

新修订的《昆山市实施住房保障城乡一体化暂行办法》，放宽了申购"经济适用住房"的条件，自2012年8月20日，昆山市住房和城乡建设局发布"经济适用住房"申购通知后，各街道社区共受理申请家庭登记材料533户。"住房保障中心"对申请家庭住房情况进行了复审核实、民政部门对申请家庭中等偏低收入身份进行确认后,对复审核实后的417户申请家庭进行为期1个月的公示。其中3户因举报情况属实被取消申请资格,另有10户申请家庭则被发现已签订商品房合同,也被取消了申请资格。提出"廉租住房"申请的36户低保无房或住房困难家庭则全部符合条件。2013年1月3日举行了保障性住房分配抽签仪式,昆山市440户住房困难家庭喜获新居。

2. 2012年昆山市住房和城乡建设局关于基本住房保障的具体工作情况

(1) 2012年,昆山市按时完成了江苏省政府下达的保障性住房工程4500套开工、1210套竣工、200户低收入补贴的任务。

(2) 2012年初昆山市组织了经审核符合条件的2011年度"经济适用住房"415户、"廉租住房"29户抽签分配仪式;落实了"澞和苑小区二期经济房工程"建设与销售的差价资金;9月份配合城投公司交付了235套经济适用住房;申请到2012年度给廉租住户小区物业管理费财政补贴80%的专项经费。

(3) 通过了江苏省住房和城乡建设厅住房保障处2011年度台账考核工作。2012年全年接受建设部级、省市级住房保障任务落实情况、开工情况、质量安全检查、监察效能督察等方面的检查工作。

(4) 2012年9月受理了2012年度的经济适用住房申请535户,经审核后404户符合申购经济适用住房资格,低保实物配租36户,年底前完成房号抽签工作。

(5) 审核通过了5户军队转业干部、10户驻昆山部队人员购买经济适用住房申请材料及分配工作。

(6) 协助区镇做好基本住房保障业务工作。

(7) 审核新增了低保、低收入租赁补贴182户。2012年全年累计发放了461户低收入、低保住房租赁补贴254.7万元。

(8) 完成新一轮保障性安居工程的选址、方案设计工作。

(9) 配合昆山市审计局做好对保障性安居工程的跟踪审计工作。

(10) 拟定了《关于建立健全我市住房保障退出机制的意见》上报

昆山市政府。

（11）做好信访和政协提案办理答复工作、配合各项创建工作做好基本住房保障台账资料。

（12）每月按时上报省、市各类保障性住房筹集、建设、进展和管理情况工作报表以及网上信息公开工作。

（13）分配了2010年、2011年公租房中央补贴资金工作。2012年获得中央和省下达的保障性住房建设补助和引导资金金额3846万元，全部分解于政府投资的保障性住房建设项目中。

在对昆山市部分街道办事处进行访问的过程中，笔者了解到昆山市的各街道办事处均以2012年的新《暂行办法》为准，具体落实本辖区的基本住房保障工作。以昆山市亭林街道办事处2013年第一季度的统计数据为例，可以了解到该街道基本住房保障的实际发放情况（见表6-8和表6-9）。

表6-8 2013年度第一季度亭林街道低收入住房补贴（2013年1月）

序号	所属社区	申请人姓名	家庭人口	每月补贴金额（元）	季度总计（元）	卡号	联系电话	备注
1	马鞍山社区	×××	1	360	1080	×××		
2		×××	1	360	1080	×××		
3		×××	3	810	2430	×××		
4		×××	2	612	1836	×××		
5		×××	3	810	2430	×××		
6	星海社区	×××	3	810	2430	×××	×××	2011年经济房
7		×××	3	810	2430	×××	×××	
8		×××	3	810	2430	×××	×××	2011年经济房
9		×××	2	612	1836	×××		
10		×××	2	612	1836	×××		
11		×××	2	612	1836	×××		2011年经济房
12		×××	2	612	1836	×××		
13		×××	1	360	1080	×××		
14		×××	1	360	1080	×××		
15		×××	1	360	1080	×××		
16		×××	2	612	1836	×××		

续表

序号	所属社区	申请人姓名	家庭人口	每月补贴金额(元)	季度总计(元)	卡号	联系电话	备注
17	星海社区	×××	1	360	1080	×××		
18		×××	1	360	1080	×××		
19		×××	2	612	1836	×××		
20		×××	1	360	1080	×××	×××	
21		×××	1	360	1080	×××	×××	
22	亭林社区	×××	1	360	1080	×××		
23		×××	1	360	1080	×××		
24		×××	1	360	1080	×××		
25		×××	1	360	1080	×××		
26		×××	1	360	1080	×××		
27		×××	1	360	1080	×××		
28		×××	1	360	1080	×××		
29		×××	3	810	2430	×××		2012年购买经济房
30		×××	2	612	1836	×××		2012年购买经济房
31		×××	2	612	1836	×××		
32		×××	1	360	1080	×××	×××	
33		×××	1	360	1080	×××	×××	
34	红峰社区	×××	2	612	1836	×××		2011年经济房
35		×××	3	810	2430	×××		
36		×××	2	612	1836	×××		
37		×××	3	810	2430	×××		
38		×××	3	810	2430	×××		
39		×××	3	810	2430	×××		2011年经济房
40		×××	2	612	1836	×××		2011年经济房
41		×××	1	360	1080	×××		
42		×××	1	360	1080	×××		
43		×××	1	360	1080	×××		
44		×××	1	360	1080	×××		
45		×××	1	360	1080	×××		
46		×××	1	360	1080	×××		
47		×××	3	810	2430	×××		2011年经济房
48		×××	1	360	1080	×××	×××	

注：①取消12人（已经购买2010年经济适用住房）；增加5人。②表格中的具体人名、银行卡号和联系电话号码略去。

资料来源：昆山市亭林社区台账。

表 6-9 2013 年度第一季度亭林街道低保廉租住房补贴表发放清单

2013 年 1 月 20 日

序号	社区名称	姓名	家庭人口	补贴方式	金额（元）	季度补贴金额（元）	卡号	备注
1	红峰社区	×××	3	货币	810	2430	×××？	
2		×××	2	货币	612	1836	×××	
3		×××	1	货币	360	1080	×××	2011 年廉租房
4		×××	1	货币	360	1080	×××	2012 年廉租房
5		×××	1	货币	360	1080	×××	2012 年廉租房
6		×××	2	货币	612	1836	×××	
7		×××	3	货币	810	2430	×××	
8		×××	1	货币	360	1080	×××	2011 年廉租房
9	中山社区	×××	1	货币	360	1080	×××	2011 年廉租房
10		×××	3	货币	810	2430	×××	2011 年廉租房
11		×××	1	货币	360	1080	×××	2012 年廉租房
12		×××	1	货币	360	1080	×××	2012 年廉租房
13		×××	1	货币	360	1080	×××	2011 年廉租房
14	仓基街社区	×××	1	货币	360	1080	×××	2011 年廉租房
15		×××	1	货币	360	1080	×××	2012 年廉租房
16		×××	1	货币	360	1080	×××	2012 年廉租房
17	里库社区	×××	1	货币	360	1080	×××	2012 年廉租房
18		×××	3	货币	810	2430	×××	2012 年廉租房
19		×××	1	货币	360	1080	×××	2012 年廉租房
20		×××	1	货币	360	1080		
21	马鞍山社区	×××	3	货币	810	2430	×××	2011 年廉租房
22		×××	2	货币	612	1836	×××	2011 年廉租房
23		×××	2	货币	612	1836	×××	2011 年廉租房
24		×××	1	货币	360	1080	×××	2011 年廉租房
25		×××	1	货币	360	1080	×××	
26	玉峰社区	×××	1	货币	360	1080		2012 年廉租房
27		×××	1	货币	360	1080	×××	
28		×××	1	货币	360	1080	×××	
29	亭林社区	×××	1	货币	360	1080		2012 年廉租房
30		×××	1	货币	360	1080	×××	2012 年廉租房
31		×××	1	货币	360	1080	×××	
32		×××	1	货币	360	1080	×××	
33		×××	1	货币	360	1080	×××	

注：①取消 1 人（已领取养老金，低保证已收）；增加 3 人。②表格中的具体人名和银行卡号略去。

资料来源：昆山市亭林社区台账。

三 总结及展望

综上所述，与"十二五"时期基本住房保障服务国家基本标准相比，昆山市根据自身的特点，为辖区内居民提供的基本住房保障服务的侧重点亦有所不同。据了解，昆山市位于江苏省东南部，是中国经济实力最强的县级市，连续多年被评为全国百强县之首，昆山市城乡居民的人均收入亦居全国之首。[①] 昆山市并不存在"棚户区居民"、"农村困难家庭危房"以及"游牧民定居"情况，因此，也就不存在"为符合条件的棚户区居民实施住房改造"、"为农村困难家庭危房改造提供补助"和"为定居游牧民提供基本住房保障"相关工作。根据昆山市的实际情况，该市设定的基本住房保障形式主要为"低保廉租住房""经济适用住房""租赁补贴""租金减免"四种形式。上文亦显示，根据国家"十二五"规划的要求，昆山市自2011年起便开始对该市的公共租赁住房进行了大范围的建设，符合国家"十二五"规划中"重点发展公共租赁住房，逐步使其成为保障性住房的主体"的目标。到2013年上半年，昆山市"公共租赁住房"的基本住房保障形式暂未实施，"为城镇中等偏下收入住房困难家庭、新就业无房职工和城镇稳定就业的外来务工人员提供公共租赁住房"的相关文件正在制定之中。[②]

根据现有昆山市住房和城乡建设局对2010～2012年基本住房保障的统计数据的总结可知，与2010年相比，2011年和2012年昆山市"经济适用住房"的户数和"廉租住房"的户数，均有下降的趋势；但"租赁补贴"的户数却有所上升（见表6-10）。这可能与国家对"十二五"期间基本住房保障任务中强调要"健全廉租住房保障方式，实行实物配租和租赁补贴相结合。完善租赁补贴制度，通过发放租赁补贴增强低收入家庭在市场承租住房的能力"有关，也可能与昆山市实行

---

① 《2012昆山亮眼成绩单》，人民网，URL：http://unn.people.com.cn/n/2013/0104/c178150-20083291.html，2012年1月4日，上网时间：2013年7月10日。
② 资料由昆山市住房和城乡建设局提供。

的"低保减退"机制有关。随着昆山市低保户数及人数的逐年递减（见表6-11），以"廉租住房"和"经济适用住房"为主的基本住房保障形式，正逐渐被"租赁补贴"形式所取代。此外，数据显示：虽然"租金减免"是昆山市基本住房保障的形式之一，但从具体数据来看，在2010~2012年，昆山市仅有50户家庭享受了"租金减免"的基本住房保障，减免金额共计6.3万元，① 这说明到目前为止，"租金减免"的保障形式并非昆山市基本住房保障的主要形式之一，仍有发展的空间。

表6-10 2010~2012年昆山市基本住房保障统计数据总结

年份	经济适用住房	廉租住房	租赁补贴	租金减免
2010	494户1235人	67户134人	329户578人158万元	2010~2012年共计50户,6.3万元
2011	423户1057人	29户58人	432户878人206万元	
2012	404户1112人	36户72人	457户914人242万元	

资料来源：由昆山市住房和城乡建设局提供。

表6-11 2008~2012年昆山市低保户数及人数

年份	低保户数	低保人数	年份	低保户数	低保人数
2008	5894户	12998人	2011	4205户	10649人
2009	5175户	12487人	2012	3703户	9207人
2010	4419户	11385人			

资料来源：昆山市民政局2011~2012年工作总结。

通过数据分析和访谈的结果可知，虽然昆山市已经在基本住房保障方面做出了积极的努力，但是依旧存在一些亟须解决的问题。例如，在访谈中，笔者了解到，虽然昆山市已经尽可能地为辖区居民提供各种基本住房保障，但仍未能满足昆山市实际的刚性需求。② 另外，2010~2012年，在所有享受基本住房保障的家庭中，仅有6户因死亡退出

---

① 资料由昆山市住房和城乡建设局提供。
② 资料来源：昆山市亭林街道工作人员的访谈记录。

"租赁补贴",1户因购买了私有房产退出了"租赁补贴"。但享受其他保障形式（例如，廉租住房）的家庭并未有任何一户因不符合基本住房保障条件而予以转换或清退的现象。[①] 为此，2012年昆山市住房和城乡建设局拟定了《关于建立健全我市住房保障退出机制的意见》上报昆山市政府，希望可以通过进一步严格准入制度，实行动态管理，加强定期审核制度，对不符合保障条件的家庭及时予以转换或清退，着力破解居民公租房（廉租住房）实物配租后管理中出现的突出问题。

与"十二五"时期基本住房保障服务国家基本标准进行对比后发现：昆山市确实为辖区居民的基本住房保障做出了积极的努力和大胆的尝试，不但履行了国家在"十二五"期间基本住房保障的相关要求，基本完成了国家的标准，而且还根据昆山市的自身特点，制定了《服务转型升级住房保障细则》，促进各类人才集聚昆山，为昆山市的产业转型升级提供保障。在取得成绩的同时，昆山市还清楚地看到，在确保完成基本住房保障目标计划的同时，还应积极加强保障性住房的政策研究，例如，"扩大保障面"、"探索加大货币补贴额度"和"及时出台居民公共租赁房屋的申请及管理办法"等都是昆山市下一阶段基本住房保障工作的努力方向。昆山市住房和城乡建设局已将解决这些问题列入2013年的工作计划之中。其中，"扩大保障面"的具体做法是结合2013年昆山市政府即将出台的《低收入家庭收入认定办法》，将低收入人群纳入实物配租保障办法之中，居民"公共租赁住房""廉租住房"并轨申请和管理，根据租金的额度来保障准入的家庭。继续探索中等偏低收入及以下住房困难家庭购买普通商品住房，政府给予补贴的办法。原昆政办发〔2009〕61号文件规定：凡符合政府规定申购经济适用住房条件的住房困难家庭可选择政府购房补贴，标准为每户10万元，但自文件实施以来，无一户申请家庭选择购房补贴。为此，昆山市住房和城乡建设局拟考虑根据目前购买一套政府提供的经济适用住房的价格获得的收益情况调整补贴额度，初步测算出补贴35万元才能和购买经济

---

① 资料由昆山市住房和城乡建设局提供。

适用住房同等收益，以缓解政府建设经济适用住房的压力。此外，在制定《居民公共租赁房屋申请和管理办法》的过程中，还要着力破解居民实物配租后管理中突出问题的解决办法，进一步严格住房保障的准入制度，实行动态管理，加强定期审核制度，对不符合保障条件的家庭及时予以转换或清退。

2013年是"十二五"保障性安居工程建设承上启下的关键一年，保障性安居工程既是重大的民生工程，也是重大的发展工程。昆山市从2013年起便立足于保障改善民生和推动城镇化健康发展，高度重视并切实抓好工程的建设。根据江苏省政府下达的《2013年保障性安居工程建设目标任务的通知》，昆山市"廉租住房租赁补贴"任务为200户；开工建设"公共租赁住房"1800套、"经济适用住房"400套、"限价商品房"1000套；要基本建成"公共租赁住房"700套，"经济适用住房"400套，"限价商品房"360套[1]（见表6-12）。

表6-12 2013年昆山市保障性安居工程建设目标任务

单位：套，户

廉租住房租赁补贴	公共租赁住房			经济适用住房		限价商品房	
	新开工	政府投资	基本建成	新开工	基本建成	新开工	基本建成
200	1800	1800	700	400	400	1000	360

资料来源：江苏省人民政府办公厅文件：《省政府办公厅关于分解下达2013年保障性安居工程建设目标任务的通知》（苏政办发〔2013〕5号），昆山市住房和城乡建设局网站，URL：http://www.kscein.gov.cn/HtmlEditorUploadFile/2013-03/201303051026574927.doc，上网时间：2013年9月1日。

截至2013年7月底，昆山市2013年保障性安居工程新开工项目包括"柏盛园"、"巴城创业园5~9号宿舍楼"和"高新区邻里中心8号楼"三个项目。"柏盛园"为"限价商品房"，位于柏庐路和庆丰路口，昆山市政府计划投资7000万元，计划占地面积90000平方米，计划年

---

[1] 江苏省人民政府办公厅文件：《省政府办公厅关于分解下达2013年保障性安居工程建设目标任务的通知》（苏政办发〔2013〕5号）。

度开工的套数为 600 套,已于 2013 年 1 月开工建设;"巴城创业园 5~9 号宿舍楼"为"公共租赁住房",位于巴城镇,昆山市政府计划投资 3000 万元,计划占地面积 50000 平方米,计划年度开工的套数为 675 套,已于 2013 年 6 月开工建设;"高新区邻里中心 8 号楼"也是"公共租赁住房",位于高新区,昆山市政府计划投资 2000 万元,计划占地面积 14536 平方米,计划年度开工的套数为 160 套,已于 2013 年 6 月开工建设(见表 6-13)。此外,"金浦花园 38~40 号楼"作为"限价商品房"项目,已于 2013 年 3 月竣工。该项目的地址位于昆山白塔路东、新维路南,政府已完成投资 2000 万元,实际建筑面积 47000 平方米,实际竣工套数为 378 套(见表 6-14)。

表 6-13 2013 年昆山市保障性安居工程新开工项目(截至 2013 年 7 月底)

项目名称	项目地址	房源类别	年度计划投资(万元)	年度计划建筑面积(平方米)	年度计划开工套数(套)	实际开工年/月
柏盛园	柏庐路和庆丰路口	限价商品房	7000	90000	600	2013 年 1 月
巴城创业园 5~9 宿舍	巴城镇	公共租赁住房	3000	50000	675	2013 年 6 月
高新区邻里中心 8 号楼	高新区	公共租赁住房	2000	14536	160	2013 年 6 月

资料来源:"2013 年昆山完成省政府下达保障性住房项目完成情况(截至 7 月底)",昆山市住房和城乡建设局网站,URL:http://www.kscein.gov.cn/Information/information_view.aspx?contentid=8191,上网时间:2013 年 9 月 1 日。

表 6-14 2013 年昆山市保障性安居工程竣工项目(截至 2013 年 7 月底)

项目名称	项目地址	房源类型	年度实际完成投资(万元)	年度实际竣工建筑面积(平方米)	年度实际竣工套数(套)	竣工时间年/月
金浦花园 38~40 号楼	昆山白塔路东,新维路南	限价商品房	2000	47000	378	2013 年 3 月

资料来源:"2013 年昆山完成省政府下达保障性住房项目完成情况(截至 7 月底)",昆山市住房和城乡建设局网站,URL:http://www.kscein.gov.cn/Information/information_view.aspx?contentid=8191,上网时间:2013 年 9 月 1 日。

根据昆山市住房和城乡建设局的资料，截至 2013 年第二季度，昆山市共向 315 户"低收入家庭"发放住房补贴 515136.96 元人民币；向 126 户"低保家庭"发放住房补贴 192389.62 元人民币。① 从 2013 年 8 月 1 日起，昆山市对住房保障低收入家庭认定标准进行了调整，最低收入、低收入及中等偏低收入三类住房困难家庭保障收入较 2012 年提高了 10% 以上。住房保障收入认定标准是根据《暂行办法》以及昆山市统计部门公布的 2012 年度昆山市城镇居民人均可支配收入和在岗职工平均工资的一定比例来确定的。具体为最低收入住房困难住房保障收入标准由 2012 年的 590 元/月·人，调整为 660 元/月·人，增长率为 11.86%；低收入住房困难家庭住房保障收入标准由 2012 年的 1466 元/月·人，调整为 1656 元/月·人，增长率为 12.96%；中等偏低收入住房困难家庭住房保障收入标准由 2012 年的 28049 元/年·人，调整为 32077 元/年·人，增长率为 14.36%（见表 6-15）。认定标准的提高，使得住房保障对象进一步扩大到中等偏低及以下收入家庭，使更多困难家庭享受到保障。②

表 6-15　2012~2013 年昆山市最低收入、低收入
及中等偏低收入家庭保障收入标准

单位：元/月·人，%

类型	2012 年	2013 年	增长率
最低收入家庭保障收入标准	590	660	11.86
低收入家庭保障收入标准	1466	1656	12.96
中等偏低收入家庭保障收入标准	28049	32077	14.36

注：表格由笔者根据相关资料制作。

保障性住房的建设是民生问题、社会问题，同时也是城市发展问题，对保障和改善民生、促进社会的和谐稳定、完善城市功能都有重要

---

① "2013 年 2 季度低保低收入住房困难补贴发放公示"，昆山市住房和城乡建设局网站，URL：http://www.kscein.gov.cn/Information/information_view.aspx?contentid=8154，上网时间：2013 年 9 月 1 日。
② 《住房保障低收入家庭认定标准提高》，《昆山日报》2013 年 9 月 1 日，第 A01 版。

的意义。昆山市的基本住房保障实行了"分散配建"和"集中建设"相结合的方式。集中建设的保障性住房被优先安排在交通便利、基础设施齐全、公共事业完备、就业方便的区域。昆山市以统筹协调的良好机制形成基本住房保障工作的合力，从体制机制入手，着力破解保障性住房建设管理中的突出问题。近年来，随着昆山市公共财力的不断增长，昆山市已经形成了"经济适用住房""廉租住房""公共租赁住房""动迁安置房""限价商品房""人才公寓""蓝领中心""集体宿舍"等多类型保障性住房互为补充的格局，有效满足了多层次保障性住房需求，实现了对住房保障市场范围和常住人口的全覆盖。

报告七
融合创新、成果普惠[*]
——昆山市公共文化体育服务

目前，昆山市正在经历着从解决温饱问题到全面建设小康社会，再到率先基本实现现代化的发展过程。这一过程，不仅要求昆山市在社会经济发展方面基本实现现代化，同时也要求昆山要在人的发展、城市建设、环境优化以及公共服务等诸多方面朝着现代化的目标努力。特别是建立健全基本公共服务体系，是达成党的十八大报告所提出的"基本公共服务均等化总体实现"目标的前提条件，也是深入贯彻科学发展观、构建社会主义和谐社会的重要举措。公共文化体育服务作为构建国家基本公共服务体系的重要组成部分，是落实十七大以来"加强文化建设战略目标"的重要任务，更是维护公民基本文化权益、满足人民群众基本文化体育生活需求的重要保障。[①] 因此，各级党委、政府必须重视公共文化体育服务的建设与发展。本报告对昆山市的公共文化体育服务发展状况进行了初步的总结分析。

一 昆山市大力开展公共文化体育服务建设的背景

（一）昆山市的基本概况

昆山虽然是一座县级市，但其人口规模还是比较大的。目前，在昆

---

[*] 本报告由郑建君执笔。
[①] 国务院：《国家基本公共服务体系"十二五"规划》，2012年7月19日。

山全市195万人常住人口中，本市户籍人口约73.7万人，外来常住人口的比例达到62%。在这些外来人口中，常年在昆山居住和工作的台籍人士大约超过了10万人，因此，昆山又有"小台北"的雅号。昆山市的经济发展一直位于全国县级市的前列，连续8年位于全国百强县之首。截至2012年，昆山市生产总值（GDP）达到2720亿元，其中工业总产值8520亿元，同比增长6.5%；服务业增加值1080亿元，同比增长20%；公共财政预算收入220亿元，同比增长10%；全社会固定资产投资760亿元，同比增长17.6%；社会消费品零售总额500亿元，同比增长18.8%；城镇居民人均可支配收入40510元，农村居民人均纯收入23630元，同比分别增长15.1%和16.9%。① 同时，昆山还是一座历史悠久的文化名城，昆曲、赵陵山良渚文化遗址、三大古镇（周庄镇、锦溪镇、千灯镇）以及包括顾炎武在内的一大批文化名人都是昆山文化历史的代表。

（二）昆山市"率先基本实现现代化"目标的实现

从发展中国家现代化进程的经验来看，对应于工业化、信息化和城市化而言，社会服务的公共化也是一个重要的方面。② 目前，昆山市的经济发展水平在全国中小城市当中处于领先的位置，同时也具有一定的历史文化基础，而人民群众对社会公共服务和文化生活的刚性需求比较大，再加上较高比例的常住外来人口，就使得大力发展基本公共服务、提升质量水平成为昆山市必须关注的任务。昆山市于2005年率先在江苏全省范围内建成高水平全面小康社会后，在2006年再次提出了"围绕基本实现现代化"的工作要求，③ 并最终确立了在2012年底率先基本实现现代化的奋斗目标。按照率先基本实现现代化的"时间表"、"路线图"和"任务书"，昆山市委、市政府带领全市干部群众坚持以科学发展观为

---

① 《昆山市2013年政府工作报告》，2013年1月3日。
② 齐勇锋、王家新：《构建公共文化服务体系的探索》，《2006年：中国文化产业发展报告》，社会科学文献出版社，2006，第61~70页。
③ 张树成：《县（市）域基本实现现代化指标体系的构建与实证研究——江苏省昆山市率先基本实现现代化的调查》，《现代经济探讨》2012年第8期。

指导,在产业体系、城市格局、社会事业、文化建设和政务管理五个方面,达成了率先基本实现昆山社会、经济、文化发展的现代化目标。

上述五个方面,有许多内容对于"建立健全基本公共服务体系""实现公共服务均等化发展""提升基本公共服务水平"等都具有一定的促进和推动作用。例如,昆山市在率先基本实现现代化目标的过程中,通过残疾人日间托养中心、残疾人结业培训、出台残疾人代步电动轮椅车购置补助办法、残疾学生教育助学协作等方式,使得残疾人康复服务水平和孤残儿童供养标准获得稳步提高。而昆山市在2012年率先基本实现现代化目标的过程中,通过加强社会事业管理、推进文化建设等工作,也有效地提升了全市公共文化体育服务的水平。例如,在公共文化服务方面,借助昆剧艺术节、海峡两岸文化交流月等一大批内容丰富、形式多样的各类文化活动,逐步形成了具有昆山地域特色的品牌成果。在公共体育服务方面,昆山市推出了"全民健身行动"项目,积极组织和宣传全民健身活动,形成了城乡居民广泛参与健身活动的良好氛围,成为国内唯一连续7年被国家体育总局评为"全民健身工作先进单位"的县级市。通过组织开展"我运动,我快乐,我健康——昆山市推进全民健身行动的实践"项目,与澳大利亚洛根市、韩国首尔江南区同时被世界卫生组织授予健康城市最佳实践奖。

(三)"文化昆山"的建设发展

2009年昆山市委、市政府启动了关于加快文化昆山建设的工作,并颁布了《关于加快文化昆山建设的实施意见》(以下简称《文化昆山实施意见》)。《文化昆山实施意见》要求力争用3年左右的时间,将昆山基本建设成为文化底蕴充分显现、文化事业更加繁荣、文化服务基本完善、文化产业形成规模、文化发展指标居于领先地位、经济社会与文化发展协调一致的文化城市和文明城市。[①] 值得一提的是,在《文化昆

[①] 中共昆山市委:《印发关于加快文化昆山建设的实施意见的通知》(昆委〔2009〕10号),《昆山市创建国家公共文化服务体系示范区文件汇编》,第78~102页。

山实施意见》的具体任务中，有许多内容和要求都涉及基本公共文化体育服务的建设发展。例如，《文化昆山实施意见》提出，完善公益性文化设施建设，全市基本建成以市级大型公共文化设施为骨干、以区镇（街道）公共文化设施为枢纽、以社区和村基层文化设施为基础，布局合理、发展均衡、服务优良、覆盖城乡的公共文化设施体系，形成"15分钟文化圈"。充分吸纳融合现代文化，广泛开展颇具特色的群众文化活动，坚持走精品带动、品牌带动之路，把昆山打造成为一座文化活动品牌凸显、地域文化色彩鲜明、人民群众广泛参与、经济文化和谐发展的活力之城。推进优秀传统文化传承发展，进一步把昆山的文化资源优势转化为现实的文化产品优势，使昆山成为一座文化底蕴更加深厚、城市品位更加凸显的魅力之城，不断扩大昆山文化在海内外的影响力。

通过3年时间，在昆山市委宣传部，市文化广播新闻局、体育局、文学艺术界联合会、旅游局等多个具体实施部门的共同努力下，文化昆山的建设工作取得了阶段性的成果。恰逢2010年文化部、财政部开展国家公共文化服务体系示范区（项目）创建工作，昆山市委、市政府在结合文化强市建设工作，提出了"以创建促提升"的发展策略。目前，昆山市已经成为"国家公共文化服务体系示范区（项目）创建单位"，正在抓紧各项工作，准备迎接"国家公共文化服务体系示范区（项目）创建"的评估验收。

二 昆山市公共文化体育服务的总体情况

（一）公共文化服务方面

1. 公共文化服务的硬件建设情况

结合文化昆山建设和国家级公共文化服务体系示范区创建、验收两项工作，近三年昆山在公共文化服务的硬件建设方面取得了一定的成绩。目前，昆山市建成文体中心31个、文体活动室284个，基本建成了覆盖城乡的三级公共文化设施网络，形成了"10分钟公共文化服务圈"。从2010年开始，昆山市加大了对基层文化设施建设的投入，当年拨付建设补助资金1573万元；同年，昆山市三大影城（西园影城、蝶湖湾金逸影城、花桥商务区中影影城）的改造和建设工作陆续完成，并投入使用，极大地满足了昆山市城乡居民观看电影的需求。2011年，昆山市进一步加大建设步伐，新增基础文化建设面积18.6万平方米，总投资7.08亿元。截至2012年底，昆山市先后建成了41个区镇文化设施项目和11家新昆山人文化俱乐部。与2011年比较，全市公共文化设施总面积新增97.94%，达到60.53万平方米，人均拥有公共文化设施面积提高到0.36平方米（见表7-1）。在有线电视网络方面，昆山市于2010年率先在江苏省实现了有线电视户户通，完成了数字电视的整体转化工程，2010年和2011年新增有线电视用户分别为2.9万户和2.53万户；2011年，昆山市投入资金3000万元对电视台设备进行改造，新建2个节目制作网和1个共享媒资网，新设四信道高清演播室系统，对400平方米新闻演播室重新进行改建；建设高清互动内容分发平台，极大地丰富了高清节目内容，改善了用户使用体验。

表7-1 昆山市2010~2012年公共文化服务基础建设情况

	建成项目		开工项目		当年投入	续建项目	全市公共文化设施		验收情况
	区镇	街道	区镇	街道			总面积	人均面积	
2010年	6个	14个	10个		1573万元				112个社区、145个村文体活动室通过达标验收
2011年	30个	15个	25个		7.08亿元	18个	30.58万平方米	0.18平方米	146个村、138个社区文体活动室通过达标验收
2012年	52个						60.53万平方米	0.36平方米	

报告七
融合创新、成果普惠

昆山市科技文化博览中心于2001年投入使用，建造时投入资金2亿万元，建筑面积3万平方米，内设展览馆、科技馆、国际会议中心、音乐厅等专业场馆。近年来，昆山市科技文化博览中心不但承接了大量的文化经贸展览活动，而且在昆山的文化交流、基本公共文化服务方面也发挥着重要的作用。近三年，昆山市科技文化博览中心举办各种大型展会57次，举办科技类展览7次，接待观众达到18.9万人次。

昆山市图书馆（新馆大楼）于2005年1月落成并投入使用，占地面积12000平方米，建筑面积18600平方米，耗资1亿多元。截至2012年底，昆山市图书馆发放图书证累计达到21万张，接待读者173.2万人次；2011年，昆山市图书馆新增图书8.5万册，全年图书下发9万册；2012年，新增图书12万种35万册，全年图书下发16.7851万册。无论从硬件设施的建设、图书数量的增加，还是从满足普通市民阅读需求的能力来看，近年来昆山市图书馆的发展都呈现出逐年增长的态势（见表7-2）。同时，为方便不同区域、不同企事业单位人群的阅读需求，为提高昆山市图书馆馆藏书籍的利用率，昆山市图书馆积极开设图书流通点和各城镇图书分馆的建设，并开通"市民卡"方便群众借阅。目前，昆山市在全市分别创建图书流通点88个、图书分馆24个。在数字资源建设方面，昆山市图书馆目前具有维普信息资源系统、CNKI中国期刊全文数据库、读秀中文学术搜索系统、"知识视界"视频图书馆、网上博物馆、网上文化馆、昆山地方志数据库、昆曲网、昆石数据

表7-2 昆山市2010~2012年图书馆提供公共文化服务基本情况

	2010年	2011年	2012年
全年发放图书证(万张)	2	2.4	3
全年接待读者(万人次)	17.9	20.4	22.9
人均占有藏书(册)	0.74	1.13	1.5
平均每册藏书年流通(次)	0.61	0.37	1.1
人均年增新书(册)	0.14	0.54	0.37
人均到馆(次)	0.45	0.42	1.06

库、当代昆山文学艺术界及其他文化界部分人士资料数据库等45种馆内数字资源库，开放性数字资源8种，满足了不同层次读者的阅读需求。

2. 公共文化服务产品提供的数量与质量

近年来，昆山市在"文化昆山建设""文化强市""率先基本实现现代化""国家公共文化服务体系示范区创建"等一系列活动的促进下，公共文化服务产品的提供数量和质量都有了更大的提升。

第一，大量公共文化资源向普通群众开放。科技文化博览中心、市图书馆、各级文化馆（中心、站）不断升级改造，更新大量的信息资源和场馆资源，使得全市群众的文化需求得到一定程度的满足。科技文化博览中心连续3年提供场馆举办科技文化类展出60多次，全国性展出近20次。图书馆的图书购置数量和投放数量逐年增加，近三年新增书目近50万册，积极投建城乡图书流动点和图书分馆，方便市民借阅、换退；有计划构建各类数据库资源，扩大数字图书馆的规模，发放"馆外数字资源"免费体验账户69个；同时，考虑到昆山台籍同胞数量较多的情况，还特别订阅港台类报刊40多种，采购港台类图书600余册。市、区镇、村三级文化馆（中心、站）全面覆盖，免费向群众开放的文化馆（中心、站）内的各类资源规模不断扩大。

第二，随着基本公共文化服务体系建设的不断发展，主动提供公共文化服务产品的意识显著增强。文化主管部门及相关服务机构连续3年开展"送书送报下基层服务活动"，2010年有21次，2011年有42次，2013年达167次；2012年在全市范围内举办各类图书信息发布、文化普及等活动150次，3年累计达411次。其中，一些针对不同群体和需求开展的读者服务活动也受到了社会各界的广泛好评。例如，截至2012年先后举办了12场百科知识有奖竞答、49场"周六剧场"播映、31场公益展览，还有关爱残疾人士的网上观影、少儿"小书虫"童谣会等活动。这些活动受到广大市民热烈欢迎，并树立起了良好的品牌形象。有计划、有规模地组织各类流动演出和展览，如"三下乡"活动、"欢乐文明百村行"活动、"广场文艺周周演"活动等，受到了广大群众

报告七
融合创新、成果普惠

的欢迎和好评（见表7-3）。同时，昆山还利用流动电影放映设备，在全市城乡区镇开展免费电影放映活动，3年累计播放影片1万多场次（2010年3057场、2011年3134场、2012年4110场），观影群众达近400万人。

表7-3 昆山市2010~2012年公共文化服务产品提供情况

单位：次

	2010年	2011年	2012年
全年下基层服务	21	42	167
全年举办活动	120	141	150
开展展览活动	21	24	32
开展快乐新春文化月	5	5	5
开展各类读者活动	12	23	26
全年开展文化活动	249	355	401
全年组织流动演出	254	252	279
全年组织流动展览	15	29	45
开展"三下乡"活动	17	12	13
开展"欢乐文明百村行"活动	110	129	121
开展"广场文艺周周演"活动		27	81
开展鹿城故事讲座活动	20	24	23
开展周末音乐会活动	48	48	48

第三，专业性文化科普活动和文艺指导活动。在昆山开展的各类基本公共文化服务活动中，还包括很大一部分对普通市民的文化科普讲座和文艺指导培训的内容。例如，由昆山市图书馆组织开展的"市民大讲坛"活动，已连续进行了3年，累计222次（2010年70次、2011年77次、2010年75次）。以2012年为例，"市民大讲坛"邀请了江苏省内外的专家学者就文学、音乐赏析、书画、国学、政策发布解读、医疗保健、法律、心理健康、收藏等多个领域的内容开设讲座。而随着广大市民对文娱活动的广泛参与，大家迫切希望得到专业指导老师的帮助。为此，市、区镇、村三级文化馆（中心、站）仅在2012年就组织开展了1000多次讲座辅导（见图7-1）。此外还有坚持3年每月举办一次的百科普及活动，与市民日常生活相关的技能培训活动等，都收到了良

241

好的效果。同时，针对昆山市目前社会经济建设的实际情况和"新昆山人"群体迅速增加的现状，昆山在公共文化体育服务的建设中专门搭建了关注特殊群体"外来工子弟"的平台和针对台胞读者的专题阅读沙龙。通过昆山阅读节活动，开展了一系列"关爱新昆山人，共建和谐社会"的主题活动，通过关心和帮助外来务工子弟以及关心和帮助参与昆山投资建设的台籍同胞，让他们在信息分享、知识获取等方面具有与昆山本地居民一样的权利，从而有力地推动了昆山公共文化体育服务均等化发展，并产生了广泛的社会影响。

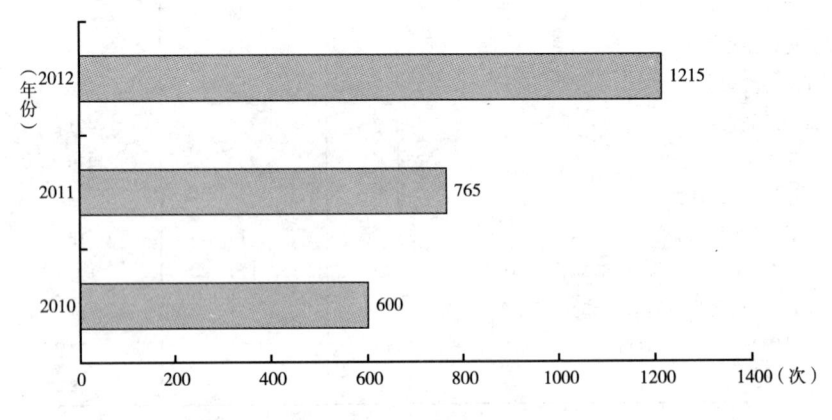

图7-1 昆山市、区镇、村三级文化馆（中心、站）
2010~2012年举办各类讲座

3. 群众性文娱活动的组织与开展

昆山市基本公共文化服务建设体系的一个重要组成部分，就是群众广泛参与的文娱活动。这使得普通群众既是基本公共文化服务的受益者，又是基本公共文化服务的参与者，这极大地增强了普通群众的参与感和互动水平。从群众性文娱活动的组织与开展来看，表现出以下三个方面的特点。

第一，各类文娱活动的群众参与规模大、品位高。昆山近年来的各类群众性文娱活动数量逐年增加，2010年举办各类群众文化活动1683场，2011年1886场，2013年2009场，群众累计参与和观看达1000多万人次。随着各类文娱活动的持续深入开展，逐渐形成了市、区镇、村、学校、企业多级组织参与的良好势头。"2012年昆山市城区街道群众文化广场舞比赛""十佳歌手大赛""优秀群众文艺节目周周演"等活动,不仅给广大市民带去了精彩的节目,更激发了普通群众积极参与的热情,甚至有一些节目是由参与群众自行编导创作的。

第二,群众性文娱活动内容丰富、形式多样。昆山目前开展的各类文化娱乐活动包括书法绘画、诗歌朗诵、歌曲音乐、曲艺杂技、小品舞蹈、昆曲评弹等。其中既有展演、巡演("欢度重阳"中老年文体展演、昆山市区镇创作节目文艺汇演、"快乐好生活、幸福百分百"社区巡回演出),也包括比赛、讲座、广场式晚会(农村社区柔力球比赛、"市民大讲坛"、"社区欢乐行"广场文艺活动)。丰富多彩的群众性文娱活动,极大地提高了市民百姓参与的热情,使其自我才艺得到了充分展示。

第三,各类群众性文娱活动交流日益活跃。随着昆山市社会经济的快速发展,及其毗邻上海的独特地理位置,近年来各种国内外文化交流活动日益增多。这使得昆山市一些优秀的群众性文娱节目和作品不仅在昆山各区镇、江苏各地市和全国各省市的交流机会增多,而且还获得了在港澳台地区和其他国家进行展示的机会。例如,"昆台文化交流"汇演、两岸水墨作品展览、维也纳金色大厅地方曲种演出等。同时,来自俄罗斯、美国、奥地利、西班牙、南非、巴西等国家的民间文艺团队也来到昆山奉献了精彩的表演,通过各种形式的文化交流活动为昆山市民带来了全新的文化体验。

4. 对文化遗产的保护与利用

优秀的文化遗产是人类历史发展的积淀,是有关各民族文化传承的有机载体,体现了人类文明的演进历程和辉煌成果。对于优秀文化遗产的保护,不仅具有重要的文化价值,同时也彰显了国家的综合实力。《国家基本公共服务体系"十二五"规划》在有关基本公共文化体育服务体系建设的发展目标中,明确提出了"加强文化遗产保护和综合利用"的任务要求。[①] 本报告根据文化遗产的划分类型,从有形的物质文

---

① 国务院:《国家基本公共服务体系"十二五"规划》,2012年7月19日。

化遗产和无形的非物质文化遗产两个方面，对昆山在文化遗产的保护与利用方面的情况进行了总结梳理。

（1）保护历史文物遗迹方面。

根据2007年开展的第三次全国文物普查工作的数据显示，昆山市共有文物点298处。经过申报和评审，目前昆山市登记在册的文物保护单位共计77处。其中，全国重点文物保护单位6处，省级文物单位9处，昆山市级文物62处，已基本建立起国家级、省级（江苏）、市级（昆山）三级文物保护单位名录项目体系。面对大量的历史文物遗迹和潜在资源，昆山市在抢修维护和深度考古挖掘两个方面开展了大量的工作，并取得一定的成效。

在抢修维护方面，昆山市近5年连续投入3700多万元专项资金用于文物遗迹的维修保护。先后对秦峰塔维、胡石予故居、稍里桥、十眼桥、富春桥、度城桥、善渡桥、崇福桥、连厅、古镇建筑（周庄、千灯、锦溪、巴城）、玉燕堂、中共昆山县委旧址、昆山基督教宿舍楼（天香馆）、毕厅、周庄朱家屋、锦溪丁宅、溥济桥等处文物遗迹进行了维护、修缮。同时，昆山市在做好古镇古建筑维修保护工作的基础上，还使锦溪、千灯在2011年获评国家历史文化名镇称号。在深度考古挖掘方面，文物部门近年来对以赵陵山遗址、绰墩遗址、少卿山遗址三大遗址为代表的古文化遗址进行了10多次抢救性考古发掘，共计发掘面积达3000多平方米，发现了以新石器时期为主的文化遗存，出土玉器、陶器、石器各类文物上千件。2009年启动淀山湖昆山富力湾项目抢救发掘；2010年对巴城勤丰遗址、花桥金城遗址进行抢救性考古发掘，均取得重要进展；2011年7月对张浦姜里遗址进行首次抢救性考古发掘；2012年5月，对赵陵山遗址进行第四次考古发掘，发掘面积达500平方米，9月对姜里遗址进行第二次考古发掘。

依托本地传统文化的资源优势，2011年昆山编撰出版了《昆山文物览胜》《昆山文物楹联集萃》等文物书籍；2012年昆山市积极开展文化遗产"三进"工程（进校园、进社区、进企业）暨第三次全国文物普查成果图片展，并通过电视等媒体对文物维修、考古发掘等重点工作

报告七
融合创新、成果普惠

进一步加大宣传力度。同时，配合世界文化遗产宣传日活动，邀请国内知名文物鉴定专家，举办了免费鉴定活动，为市民提供了民间藏品鉴定的机会；文物鉴定活动共吸引全市广大文物收藏爱好者近500人次。昆山市博物馆的建设工作在2012年再度启动，一方面成立了相关建设的领导小组，投入300万元进行文物征集，另一方面全面开展对现有5000多件馆藏文物的分类管理工作，并对此后的展陈方案开始论证完善。

（2）保护非物质文化遗产方面。

2009年，昆山市开展了第二次非物质文化遗产普查工作，经汇总整理，共收集到358个项目线索。截至2012年，昆山市市级名录25项，其中16项被列入苏州市名录，奥灶面制作技艺、锦溪宣卷等5项被列入江苏省省级名录，昆曲则被列入国家级名录及"联合国人类口述与非物质文化遗产代表作"。2012年，制定完善了《昆山市非物质文化遗产代表性传承人认定与资助办法（修订稿）》，并确认昆山市市级文化传承人15名，苏州市市级文化传承人9名，其中1人被评为苏州市优秀文化传承人。在"非遗"保护示范基地的建设方面，目前昆山市有市级（昆山）非物质文化遗产保护示范基地10处，其中昆曲博物馆等5处被列入苏州市市级非物质文化遗产保护示范基地，金杏国医堂被评为苏州市非物质文化遗产优秀保护示范基地。

除了上述非物质文化遗产的建设和保护工作之外，昆山市还开展了大量的工作对现有的非物质文化遗产进行进一步的整理和利用，并结合相关工作开展了大量的群众性活动。

昆曲作为昆山非物质文化遗产的代表，不仅在昆山、江浙地区影响巨大，而且在全国乃至海外也具有广泛的影响力。为此，昆山市修建了昆曲博物馆和顾坚纪念馆，整理了大量的昆曲资料，组建了昆曲爱好者的社会组织，编撰了《昆山民族民间文化精粹·昆曲卷》、昆曲乡土教材《幽兰飘香》和普及昆腔昆韵的《昆歌》专集。2010年出版《昆山传统文化研究·昆曲卷》，2011年编辑出版《昆剧传世演出珍本全编》3编16函160册，并与中央电视台合作拍摄了《昆曲问源》纪录片。

同时，昆山还通过大量的活动来宣传和推动非物质文化遗产的保护和利用。先后举办了"非物质文化遗产传承年"文艺节目展演、江浙沪系列"非遗"项目展示交流活动（包括舞狮、舞龙、民歌、戏曲、龙舟、宣卷）、首届江南文化庙会、纪念昆曲入遗十周年庆典活动及昆曲发展论坛、昆山创建历史文化名城论坛等，而《昆山民族民间文化精粹》（昆曲卷、文艺卷、美食卷、风俗卷、中医卷、技艺卷、语言卷）、《顾炎武与昆山文化》《昆山市非物质文化遗产保护研究论文选》等系列丛书的出版，也有力地促进了昆山对非物质文化遗产的宣传和推广工作。

此外，昆山市采取"政策引导扶持、市场推动促进"的方法，对当地非物质文化遗产的保护和传承也具有一定的作用。昆山市政府鼓励"非遗"文化资源产业化开发利用，对年销售额首次达到500万元以上的"非遗"开发项目给予一次性30万元奖励。一些具有市场竞争力和产业化能力的非物质文化遗产产品，在市场经营的过程中得到了良好的发展。例如，利用传统技艺专业生产仿锦溪古砖瓦产品、传统中医郑氏妇科和闵氏伤科的出诊及药物开发、省级"非遗"项目"奥灶面"、正仪青团、陆家泗桥豆腐和周市爊鸭等，都成为具有良好市场效应和"非遗"保护"双丰收"的代表项目。其中，奥灶面还成功入选2013年由商务部、中国饭店协会首次评选的"中国十大名面条"。

5. 文化产业发展的建设情况

正如上文提到的，公共文化服务建设事业的发展，离不开与其相对应的文化产业的发展，二者是相互促进的。为此，昆山市按照"政府扶持、市场运作、社会参与、企业主导"的思路，不断完善政策配套环境，加大了对重点企业、重点园区、新兴文化产业项目以及文化产品出口企业、原创型动漫企业的政策扶持力度，进一步营造企业产业化生产、社会化服务的良好环境。[①]一方面，昆山市依据加快实施重大项目带动战略，重点做好已签约项目的落地和推进服务工作的开展，增强园区的吸引力和产业集聚力；另一方面，主动建立文化产业发展联动工作

---

① 昆山市人民政府：《关于文化昆山建设议案实施情况的汇报》，2011年9月22日。

机制和联席会议制度，成立市文化产业联合会。编制文化产业发展专项规划，确立五大主导产业和七大重点培育产业。制定文化产业发展政策意见，从财政、税收、土地、投融资等方面全方位扶持文化产业的发展。3年来，昆山市文化产业发展引导资金共资助和奖励具有高成长性与较好市场前景的文化产业项目24个，"锦溪民间博物馆群""'四季周庄'原生态水乡实景演出"等8个项目还先后获得省文化产业引导资金资助共计1057万元。

为了保障昆山市文化产业发展的持续性和规模化，昆山市委、市政府按照建设大基地、吸引大项目、发展大产业的总体思路，加快周庄文化创意产业园和锦溪体育示范基地等产业园区建设步伐，使得昆山市的一批文化产业园区的发展水平上了一个新的台阶。例如，昆山文化创意产业园、巴城动漫基地、锦溪体育产业基地分别被命名为江苏省省级文化创意产业基地和体育产业基地，其中昆山文化创意产业园被文化部命名为国家级文化产业示范基地。在连续10年成功举办印刷业展览会的基础上，昆山市的企业先后27次入围"中国印刷企业百强"。而由张浦好山水动画有限公司投资、制作的影片《兔子镇的火狐狸》，在第十四届中国电影华表奖评选中还荣获了优秀动画影片奖。截至2011年，昆山市已连续3年举办文化产业推介会，共集中签约项目95个，总投资超过142.8亿元。

此外，昆山市将"立足效能建设，提升服务成效"作为推动本地区文化产业快速、高效发展的又一项措施。在率先成功创建江苏省版权示范市的基础上，昆山市又将积极创建全国版权示范城市作为新的发展契机，进而使当地的文化企业版权办理时限从原来的3个月提速至20个工作日。对29个文化审批项目进行二次审核、梳理，做到"普通办件5日内完成、一般办件10日内完成、复杂办件20日内完成"。从2009年到2011年，昆山市文化产业增加值分别为56.2亿元、67.8亿元和95.8亿元，占GDP的比重分别为3.74%、3.87%和4.56%；2013年上半年，全市文化产业增加值达到48.8亿元，比2012年同期增长18.6%。

（二）公共体育服务方面

1. 公共体育服务的硬件建设情况

近年来，昆山市加大了政府对公共体育服务设施建设的投入，加强了市、区镇、社区街道、行政村的四级体育设施的规划与建设，逐步形成以市体育中心为龙头，以片区和乡区镇体育中心设施为骨干，以学校体育设施为桥梁，以社区和农村体育设施为基础，以企事业单位体育设施为补充的覆盖城乡的体育设施体系。

目前，昆山市投入使用的市级体育场馆共计4个，分别是珠江路全民健身中心、体育中心体育馆、体育中心体育场、体育中心游泳综合馆；在建的市级体育场馆2个，分别是体育中心跳水馆和网球馆。在区镇一级，新"四个一"工程（一个室内体育馆、一个游泳馆、一个体育公园和一个综合田径场）全面启动。已经建成使用的体育场馆有4个（周市文体中心、巴城文体中心、陆家文体中心、花桥文体中心），在建项目1个（周庄文体中心），而锦溪、千灯、淀山湖、张浦、开发区文体中心规划建设正在逐步推进当中。尤其是近年来，昆山的门球事业发展迅猛，全市已建成129片标准门球场，其中9片为室内门球场，2011年还被授予全国门球城市称号。从现有的统计数据来看，昆山市的160个行政村、13个社区、21个街道的公共体育设施100%实现全覆盖。在此基础上，昆山市还在新建小区、农村公共服务中心新建了99个全民健身工程点，完成了对273个全民健身工程点的维修工作。根据《昆山市全民健身设施建设和管理办法》（昆政办发〔2007〕103号）的有关规定，昆山市有关部门对全市480个全民健身工程点做到设施2小时启动维护响应，48小时内重大设施故障基本排除，确保了市民使用全民健身设施的安全性。此外，昆山市绝大多数学校能按照教育现代化标准配备标准体育设施，并在确保校园安全的基础上，向社会免费开放，以满足市民的健身需求。

截至2012年，昆山市各系统、各行业、各所有制形式共有体育场地4676个，总面积为750万平方米，人均占有体育场地面积4.55平方米，远远超过昆山市"率先基本实现现代化"中有关现代化体育场地指标人均3.2平方米的要求，①而按照《"十二五"公共体育设施建设规划》的要求是："到2015年，公共体育设施建设有较大发展，人均体育场地面积达到1.5平方米以上。"② 由此可以看出，昆山市目前人均占有体育场地的面积走在了全省乃至全国的前列。

2. 群众性体育活动的组织与实施

根据《昆山市体育基本现代化工作实施意见》（昆政〔2010〕41号），昆山市政府、市体育局以及相关职能部门将工作重点确立为"全面推进体育基本现代化，建立健全普惠民生的公共体育服务体系"，并组织、实施了一系列内容丰富、形式多样的群众性体育活动。从2010年开始，昆山市连续3年举办各类群众性体育活动和赛事共计1100多次，参与群众达到230万人（见图7-2）。

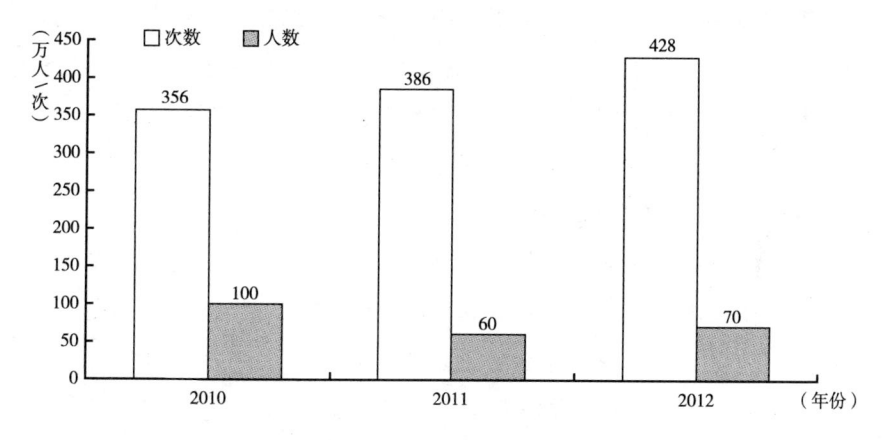

图7-2 昆山市2010~2012年群众性体育活动的规模

在这些活动的组织与实施过程中，昆山市群众性体育活动形成了"4+2+8"运行机制，即每4年一次举办市综合运动会、职工运动会、老年人运动会、残疾人运动会和台湾企业运动会等已成为传统；万人国

---

① 闵红伟：《昆山市体育局2012年工作总结》，2013年2月6日。
② 国家发展改革委员会、国家体育总局：《关于印发"十二五"公共体育设施建设规划的通知》（发改社会〔2012〕2377号），2012年7月19日。

际徒步大会和世界无车日绿色骑行活动,已成为每年必办的两个超大规模全民健身活动,累计吸引20个国家和地区近16万人参与;"四大业余联赛"进企业进社区等8个系列的全民健身活动,极大地丰富了群众的业余体育生活。在区镇和村一级,昆山市也有计划、有步骤地开展了一系列社会影响大、品牌效应强的群众性体育活动。各镇文体站在开展竞技类比赛项目的同时,还注重体育运动的竞技性与趣味性相结合,推出一系列形式新颖、倡导团队精神的运动项目,如水上列车、接力划船、两人夹球跑等。结合中华民族传统节日,推出了"清明风筝赛""端午龙舟赛""打莲厢""健身秧歌""太极拳操"等民间传统体育项目的比赛。针对农村地区还开展了包括百村乒乓球赛、百村篮球赛、百支健身团队展示和百村羽毛球比赛在内的"四个一百"活动以及"金秋体育系列"活动(如斯诺克、象棋、围棋比赛)和以"低碳环保快乐骑行"为主题的自行车骑行活动等。同时,在元旦、春节期间结合当地"两节"传统文化活动及传统的团拜活动,积极发动各区镇、街道、机关、企事业单位组织开展了"舞龙舞狮""秧歌""排舞""打莲厢"等具有地方传统特色、群众喜爱的全民健身大拜年活动,受到了全市广大市民的欢迎和一致好评。

此外,在昆山市群众性体育活动的组织实施过程中,体育主管部门和相关机构也非常重视对群众性体育协会组织的培育与建设。通过几年的努力,形成了由市体育总会、协会、俱乐部,区镇体育总会分会、协会(分会)、俱乐部,街道体育协会(分会),社区、行政村体育俱乐部(运动站、点),民间健身组织(经营场所)等组成的全民健身组织网络体系。截至2011年,昆山新增市级体育单项协会5个,新建体育总会分会9个,新增体育俱乐部19个,成立体育单项协会分会18个,新增太极养生馆1个。根据2012年的统计,目前昆山市有市级体育协会26个、体育俱乐部423个、体育总会分会10个、体育协会分会155个,全市注册体育协会会员52626人。各体育协会还积极承办体育大赛活动,如门球协会承办的全国女子门球赛和全国单、双人门球冠军赛;象棋协会承办首届"周庄杯"海峡两岸象棋大师赛、全国象棋甲级联赛;围棋协会承办全国围棋甲级联赛;腕力运动协会承办全国"腕力王"昆山争霸赛。在承办比赛的同时还积极组队参加全国比赛,如门球协会组队参加全国门球锦标赛、全国门球精英赛、全国门球中冠赛并赴宝岛台湾进行门球交流活动;武术协会组队参加了第九届香港国际武术节,不仅获得 1 枚金牌、1 枚银牌、1 枚铜牌的好成绩,同时还荣获了"组织推广贡献奖"。

3. "全民健身"公共服务的提供与完善

昆山市的全民健身工作具有良好的群众基础和丰富的组织经验,目前已经连续 7 次被国家体育总局评为"全民健身活动周"全国先进单位;国家级体育产业基地获得通过,成为全国五个体育竞赛最佳赛区之一。2012 年,昆山市申报的"全民健身行动"项目,更是被世界卫生组织评为"健康城市最佳实践奖"。为进一步加强全民健身公共服务体系的建设、促进城乡居民身心健康、提升公共体育服务水平,昆山市政府于 2012 年率先在江苏全省启动了"10 分钟体育健身圈"工程,并颁布了《昆山市城乡"10 分钟体育健身圈"建设实施方案》(以下简称《"10 分钟体育圈"方案》)。《"10 分钟体育圈"方案》对昆山全市城乡公共体育服务的建设和均等化发展提出了新的要求和标准。该方案不但明确了全民健身公共服务的投入建设,还特别重视相关硬件设施的便捷性与更新维护。通过强化基层维护管理队伍建设、分级分层进行维护管理人员业务技能培训、完善维护管理业务流程、建立维护管理应急响应机制等,昆山市的市、区镇、社区三级全民健身设施维护管理网络正在逐步建立。目前,昆山全市拥有全民健身设施维护管理人员 400 名。这些维护管理人员对全市 480 个设施点的健身设备进行定期维护,并实现 48 小时内对出现问题的设备作出及时的响应、检修,为普通群众享有更加优质的全民健身服务提供了保障。

在保证群众性体育活动规模的同时,昆山市在提升全民健身活动的质量方面也作出了一定的努力和尝试。第一,积极培养社会体育指导员,为普通群众科学健身提供服务。从 2010 年开始,昆山市加大了对社会体育指导员的培养力度,连续 3 年对现有的社会体育指导员进行专业培训，以保证为普通群众日常的健身活动提供更为科学、有效的指导与建议（见表7-4）。截至2012年底，昆山市共拥有社会体育指导员4960名，其中三级指导员3045名、二级指导员1852名、一级指导员49名、国家级指导员14名。这些社会体育指导员深入城乡全民健身工程点、晨晚练点，现场传授科学健身技能，仅2012年就举办各级各类培训96期，涉及项目36个，惠及群众6万余人。第二，"全民健身百事通"平台服务的推进。从2010年开始，昆山市结合机关服务品牌创建工作，向全市群众推出"全民健身百事通"服务，免费为市民提供运动处方、健身计划、技能培训、体育常识等多方面服务。截至2012年，累计向全市发布健身提醒信息70余次100余万条，接收各类咨询来电3000余个、解决问题1000余个、出具健身处方1200余份；2012年，借助"全民健身百事通"品牌效应同时开通"昆山体育"政务微博，进一步拓宽全民健身的服务半径与质量。第三，全民健身知识的普及。昆山不仅在重要节点对全市市民免费开放体育场馆，而且还定期举办各类免费讲座向市民普及科学的健身知识、技能与方法。从2011年3月开始，在全市16个较大的健身广场开展全民健身大课堂系列活动，每期安排一项主题技能（如太极拳、八段锦、五禽戏、排舞、健身秧歌等）；2012年，共举办全民健身大讲堂、广场健身大培训、健身知识大巡展等活动53次，培训近万人，全年受益群众10万余人。

表7-4 昆山市2011~2012年社会体育指导员发展情况

单位：人

	社会体育指导员	级别				每万人拥有社会体育指导员数量
		三级	二级	一级	国家级	
2011年	2347	1581	704	53	9	14.4
2012年	4960	3045	1852	49	14	30
新增人数	2613	1464	1148	-4	5	15.6

同时，昆山还将全民体质测试纳入"全民健身"公共服务体系当中，连续两年在全市范围内针对幼儿、学生、成年人和老年人四类人群

报告七
融合创新、成果普惠

开展大规模的体质测试工作。在测试过程中,昆山市社会体育指导中心还组织人员进行广泛调研,针对市民在健身过程中经常出现的误区,印发科学健身手册2万余份,并以展板形式在各区镇巡展,受到了广大群众的好评。[①] 从2011年到2012年,昆山市针对上述四类人群分别对7189人和10334人开展了体质测查,样本抽取规模增加43.75%。两年间,有针对性地开具运动处方近2万份,并形成和发布了《昆山市2011年国民特质检测公报》《昆山市2012年国民特质检测公报》,为分析昆山市居民体质和制定群众性体育工作目标提供了科学的依据。

4. 体育产业发展的基本状况

高端引领、集聚发展、产业融合、品牌带动、开放合作成为近年来昆山市体育产业发展所遵循的"五大原则",在此基础上,昆山市初步形成了门类齐全、业态完善的体育产业体系,逐渐形成了由体育赛事、体育服务业、体育用品业等构成的体育产业体系框架。从2010年开始,昆山市全市体育总产值逐年攀升,截至2012年底已由2010年的140亿元增加到了185亿元,增幅达到32.14%。有关昆山市体育产业发展的基本数据情况见表7-5。2012年,昆山市成功获批国家级体育产业基地,巴城、陆家、淀山湖和千灯四镇增幅超过了全市的平均水平。其中,全市主营业务超亿元的体育工业企业23家、体育贸易企业12家。

表7-5 昆山市2010~2012年体育产业发展基本情况

	总产值(亿元)	总产值增幅(%)	增加值(亿元)
2010年	140	28.25	28
2011年	172	18.45	32
2012年	185	12.80	13

在体育产业发展的布局和规模上,昆山市已经成功培育了一批品牌型、技术型、创新型、研发型的体育企业。根据市统计局统计,目前全

---

① 昆山市体育局:《关于印发〈昆山市体育局2011年工作总结和2012年工作计划〉的通知》(昆体〔2012〕1号),2012年2月27日。

市共有各类体育产业企业 2000 多家，其中国内外知名体育品牌企业 43 家。在产业发展结构不断优化的基础上，昆山市体育产业企业逐渐形成了制造集聚的势头。例如，以捷安特为代表的自行车制造产业集群，以多威为代表的运动服装产业集群，还有皮划艇、电动滑翔机、运动地胶、健身器材等陆上、水上和航空运动多个体育用品制造产业集群；体育服务业加快发展，以锦溪省级体育产业基地为主的体育休闲、运动康复等业态初具规模，各类体育俱乐部大量涌现。2012 年，锦溪体育产业核心区基础设施建设不断完善，伦敦奥运会、青年奥林匹克运动会指定的地胶供应商天速地胶科技有限公司在昆山成功落户，各项工作全面铺开；裕晟、旭宝、迪卡侬等一批知名企业的研发中心也相继落户昆山。山猫、维信诺、市体育中心 3 家企业成功申报省级体育产业引导资金，共获资助 180 万元。运用昆山市级体育产业发展引导资金资助了 15 个体育产业项目，发放引导资金总额 600 万元；组织辖区内 9 家企业成功参展第 30 届中国北京国际体育用品博览会，累计发放参展补贴 50 万元，一批本土企业成功走出昆山。成立了昆山市体育产业联合会，全力推动辖区内体育企业资源共享、优势互补、融合发展。

在体育彩票的发行方面，昆山市体育彩票销售量逐年增长。目前，昆山市体育彩票销售网点 220 家，其中竞彩点 36 家，竞彩、即开型体育彩票销售和增量均列全省第一，2010 年为 3.08 亿元，2011 年为 4.79 亿元，2012 年为 5.50 亿元（全国县级市销量第一）（见图 7-3）。昆山市一方面努力抓好体育彩票品牌建设，扩大体育彩票知名度和影响力，增加体育彩票的销售额度。另一方面，积极强化和牢固树立服务意识，不断研究体育彩票工作的发展趋势，积极引导和培养广大彩民科学的体育彩票消费意识。截至 2012 年，昆山市累计体育彩票公益金近亿元，同时逐年加大体育彩票公益金的投放力度，用于群体活动和体育设施建设，成为财政资金的重要补充。

在体育赛事的品牌建设方面，昆山市委、市政府及相关职能部门将体育赛事融入城市品牌建设，力图将体育品牌赛事打造成为昆山的又一张城市名片，以此不断提升昆山城市的知名度、美誉度和吸引力。他们

报告七
融合创新、成果普惠

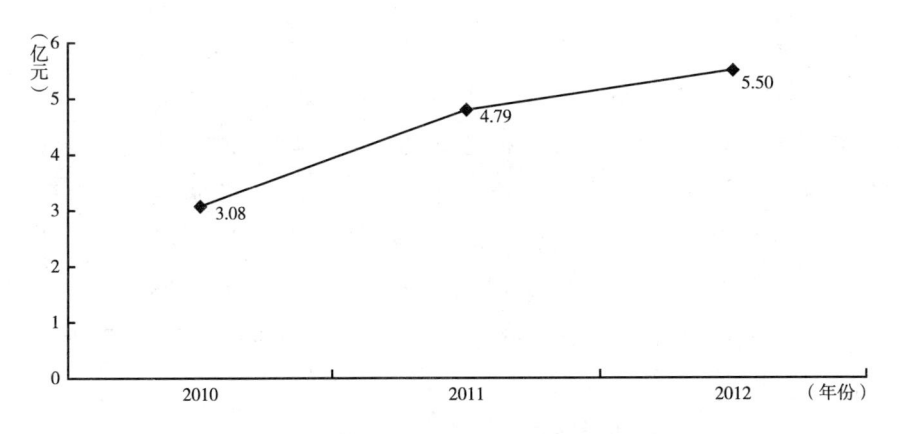

图 7-3　昆山市 2010~2012 年体育彩票发行量

一方面，在大型赛事的举办上，近三年共举办全国蹦床锦标赛、中欧男篮锦标赛、全国东南西北中羽毛球大赛、亚洲女子 15 人制橄榄球锦标赛、全国 7 人制橄榄球冠军赛、全国壁球锦标赛、全国田径锦标赛和有着电子竞技奥运会之称的 WCG 世界电子竞技大赛全球总决赛等 23 项大型赛事。另一方面，在群众性参与项目上，昆山着力打造了具有群众广泛参与基础的篮球、足球、乒乓球、羽毛球"四大业余联赛"，篮球、足球联赛已连续举办 9 年，规模和影响越来越大，年度参赛人次越来越多。同时，结合昆山台资企业集中的优势，昆山还举办了以昆台交流为特点的海峡两岸职业男子篮球邀请赛，激活了台资企业的参与热情。而"小镇办大赛"品牌的建设也初具规模，锦溪举办了中美滑水明星对抗赛和东南西北中全国羽毛球大赛，陆家举办了健身球操比赛，周市举办了江苏省太极拳比赛，花桥举办了中日韩门球赛，淀山湖举办了华东六省一市门球邀请赛等。

三　昆山基层社区、街道公共文化体育服务的开展

通过对公共文化体育服务总体情况的了解可以发现，昆山市近几年的文体设施建设速度加快，文体惠民服务深入推进，文化遗产保护利用

成果显著，公共文化体育服务水平得到稳步提升。在此过程中，昆山市也非常注重公共服务建设的城乡均等化发展问题，全市各区、镇、村等基层组织在紧紧围绕昆山市"推进文化强市建设"和"率先基本实现现代化"的总目标的同时，积极参与、主动创新，在公共文化体育服务建设方面取得了一定的成绩，也总结了一些好的做法。为了更全面地把握昆山市基本公共服务的总体情况，调研组还先后对千灯镇炎武社区和玉山镇（高新区）亭林街道进行了实地考察与座谈。本报告将两地进行公共文化体育服务的一些基本情况归纳如下。

（一）对千灯镇炎武社区的实地调研

1. 炎武社区的基本情况

昆山市千灯镇炎武社区，以当地的文化名人顾炎武的名字命名。炎武社区是昆山区镇中典型的农民动迁小区，2005年底千灯镇22个村的2500多户动迁农民通过"双置换"的形式集中居住到这里。炎武社区占地面积3.2平方公里，分为美景园、锦景园和良景园三个小区，已建住宅楼228栋近6000套住房，建筑总面积83万平方米。截至2012年底，居住在炎武小区的动迁农民和外地户籍的新昆山人已有7000多户，人口数量达到1.6万。炎武社区以"服务"作为社区工作的主线，将其服务职能划分为六大板块：行政管理、日常便民、文化体育、医疗保健、社会安定和党建活动。在基本公共服务方面，炎武社区注重硬件设施和软件实力的双向建设。目前，炎武社区绿化面积达到35%，社区内建有社区服务中心、教育中心、便民服务大厅、医务室、阅览室、篮球场、棋牌室、老年活动室、婚丧服务中心等多种配套设施。同时，炎武社区还确立了"微笑炎武"的目标定位，在工作中秉承"真心、热心、爱心"的服务理念，努力提升社区服务的质量，实现了整个社区"居民生活环境"、"居民生活品质"、"便民服务水平"和"城乡一体化水平"四个方面的提升。

2. 炎武社区在公共文化体育服务建设方面的实践

根据昆山市、千灯镇有关文化体育建设的总体部署，炎武社区结合

报告七
融合创新、成果普惠

自身辖区的特点在社区服务方面组织开展了大量的创新实践活动。通过近年的努力，逐渐探索和形成了一些好的做法，取得了一定的成绩。课题组在调研过程中，实地走访考察了炎武社区，在参观、座谈以及资料整理的基础上，对炎武社区基本公共服务的建设实践工作形成了更为直接的认识。在此，本报告对炎武社区的公共文化体育服务建设作出以下四个方面的归纳总结。

第一，公共文化体育服务硬件设施建设完备，各项管理制度细致健全。炎武社区一直以来非常重视社区居民的文化体育活动工作，还将满足社区广大居民的基本文化体育服务需求列入其六大服务职能中。近几年，市镇两级财政拨款数量不断增加，使得炎武社区公共文化体育服务的硬件设施数量和质量得到不断提升和完善。目前，炎武社区建有各类文化体育场所和硬件设施，包括未成年人活动室、社区图书馆、远程教育终端接收站、未成年人电子阅览室、农家书屋、红十字书屋、教育中心、文化信息资源共享中心、公共电子阅览室、篮球场、棋牌室、老年活动室、健身房等，极大地满足了社区居民的文化体育服务需求。同时，在公共文化体育服务硬件设施的管理方面，炎武社区的常规工作也比较细致到位。例如，炎武社区针对青少年特别制定了《青少年网络文明公约》《未成年人活动场所管理制度》等。此外，炎武社区不但针对管理工作制定了各项操作制度，同时还严格履行日常的监督检查工作，并将相关的结果记录在册，以便及时完善。

第二，社区各类培训内容丰富多彩，"道德讲堂""道德评谈"活动特色鲜明。炎武社区通过对下辖的三个小区进行入户调查，结合社区居民的需求定期组织各类培训活动。法制培训、心理健康知识讲座、防盗治安管理培训、疾病防治培训、针对老年人的计算机使用培训、环境保护培训、基本文化从业人员的职业培训、健美操培训、就业咨询培训服务等，都受到了社区居民的欢迎。同时，炎武社区结合本社区"推进社区文明建设和促进社区和谐建设"的总体目标，组织了特色鲜明的"道德讲堂""道德评谈"活动，成为该社区的品牌。"道德讲堂""道德评谈"以礼仪、诚信、和睦和友善为核心，紧紧围绕社会公德建设、职业道德建设、家庭美德建设和个人品德建设开展活动。"道德讲堂""道德评谈"活动聘请专家学者、昆山市镇区的道德标兵、模范、民兵负责人、老红军、先进典型等开设讲座，仅2012年全年就组织活动近20次，受到了社区居民的广泛好评。

第三，各类群众性文娱活动精彩纷呈，寓教于乐主打"传统风"。在群众性文娱活动方面，炎武社区在活动的组织、设计上非常注重群众参与的广泛性；同时在内容和形式方面也表现出多样性的特点。从近三年的群众性文娱活动来看，炎武社区不但开展了诸如文化阅读节、歌咏比赛、"迎新春"健美操表演、社区居民徒步健身大会、流动电影放映、快板说唱表演、昆曲展演、摄影绘画大赛、诗歌朗诵表演等活动，还组织了快板队、昆曲表演队、腰鼓队、各类民族舞蹈队等群众文艺团体定期开展活动。在此过程中，还涌现出了一批群众性文娱活动的明星人物。例如，炎武社区的舞蹈明星方佩芬、小昆班辅导老师徐允同等，他们在社区不仅积极组织和参与各类文娱活动，而且利用业余时间进行专业培训，带动了一大批社区居民的积极参与。炎武社区已成功举办了两届社区居民运动会，通过各种形式的体育健身竞赛，有力地推动了社区居民的全民健身活动，增进了社区居民彼此之间的关系。此外，炎武社区在群众性文娱活动的组织上，非常重视与传统文化的结合。例如，组建了社区自己的昆曲表演队，聘请专业老师进行训练教学，积极参与各级各类比赛演出；同时，还利用传统节日组织开展了"炎武包粽送温暖，粽香情浓迎端午"活动，通过包粽子比赛、互赠劳动成果等环节来促进邻里互动，得到全体社区居民的欢迎。

第四，志愿者服务队伍逐渐完善，共青团、妇幼组织作用突出。千灯镇炎武社区在公共文化体育服务的建设方面，有一支组织完善的志愿者服务队伍，这支志愿者队伍年龄最小的23岁、最大的58岁。这些志愿者常年居住在炎武社区所辖的三个小区内，对居民情况相对了解，可以向社区居民提供文娱活动、文化遗产与公益讲座、艺术、网络咨询、电影图书等服务。同时，炎武社区对志愿者的个人信息进行了系统全面的档案管理，以便于获取其个人专长、服务时间等内容供社区居民选择。由于炎武社区在人口结构中妇女儿童的比例达到常住人口的1/3，其中妇女4818名、儿童750名，因此，社区在公共文化体育服务方面比较重视这一群体，而共青团组织和妇幼组织在其中发挥了重要的作用。共青团积极整合组织内部的人力资源，为青少年和广大共青团员提供诸如"青少年消费安全讲座"、礼仪培训、文化"三下乡"、单身青年联谊、盆栽讲座等服务，同时稳步推进每月一次的"青年之家"大型服务活动。同时，社区的妇联组织则根据本社区的情况和江苏省妇联的要求，成立了"妇女儿童之家"。结合社区妇女居民和青少年儿童的需求，平均每年开展各类培训讲座、文体活动30多次，组建了8支女子文体团队，建立了18岁以上女性居民和18岁以下青少年服务档案，炎武社区的妇联组织在2011年被评为全国基层组织示范基地，"妇女儿童之家"在2012年被评为苏州市示范单位。

（二）对玉山镇（高新区）亭林街道的实地调研

1. 亭林街道的基本情况

亭林是顾炎武的别号，因此亭林街道的命名与当地的历史文化名人顾炎武也有一定的关系。亭林街道地处昆山市老城区，是玉山镇政府的所在地，也是昆山市政治、经济、文化发展的中心区域。亭林街道辖区面积5.23平方公里，下辖9个社区委员会，常住人口达到75000余人，其中外来人口37091人。目前，亭林街道是整个昆山市内最大的行政街道单位。9个社区委员会共有住宅新村37个、小区45个、国家级高新区1个、各种规模的企事业单位2700多家。作为昆山市街道建立党支部的试点单位，2003年亭林街道正式成立党委，街道党委现有党支部13个，党员人数1600多名。亭林街道在社区服务方面，陆续推出了"亭林一家人"和"亭林互助会馆"两个品牌。一方面使得更多的居民受惠于社区服务，另一方面也通过强化互助理念使每一个居民都参与到社区服务当中，从而建立起以社区服务为基础、互动服务为主导、市场服务为导向的服务框架。

2. 亭林街道在公共文化体育服务建设方面的实践

亭林街道在基本公共文化体育服务建设方面，非常注重街道、社区、下辖企业、居民等多层面的互动合作。在这样一种机制下，亭林街道的公共文化体育服务建设表现出了内容丰富、形式多样、参与广泛、受惠众多的特点。最近几年，亭林街道在基本公共文化体育服务建设方面也取得了一些成绩，文体站、老年人体育协会的工作都获得了评优奖励，仅2012年就有16篇新闻报道刊登了有关亭林街道的文化体育工作的消息。在对亭林街道的实地考察过程中，课题组成员一方面与街道的相关工作人员进行了座谈，另一方面还细致地翻阅了大量的台账资料，对亭林街道基本公共服务方面的工作有了较为深入的了解。下面，根据所掌握的资料从设施建设、文体活动、图书信息和人才队伍四个方面对亭林街道在公共文化体育服务方面的工作进行梳理总结。

（1）设施建设。亭林街道文体中心2009年由政府投入500多万元建成，建筑面积2000多平方米，有正式职工、外聘人员及临时工作人员9人。文体中心内设活动会议室、书画室（25平方米）、图书馆（100平方米）、电子阅览室、棋牌室（2间，40平方米）、多功能排练厅（4间，250平方米）、科技馆（60平方米）、乒乓球室（90平方米）、体能测试室（40平方米）、健身房（30平方米）、少儿书画室（50平方米）、器材室（25平方米）、多功能活动厅（90平方米）、心理咨询室（20平方米）、道具室（25平方米）、校外辅导教育中心站（50平方米）等场所，能够在日常为下辖的9个社区、45个小区的居民提供基本的公共文化体育服务。到2011年底，9个社区的45个小区全部通过了标准化社区文化设施建设的验收工作，45个小区经过改造后全部配备了健身路径和健身步道。同时，在街道所辖的8个户外晨晚练点设立了专门的健身区域，而各小区的老年人活动室也实现了全天候的开放，并配有专门的管理维护人员。目前，亭林街道辖区内的文体站向街道内居民提供的各项文化服务全部免费，使得不同收入层次的居民都可以享受到高品质和多样化的公共文化体育服务。

（2）文体活动。亭林街道以"亭林一家人"为服务宗旨，积极组织开展了各种形式内容的文体活动。以 2012 年为例，由亭林街道组织举办的大型文体活动多达 14 项。例如，2012 年亭林街道"百姓大舞台、想来你就来"百姓才艺大比拼擂台赛、亭林街道 2012 读书节之"美文赏析"交流会、2012 年暑期第六届"亭林杯"中小学生趣味运动会等。同时，亭林街道还有许多业余文体活动团体，并自发组织开展了数量众多的群众性文体活动。截至 2012 年底，亭林街道 9 个社区共有文体团队 33 支，共计 675 人，占街道常住人口总数的 0.9%。这 33 支文艺团队活动的内容涉及舞蹈、戏曲、朗诵、歌唱、乐器、门球、评弹、乒乓球、腰鼓、柔力球、象棋等，这些文艺团队以"亭林一家人、和谐大舞台"为活动宗旨，积极开展各种内容和形式的文体活动。在这些活动中，既有针对青少年群体的比赛讲座（青少年励志专题讲座、少儿书法绘画培训等），也有适合中老年朋友的文体活动（老年人艺术合唱节比赛、昆山高新区第二届老年人艺术节象棋比赛等）；既有青年人喜爱的歌舞表演（首届高新区"好歌、好戏、好舞"优秀文艺节目展演、2012 年昆山市高新区中秋慈善晚会等），也有戏曲票友喜欢的专场演出（2012 年江浙沪京剧票友演唱会、亭林街道 2012 年戏曲书苑评弹专场等）。根据 2012 年的数据统计显示，亭林街道群众性文体活动共计 107 项，参与人数达到 9523 人，观看群众数量累计 27620 人。

（3）图书信息。亭林街道图书馆占地面积 150 多平方米，拥有阅览席位 30 个，专职管理服务人员 2 人，划分有图书阅览区域和电子阅览区域两个部分，藏书 5000 多册，并定时与昆山市图书馆互换图书资源；同时，亭林街道图书馆还订阅了《新华日报》《文汇报》《参考消息》等报纸 16 种，订阅了《求是》《党建研究》《社会保障》《社区生活》《读者》《知音》等杂志 20 种。借助昆山市图书馆文化资源共享工程的资源优势，亭林街道图书馆与市图书馆联网共建，保证了优质文化信息资源的提供，从而更好地为街道居民的学习阅读提供优质服务。目前，亭林街道图书馆具备图书外借、馆内阅读和报刊阅读等基本服务功能。2012 年，亭林街道图书馆办理电子借阅卡 205 张，办理图书借阅 25000 余册；图书阅览室接待读者 1758 人次，电子阅览室接待读者

261

1658 人次，月均接待读者数量达到了 285 人次（见图 7-4）。此外，亭林街道图书馆还在 2012 年暑期针对青少年专门开办了"七彩夏日——经典诵读公益夏令营"活动。该活动专门为青少年设计了国学经典中英文诵读、书法茶道课程、瑜伽训练、孝立人生讲读、经典音乐赏析等内容，不但受到了暑期学生的欢迎，而且也受到了夏令营营员家长的一致好评。

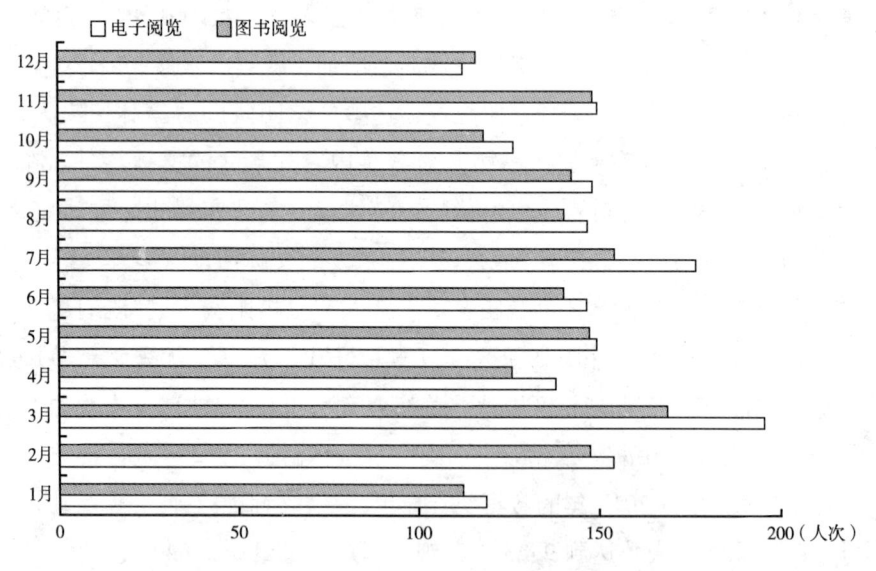

图 7-4　昆山市玉山镇（高新区）亭林街道图书馆
2012 年各月份接待读者情况

（4）人才队伍。人才队伍建设是向群众提供优质公共服务的重要保证，在此方面亭林街道有一支稳定的专业化团队。目前，亭林街道以及所辖的 9 个社区共有专业工作人员 16 名，其中文体站工作人员 9 人。同时，配备有文化管理员和文化指导员 11 人，负责公共文化体育服务日常的管理协调工作。除此之外，亭林街道还有 373 名登记在册的街道文化志愿者和 20 名社会体育指导员，他们除了在群众性文体活动中提供协助服务外，还在舞蹈、球类项目、体育锻炼、腰鼓、昆曲表演、计算机等方面给予群众活动以指导帮助。拥有了这样一支队伍，在一定程度上能够很好地保障基本公共文化体育服务建设工作的顺利展开。

四　昆山市公共文化体育服务建设的主要做法

昆山市作为连续多年在全国百强县排名第一的县级市，具有较好的社会经济发展基础。从2010年开始，昆山市结合2006年所确立的"基本实现现代化"和2009年所确立的"文化昆山建设"的发展战略目标，大力开展基本公共服务建设，在服务体系构建和服务品质提升方面取得了一定的成绩。根据课题组在昆山先后6次的实地考察调研，本报告将其公共文化体育服务建设的主要做法总结概括为以下四个方面。

（一）资金投入充足，公共文化体育服务的软硬件建设保障到位

基本公共服务体系的建设，要求对硬件服务设施和软件服务质量两个方面共同予以关注，并保证必要的资金投入。[①] 没有充足的资金投入，基础性公共服务的提供载体则无法形成。昆山市近几年来一直比较重视基本公共服务的投入和全市公共服务建设的均等化发展问题。从2010年开始，昆山市一般预算支出中城乡公共服务支出占财政支出的比重均超过了70%，并呈现逐年上涨的趋势（见表7-6）。其中，市级财政用于公共文化体育建设的投入也逐年增长，2009年、2010年、2011年用于支持文化设施建设、群众文化活动、文化产业发展的资金分别达1.34亿元、2.96亿元和3.4亿元，其中，文化设施经费从2009年的1.1亿元增加到2011年的2.9亿元。同时，昆山市还加大资金投入来保障基本公共文化体育服务的软件水平，组织各种培训对基层文化从业人员进行专业化培训、开发建设集成性公共服务网络平台项目等。

---

① 国务院：《国家基本公共服务体系"十二五"规划》，2012年7月19日。

表7-6　昆山市2011~2012年城乡公共服务支出情况

	城乡公共服务支出(亿元)	当年财政支出(亿元)	比例(%)
2010年	961.74	1370	70.20
2011年	1231.46	1745.76	70.54
2012年	1369.44	1902	72.00

此外，对重点项目的建设，昆山市政府给予了一定的资金补贴，并制定了《2009~2011年区镇文化设施建设市级财政补助的意见》等政策文件，确保每年用于文化设施建设财政补助不低于6000万元。在"文化昆山"三年规划期间，全市用于文化发展资金超过20亿元。在"推进市、镇、村三级文化设施建设"的过程中，昆山市加大对区镇和街道公共文化设施建设的扶持力度，采取新建每平方米由市财政补贴1000元、改建每平方米市财政补贴500元；每建一个200平方米以上的社区文化活动室，由市财政给予一次性补贴2万元，充分发挥了各区镇文化基础设施建设的积极性；对新立项的"新昆山人文化俱乐部"，按每平方米1000元的标准进行补助（改建新昆山人文化俱乐部设施按每平方米500元的标准进行补助），补贴总金额不超过100万元。[①]

（二）管理机制完善，公共文化体育服务的可持续发展推进有力

为有力推进公共文化体育服务的可持续发展，昆山市委、市政府统一全市干部群众的思想，提高思想、认清形势、明确任务，紧紧围绕"文化强市，建设文化昆山"和"率先基本实现现代化"的总目标，明确了"以创建促发展"的发展战略，结合"国家公共文化服务体系示范区（项目）"的创建和验收工作，建立完善了一整套切实可行的管理机制。一是党政一把手领衔的领导推进机制。为保证工作的顺利开展，

---

① 中共昆山市委办公室、昆山市人民政府办公室：《关于印发〈关于在外来务工人员集聚区建设新昆山人文化俱乐部的实施意见〉的通知》（昆办发〔2012〕77号），2012年7月17日。

对市委、市政府确定的重点工程、项目，实行党政主要领导、相关职能部门办公室参与执行的领导推进机制。由此确保了全市干部群众团结一致，按照既定计划与目标推进工作的有序开展。例如，在国家公共文化服务体系示范区项目的创建工作中，昆山市组织成立了由市长牵头负责的工作领导小组，先后制定出台了《加强公共文化服务体系建设的实施意见》《创建国家公共文化服务体系示范区过程管理实施意见》等政策文件。二是对公共文化体育服务运行的监控反馈机制。昆山市非常重视全市文化体育设施的建设使用和群众性文娱活动情况的反馈，通过及时发现、纠正公共文化体育服务过程中存在的问题，实现公共服务的品质提升。为此，昆山市先后制定颁布了《昆山市基层公共文化体育设施使用管理办法》《关于进一步加强全民健身设施维护管理的通知》《昆山市全民健身设施管理工作手册》等。三是科学系统的考核评估机制。为进一步加强公共文化体育服务的常规建设工作和重点项目的落实情况，昆山市构建了由政府、社会和服务群体共同考核评估机制，将公共服务均等化和服务群众满意化作为考核指标，颁布实施了《加强公共文化服务和产品评价激励机制建设实施方案》《关于落实 2012 年街道文化事业建设工作考核目标和任务的通知》《关于落实 2012 年各区镇文化广电事业建设工作考核目标和任务的通知》等一系列具有针对性的考核内容和办法。

（三）群众社团培育，公共文化体育服务的多元化供给运行有效

昆山市在探索公共文化体育服务建设中，非常注重对群众社团的培育，通过调动普通市民的参与热情，逐渐形成了多元化公共文化体育服务的雏形。目前，昆山市群众性文体社团数量达到 708 个，共计 17000 多人；并根据相关要求规定，[①] 在市级层面成立文化志愿者服务队，在

---

① 昆山市志愿者协会、共青团昆山市委员会、昆山市文化广播电视新闻出版局：《关于建立昆山市文化志愿者服务队组织体系的通知》（昆志协〔2012〕4 号），2012 年 6 月 27 日。

区镇组建文化志愿者服务分队,在社区、村建立文化志愿者服务小组,目前在册文化志愿者人数达到3944人。在体育建设方面,已经建立了市级体育协会26个、体育俱乐部423个、体育总会分会10个、体育协会分会155个,累计拥有社会体育指导员4960名,其中三级3045名、二级1852名、一级49名、国家级14名。在调研中发现:近几年,昆山市组织开展的群众性文体活动内容丰富、形式多样,受到了社会各界的关注与好评。这些活动,一部分是由文化体育主管部门组织开展的,而更多的则是由昆山市当地的居民自发开展的。同时,群众性文体社团的骨干成员、文化志愿者、社会体育指导员等不但积极投入文化体育的活动中,而且还在普通市民中发挥着培训爱好者的作用,有效地调动了周围群众的参与热情。在此过程中,昆山市民不仅享受到了优质的公共文化体育服务,而且还积极参与其中成为公共文化体育服务的创造者和提供者,形成了公共文化体育服务的多元化供给格局。

(四)研究与实践并重,公共文化体育服务的规模和品质提升明显

调查研究是科学认识的前提、科学决策的基础、科学发展的途径。有效的实践离不开科学的调查研究,只有将科学研究与实践紧密地结合起来,才能够使工作得以推进。昆山市在公共服务的建设过程中,充分认识到了调查研究的重要性,不但在工作实践中主动开展调查研究,同时借助"外脑"对重点、难点问题开展科学研究。在中共江苏省委研究室和南京大学的帮助下,昆山市基于"率先基本实现现代化"的发展要求提出了全国首个县级市现代化指标体系。基于此,昆山市启动了基本公共服务现代化体系的研究工作,并于2010年开始与中国社会科学院政治学研究所合作,开展了"昆山市政府公共服务城乡一体化建设"和"昆山市公共服务现代化指标体系"的研究工作。在文化发展领域,中共昆山市委宣传部、昆山市文化广播电视局、昆山市文化发展研究中心会同上海社会科学院,共同研究编制《昆山市文化产业发展规划纲要(2009~2020)》;昆山市文化发展研究中心还依托自身的研

究力量，对昆山市的历史文化传承与现代文化发展进行了整理、研究，并从2008年开始以双月刊的形式出版发行了《昆山文化研究》杂志，有力地推动了昆山市文化事业的向前发展。在公共体育服务方面，成立了由复旦大学、同济大学、上海大学、北京体育大学、上海体育学院等各大高校教授和江苏省、苏州市体育局领导组成的专家领导小组，结合昆山市体育发展的现状，对构建体育现代化指标体系进行了反复论证，并结合指标体系，进行了细致调研，详细梳理了昆山体育事业发展的基本情况。昆山市在公共文化体育服务建设的实践当中，充分重视实际调研与科学研究的作用，形成了众多有助于政府决策、政策制定、项目执行等方面的参考意见，对公共文化体育服务的规模和品质提升具有积极的意义和影响。

基于良好的社会经济基础，借助"率先基本实现现代化"和"文化昆山"建设等工作，昆山市公共文化体育服务建设取得了长足的进步，呈现普惠发展、整体推进、特色突出的良好态势。从目前的统计数据和实际情况来看，昆山市公共文化体育服务不但在江苏省内居于领先地位，而且一些指标在全国也名列前茅。但是，通过在昆山市先后6次的实地考察以及与相关人员的深度访谈，课题组发现了昆山市在公共文化体育服务建设中仍存在一些今后可以进一步提升和改进的方面，具体如下。

第一，应建立以需求为导向的公共文化体育服务提升机制。从公共服务的受众来看，其服务需求才是基本公共服务持续发展的主要动力。在调研中发现，从目前昆山市公共文化体育服务的建设现状来看，其动力系统仍旧处于一种静态化发展阶段。甚至一些地方的公共文化体育服务设施建设只考虑考核要求，而忽视群众需求，以至于出现大量配比图书无人阅读、计算机设备无人使用的资源浪费现象。虽然通过大量的资金投入、"项目创建"、"工作验收"等方式能够在短时间内推动基本公共服务的建设发展，但是从长远看其发展可能无法维持一种常态性或持续性的提升动力。因此，建立一种以公众对公共文化体育服务的需求为导向的提升机制，才可能真正回到公共服务的原点。

第二，应建立多元、创新的公共文化体育服务形式。从实地考察调研的情况来看，目前昆山市公共文化体育服务的受众群体主要集中在老人和青少年两种人群，而青少年的参与也主要集中在寒暑假时间段。处在老年人和青少年两个年龄段之间的群体则基本上成为公共文化体育服务的"盲区"。要解决这一问题，就必须在公共文化体育服务的形式上进行多元化、创新化的改进。要避免群众性文体活动形式单一、单纯以歌舞健身为主的局面，通过丰富服务内容、创新服务类型、调整服务时间等方式，使更多的群众享受并参与到公共文化体育服务之中，真正达到普惠公众的目的。

第三，应建立完善公共文化体育服务的发展性评价体系。公共文化体育服务质量的提升具有长期性，这就要求我们对其评价体系的建立不能局限于短期的硬件建设，而应建立一种具有推动其持续改进的发展性评价指标和方法。通过建立完善的发展性评价体系，形成"公共服务需求征询—服务提供选择—产品质量考核—问题反馈改进—目标调整确立"的一整套闭合循环机制，进而达成昆山市建立基本公共服务现代化的最终目标。而公共文化体育服务发展性评价体系的建立与完善，其过程本身就蕴含着一种现代化基本公共服务的理念。

图书在版编目(CIP)数据

公共治理与公共服务：昆山市基本公共服务调研报告/周庆智主编. —北京：社会科学文献出版社，2013.12
ISBN 978 - 7 - 5097 - 5303 - 3

Ⅰ.①公… Ⅱ.①周… Ⅲ.①公共管理 - 研究 - 昆山市 Ⅳ.①D675.33

中国版本图书馆 CIP 数据核字 (2013) 第 271052 号

公共治理与公共服务
——昆山市基本公共服务调研报告

主　编／周庆智

出 版 人／谢寿光
出 版 者／社会科学文献出版社
地　　址／北京市西城区北三环中路甲29号院3号楼华龙大厦
邮政编码／100029

责任部门／社会政法分社 (010) 59367156　　责任编辑／孙燕生
电子信箱／shekebu@ssap.cn　　　　　　　　责任校对／王立华
项目统筹／王 绯　　　　　　　　　　　　　责任印制／岳 阳
经　　销／社会科学文献出版社市场营销中心 (010) 59367081　59367089
读者服务／读者服务中心 (010) 59367028

印　装／三河市尚艺印装有限公司
开　本／787mm×1092mm　1/16　　　　　印　张／17.25
版　次／2013年12月第1版　　　　　　　　字　数／256千字
印　次／2013年12月第1次印刷
书　号／ISBN 978 - 7 - 5097 - 5303 - 3
定　价／59.00元

本书如有破损、缺页、装订错误，请与本社读者服务中心联系更换
▲ 版权所有 翻印必究